José Ortega y Gasset

Ästhetik in der Straßenbahn

Verlag Volk und Welt
Berlin

Mit lieben Gedanken
für und an Sie

[illegible]

Jena 27/5/88

Herausgegeben und mit einem Nachwort versehen von Karlheinz Barck und Steffen Dietzsch

Aus dem Spanischen von Karl August Horst, Ulrich Kunzmann, Ulrich Weber, Helene Weyl

ISBN 3-353-00129-8

1. Auflage
Ausgabe des Verlages Volk und Welt, Berlin 1987
L. N. 302, 410/98/87
Die Beiträge wurden folgenden Ausgaben entnommen:
»Meditationen über Don Quijote« aus: José Ortega y Gasset, Meditationen über Don Quijote, © Deutsche Verlags-Anstalt GmbH, Stuttgart 1959; Originalausgabe: *Meditaciones del Don Quijote* (1914).
Fortsetzung auf Seite 212
00380

Meditationen über Don Quijote

Ist etwa der Don Quijote
*nur eine Posse?**

Vorbereitende Meditation

Das Kloster Escorial erhebt sich auf einer Anhöhe, deren Südhang sich unter einem Bestand von Steineichen und Eschen verbirgt. Das Waldstück heißt *La Herrería* (die Schmiede). Dank diesem zu ihren Füßen ausgebreiteten Mantel, der im Winter kupferrot, im Herbste golden, im Frühling dunkelgrün schimmert, wechselt die majestätische maulbeerfarbene Steinmasse des Gebäudes je nach der Jahreszeit ihr äußeres Bild. Der Frühling zieht hier plötzlich und überschwenglich zu kurzem Verweile ein wie ein erotischer Wunschtraum in die abgehärtete Seele eines Anachoreten. Die Bäume hüllen sich eilends in das junge Hellgrün üppigen Laubes; das Erdreich versteckt sich unter smaragdenem Gras, das wiederum eines Tages sich in das Gelb der Margeriten und in das Violett des Lavendels kleidet. Es gibt hier Stätten beispielhaften Schweigens, das aber niemals ein uneingeschränktes Schweigen ist. Wenn die Dinge ringsum völlig verstummen, so will der geräuschleere Raum, den sie hinterlassen, mit etwas anderem ausgefüllt sein, und so vernehmen wir das Hämmern unseres Herzens, das Pochen des Bluts in unseren Schläfen, das Brausen der Luft, die in unsere Lunge einströmt und keuchend wieder entweicht. All das ist beunruhigend; denn es hat einen allzu konkreten Sinn. Jeder Schlag unseres Herzens könnte der letzte sein. Der erlösende nächste mutet immer wie ein Geschenk des Zufalls an und verbürgt nicht den übernächsten. Willkommener ist darum eine Stille, in der es nur Geräusche schmückender Art gibt, die des konkreten Bezugs entbehren. So in diesem Hain. Da sind klare Rinnsale, die in der Ferne

* Hermann Cohen, *Ethik des reinen Willens*, S. 487.

murmeln, und mitten im Grün singen kleine Vögel, Zeisige, Goldammern, Stieglitze, und manchmal eine feierliche Nachtigall.

An einem dieser Abende des flüchtigen Frühlings flogen mir in der Herrería die folgenden Gedanken zu:

1. Der Wald

Wieviel Bäume ergeben einen Wald, wieviel Häuser eine Stadt? Der Bauer von Poitiers sang:

»La hauteur des maisons
empêche de voir la ville«
(»Die Höhe der Häuser
verhindert den Blick auf die Stadt«),

und eine deutsche Redensart behauptet, man sehe den Wald vor lauter Bäumen nicht. Zum Wesen des Waldes wie der Stadt gehört die Dimension der Tiefe; die Tiefe aber ist, wenn sie sich offenbaren will, dazu verdammt, sich in Oberfläche zu verwandeln.

Zur Zeit sehe ich mich von etwa zwei Dutzend gravitätischer Eichen und liebenswürdiger Eschen umstanden. Ist das ein Wald? Sicherlich nicht; das sind nur die paar Bäume von ihm, die ich gerade sehe. Der eigentliche Wald besteht aus den Bäumen, die ich nicht sehe. Der Wald ist unsichtbarer Natur; darum ist auch in sämtlichen Sprachen sein Name heute noch von Geheimnis umwittert.

Ich kann nun aufstehn und einen der dämmrigen Pfade einschlagen, über denen ich Drosseln flattern sehe. Statt der Bäume, die ich vorhin gesehen, werden nun andere, ähnliche auftreten. Der Wald wird sich auflösen, wird in eine Reihe von Einzelteilen zerfallen, die man nacheinander erblickt. Niemals aber werde ich ihm dort begegnen, wo ich mich gerade aufhalte. Der Wald entzieht sich dem Auge.

Kommen wir zu einer der kleinen Lichtungen in dem dunklen Grün, so ist uns, als habe dort auf einem Steine noch eben ein Mann gesessen, die Stirn in die Hände und die Ellbogen auf die Knie gestützt, sei aber bei unserem Herannahen davongegangen. Wir vermuten, daß er nur wenige Schritte zurückgelegt und sich nicht weit von uns in der gleichen Haltung wieder niedergelassen hat. Wenn wir aber dem Wunsche, ihn wirklich zu Gesicht zu bekommen, dieser Anziehungskraft, die der Wald auf den in ihn Eindringenden ausübt, nachgeben, so wird diese Szene sich unendliche Male wiederholen.

Der Wald ist immer noch ein Stückchen von dem Platze entfernt, an dem wir uns jeweils befinden. Er ist vor ein paar Augenblicken von dort weggegangen, und uns bleibt nichts als eine frische Spur. Die Alten, welche die Umrisse ihrer Gefühlseindrücke auf lebendige, körperliche Formen übertrugen, dachten sich ihre Wälder von scheuen Nymphen bevölkert. Nichts könnte treffender, nichts anschaulicher sein. Wir brauchen beim Wandern nur einmal unseren Blick rasch einer der Waldlichtungen zuzuwenden, und schon werden wir in der Luft ein Beben wahrnehmen, als gälte es, den leeren Raum, der durch die Flucht eines beschwingten nackten Körpers entstanden ist, schleunigst wieder auszufüllen.

Von jedem in ihm gelegenen Punkte aus betrachtet, ist der Wald strenggenommen nur Möglichkeit. Er ist ein Pfad, auf dem wir vordringen können, ist ein Quell, von dem, Hand in Hand mit der Stille, ein leises Rauschen zu uns herüberkommt, ein Quell, dessen wir nach wenig Schritten ansichtig werden müßten; er ist die kleine Liedstrophe entfernter Vögel, gesungen auf Zweigen, unter denen wir stehen könnten. Der Wald ist eine Summe möglicher Handlungen, die ihren rechten Wert verlören, wenn wir sie verwirklichten. Was wir vom Wald unmittelbar vor uns haben, ist nur der Vorwand für die Ferne und die Verborgenheit alles übrigen.

2. *Oberfläche und Tiefe*

Wenn wir nun den Satz *Vor lauter Bäumen sehen wir den Wald nicht* wiederholen, so werden wir vielleicht inne, daß wir seinen wahren Sinn nicht erfaßt haben. Mag aber auch sein, daß der Stachel des mit diesem Dictum beabsichtigten Scherzes sich gegen den kehrt, der es ausspricht.

Vor lauter Bäumen sieht man den Wald nicht, und gerade weil dem so ist, existiert der Wald. Aufgabe der sichtbaren Bäume ist es, die übrigen unsichtbar zu machen, und erst wenn wir dessen bewußt sind, daß hinter der sichtbaren Landschaft sich eine andere, unsichtbare verbirgt, haben wir das Gefühl, in einem Walde zu sein.

Die Unsichtbarkeit, das Verborgensein, ist kein ausschließlich negatives Merkmal, sondern eine positive Eigenschaft, vermöge deren das betreffende Ding sich verwandelt, zu etwas Neuem wird. In diesem Sinne ist es also abwegig, wenn man – wie es in der Redensart implizit geschieht – den Wald zu sehen verlangt. Der Wald als solcher ist immer in der Latenz.

Es mag dies eine gute Lehre sein für alle, die nicht sehen wollen, daß die Welt eine Vielzahl von gleicherweise achtbaren und notwendigen Lebensaufgaben enthält. Es gibt Dinge, die bei der Offenlegung zugrunde gehen oder ihren Wert einbüßen, während sie verborgen oder übergangen erst voll zur Geltung kommen. Es gibt Menschen, denen auf einer nachgeordneten Stelle ihre größte Entfaltung zuteil werden könnte, die aber dadurch, daß sie den ersten Platz anstreben, ihren ganzen Wert zunichte machen. In einem modernen Roman tritt ein nicht sehr intelligenter, aber mit feinem ethischem Empfinden begabter Knabe auf, der sich über die Tatsache, daß er in der Schule der Schwächste ist, mit dem Gedanken hinwegtröstet: *einer* muß ja schließlich der Letzte sein. Das ist eine treffende Bemerkung, die uns auf die Spur zu helfen vermag. Der letzte Platz kann ebenso vornehm sein wie der erste; denn die Welt braucht sie beide im gleichen Maß, den einen um des anderen willen.

Manche wollen an bestimmten Dingen das Tiefe nicht erkennen, weil sie von dem Tiefen verlangen, daß es sich in der nämlichen Weise kundtue wie die Oberfläche. Sie sehen nicht ein, daß es verschiedene Arten von Klarheit gibt, und halten es einzig mit jener, die den Oberflächen eignet. Sie begreifen nicht, daß es zum Wesen des Tiefen gehört, sich unter der Oberfläche zu verbergen und nur durch sie hindurch sich zu vergegenwärtigen.

Zu verkennen, daß jedes Ding seine eigene Beschaffenheit hat, nicht etwa die, die *wir* von ihm verlangen, ist meines Erachtens die wahre Todsünde, die ich eine Sünde des Herzens nenne, weil sie auf mangelnder Liebe beruht. Nichts ist unzulässiger, als daß wir durch unsere Wahnvorstellungen und unsere Blindheit die Welt verkleinern, die Wirklichkeit schmälern und Teile von dem, was sie ist, einfach wegzudenken versuchen.

Eben dies geschieht, wenn man von der Tiefe verlangt, sie möge sich in der gleichen Weise offenbaren wie die Oberfläche. Nein, es gibt Dinge, die von sich nur soviel zeigen, als es bedarf, um uns darauf aufmerksam zu machen, daß sie sich hinter etwas verbergen.

Um dies einzusehen, brauchen wir uns keineswegs in das ganze Abstrakte hineinzugeben. Alle tiefen Dinge sind von ähnlicher Beschaffenheit. Die materiellen Gegenstände zum Beispiel, die wir sehen und fühlen, haben eine dritte Dimension, die ihre Tiefe, ihre Räumlichkeit ausmacht. Kein Zweifel, daß wir diese dritte Dimension weder sehen noch fühlen. Freilich finden wir an der Oberfläche der Gegenstände Hinweise auf das, was in ihnen steckt. Dieses Innere kann aber niemals herauskommen, sich niemals genau so offenbaren wie die Oberfläche. Es wäre ein eitles Unterfangen, wollte man die dritte Dimension in einzelne Oberflächenschichten zerteilen. So fein der Schnitt auch wäre, die Schichten hätten doch stets eine gewisse Dicke, das heißt eine Tiefe, ein nicht sichtbares und auch nicht greifbares Inneres. Wenn wir aber Schichten erhalten, die so dünn sind, daß wir hindurchsehen können, dann werden wir weder die Tiefe noch die Oberfläche sehen, sondern eine völlige Transparenz oder, was dasselbe ist, nichts. Denn ebenso, wie die Tiefe einer Oberfläche bedarf, um sich dahinter zu verbergen, so benötigt die Oberfläche, um eine solche zu sein, etwas, über das sie sich hindehnen, das sie überziehen kann.

Dies ist eine Binsenwahrheit, aber vielleicht doch nicht ganz unnütz. Denn es gibt noch immer Leute, denen wir jedwedes Ding so klar vor Augen führen sollen, wie dies etwa mit einer Orange möglich sei. In Wirklichkeit aber verhält es sich so: wenn man unter Sehen das versteht, was sie darunter verstehen, nämlich die rein sinnliche Wahrnehmung, so haben weder sie noch wir alle jemals eine Orange gesehen. Die Orange ist ein kugelförmiger Körper, hat also Vorder- und Rückseite. Oder wollen jene Leutchen etwa behaupten, sie hätten beide Seiten der Orange gleichzeitig vor Augen? Mit den Augen sehen wir allemal nur einen Teil der Orange, die ganze Frucht aber ist uns niemals als etwas sinnlich Wahrnehmbares gegeben; das größere Stück des Orangenkörpers entzieht sich unserem Blick.

Man braucht also keineswegs auf subtile und metaphysische Gegenstände zurückzugreifen, wenn man veranschaulichen will, daß es bei den Dingen verschiedene Arten der Vergegenwärtigung gibt, die eine innerhalb ihres Bereiches aber ebenso klar wie die andere in dem ihren. Klar ist also nicht nur das, was man sehen kann. Die dritte Dimension eines Körpers tut sich uns mit keiner geringeren Klarheit dar als die beiden anderen; wenn es aber keine andere Sehweise gäbe als die passive unseres körperlichen Auges, so wären die Dinge oder bestimmte Eigenschaften von ihnen für uns nicht vorhanden.

3. Bäche und Goldammern

Der Gedanke wird nun zum dialektischen Faun, der dem Wesen des Waldes nachsetzt wie einer flüchtenden Nymphe. Und wenn er den nackten Leib einer Idee berühren kann, verspürt er eine Lust, nicht unähnlich dem Liebesgenuß.

Nachdem wir das flüchtige, stets abwesende, stets verborgene Wesen des Waldes, diesen Komplex von Möglichkeiten, erkannt haben, sind wir aber noch keineswegs im vollen Besitz seiner Idee. Denn um für uns vorhanden zu sein, muß das Tiefe und Verborgene sich vergegenwärtigen, und zwar in solcher Gestalt, daß ihm seine Eigenschaft der Tiefe und Latenz nicht verlorengeht.

Alles Tiefe ist, wie bereits gesagt, unwiderruflich dazu verurteilt, sich in oberflächlichen Merkmalen darzutun. Wir wollen nun sehen, wie es dabei verfährt.

Das Wasser, das da vor meinen Füßen vorüberrinnt, verhaucht bei der Begegnung mit den Kieseln eine sanfte Klage und bildet einen kristallenen Arm, der sich um die Wurzeln einer Steineiche krümmt. In diese Eiche ist soeben eine Goldammer eingezogen wie eine Königstochter in ein Schloß. Die Goldammer entläßt aus ihrer Kehle einen klangstarken Schrei, der in seiner Musikalität anmutet wie ein Splitter, den man aus dem Lied einer Nachtigall herausgelöst hat: es ist ein kurzer, plötzlicher Ton, der für einen Augenblick den gesamten wahrnehmbaren Raum des Waldes ausfüllt, so wie ein pochender Schmerz sich mit einem Schlage unseres gesamten Bewußtseins bemächtigt.

Ich habe nun diese beiden Töne vor mir: aber sie sind nicht allein, sie sind nichts weiter als Schallinien oder -punkte, die sich dank ihrer besonderen Fülle und Brillanz herausheben aus einer Vielzahl sonstiger Geräusche und Töne, mit denen sie aufs innigste verquickt sind.

Wenn ich von dem Gesang der Goldammer zu meinen Häupten und dem Murmeln des Wassers zu meinen

Füßen die Aufmerksamkeit abwende und sie zu anderen Geräuschen hinlenke, so vernehme ich aufs neue den Gesang einer Goldammer, aufs neue auch das Plätschern eines Rinnsals in steinigem Bett. Wie aber verhält es sich mit diesen neuen Geräuschen? Eins von ihnen erkenne ich unfehlbar als das Lied einer Goldammer, aber es gebricht ihm an Glanz, an Dichte: es sendet seinen Dolchstoß nicht mit der gleichen Kraft in die Lüfte, vermag den Umkreis nicht im gleichen Maße auszufüllen wie jenes andere, sondern schleicht verstohlen, ja furchtsam dahin. Auch einer weiteren Quelle werde ich inne, doch es ist eine Qual, sie zu hören. Eine angekränkelte Quelle? Ihr Laut ist ein Laut wie der andere, aber zerrissen, schluchzend, minder reich an innerem Klang, und er scheint matt und umrißlos. Mitunter hat er kaum die Macht, mein Ohr zu erreichen. Ein armseliger Laut, der auf der Strecke bleibt.

Solcher Art ist die Gegenwart dieser weiteren Töne, solcher Art sind sie als bloße Eindrücke. Wenn ich sie höre, halte ich mich indessen keineswegs damit auf, so wie jetzt ihre Vergegenwärtigung zu beschreiben. Vielmehr ziehe ich sie, ohne lange zu überlegen, in einen Prozeß begrifflicher Deutung hinein und verweise sie kurzerhand in die Ferne, das heißt, ich höre sie als etwas Entferntes.

Nähme ich die einen wie die anderen Geräusche mit meinem Gehör rein passiv auf, so wären beide gleich nah und gegenwärtig. Ihre unterschiedliche Schallqualität aber bewegt mich dazu, sie auseinanderzuhalten, ihnen unterschiedliche Raumqualität zuzusprechen. Sie werden also erst durch einen Akt, den *ich* vollziehe, virtuell voneinander geschieden: unterbliebe dieser Akt, so wäre die Ferne aufgehoben, und alles gehörte ohne Unterschied einem einzigen Wirklichkeitsbereiche an.

Daraus folgt, daß die Ferne die virtuelle Eigenschaft bestimmter gegenwärtiger Dinge ist, eine Eigenschaft, welcher diese nur durch einen Akt des wahrnehmenden Subjekts teilhaftig werden. Ein Ton *ist* nicht fern, er wird es erst durch mich.

Zu ähnlichen Überlegungen könnte die visuelle Ferne der Bäume Anlaß geben und ein jeder der Pfade, die sich suchend nach dem Herzen des Waldes vortasten. Die ganze Tiefe oder Ferne existiert allein durch mein Zutun. Sie ist das Ergebnis eines Bezugsgefüges, das mein Geist zwischen die einen und die anderen Sinneswahrnehmungen einbaut.

Ein gut Teil der Wirklichkeit erschließt sich uns also bereits aufgrund der geringen Mühe des Augen- und Ohrenauftuns. Es ist dies die Welt des bloßen Eindrucks, die wir auch als die offenbare bezeichnen können. Dahinter aber gibt es noch eine andere Welt, aus Eindrucksstrukturen bestehend und latent in bezug auf die erste, aber darum nicht minder wirklich als jene. Freilich müssen wir, wenn diese höhere Welt für uns existieren soll, etwas mehr tun als nur die Augen öffnen. Es bedarf da mühevollerer Akte; doch vermag das Maß der Anstrengung der Wirklichkeit dieser Welt weder etwas zu entziehen noch etwas hinzuzufügen. Die Welt der Tiefe ist nicht minder klar als die der Oberfläche. Nur stellt sie höhere Ansprüche an uns.

4. *Welten des Hintergrundes*

Dieser wohltuende Wald, der meinen Körper mit Gesundheit durchtränkt, hat auch meinem Geist eine große Lehre vermittelt. Er ist ein gar lehrhafter Wald, ist, wie Lehrer sein müssen, alt, vielseitig und voll Seelenruhe. Außerdem betreibt er eine Pädagogik der Andeutung, die einzige, die feinsinnig und erfolgreich ist. Will jemand uns eine Wahrheit lehren, dann soll er sie uns nicht sagen, er soll sie nur andeuten, soll mit knapper Geste den Anfang einer Gedankenbahn in die Luft zeichnen, auf der wir selber weitergleiten können bis zu der neuen Wahrheit hin. Einmal bekannt, setzen die Wahrheiten eine Nützlichkeitskruste an; sie kümmern uns nicht mehr als Wahrheiten, sondern nur noch als brauchbare Rezepte. Jene plötzliche, reine Erleuchtung, die das Kennzeichen der Wahrheit ist, verbindet sich mit ihr nur in dem Augenblick ihrer Entdeckung. Darum bedeutet auch ihr griechischer Name ἀλήθεια ursprünglich soviel wie später das Wort ἀποκάλυψις, nämlich Entdeckung, Enthüllung, recht eigentlich Entschleierung, das heißt Abnahme eines Schleiers, einer Bedeckung. Will jemand uns eine Wahrheit lehren, dann muß er uns in die Lage versetzen, sie selbst zu entdekken.

Dieser Wald hat mir beigebracht, daß es einen Vordergrund des Wirklichen gibt, der sich mir gewaltsam aufdrängt: Farben, Töne, Lust und Schmerz, die ich wahrnehmen kann. Ihnen gegenüber befinde ich mich in der Passivität. Hinter diesen Wirklichkeiten aber tauchen andere auf, wie im Gebirge die Umrisse höherer Gipfel sichtbar werden, sobald wir die ersten Anhöhen erstiegen haben. Immer neue Wirklichkeitsbereiche, einer über dem anderen, und jeder profunder, jeder verlockender als der vorhergegangene, warten darauf, daß wir zu ihnen empordringen. Doch diese höheren Wirklichkeiten sind zugleich auch die schamhafteren: sie überfallen uns nicht. Im Gegenteil, sie knüpfen ihre Offenbarung an eine Bedingung: an die, daß wir ihre Existenz wollen und uns ihnen entgegenbemühen. Ihr Dasein stützt sich also gewissermaßen auf unseren Willen. Wissenschaft, Kunst, Recht, Höflichkeit, Religion sind Realitätsarten, die über unsere Person keineswegs mit barbarischem Ungestüm herfallen wie etwa der Hunger oder die Kälte. Sie sind nur für den vorhanden, der den Willen zu ihnen hat.

Wenn der gläubige Mensch sagt, er sähe Gott in den blühenden Fluren und im gewölbten Antlitz der Nacht, so drückt er sich keineswegs metaphorischer aus, als wenn er sagte, er habe eine Orange gesehen. Gäbe es nämlich nur das passive Sehen, so bliebe die Welt ein Chaos von Lichtpunkten. Nun gibt es aber über das passive Sehen hinaus ein aktives, eins, das sehend deutet und deutend sieht, ein Sehen, das ein Schauen ist. Für die Akte solchen Sehens, das ein Schauen ist, hat Platon ein wunderbares Wort geprägt: er nennt sie *Ideen*. So ist denn die dritte Dimension der Orange nichts weiter als eine Idee, und Gott ist die letzte Dimension der blühenden Fluren.

Hierin liegt nicht mehr Mystizismus, als wenn wir sagen, daß wir eine verblichene Farbe sehen. Was für eine Farbe sehen wir denn eigentlich, wenn wir eine verblichene Farbe sehen? Haben wir es etwa mit einem verschossenen Blau zu tun, so sehen wir dieses als ein Blau, das einmal ein anderes, kräftigeres gewesen ist, und diese Zusammenschau von gegenwärtiger und vergangener Farbe ist mehr als bloße Spiegelung, sie ist eine aktive Schau, eine Idee. Das Verbleichen ist eine neue virtuelle Eigenschaft, die der Farbe zuteil wird und ihr so etwas wie eine zeitliche Tiefendimension verleiht. Ohne langes Überlegen entdecken wir bei einmaligem, augenblicklangem Hinschauen die Farbe und ihre Geschichte, ihren einstigen Glanz und ihren gegenwärtigen Verfall. Und irgend etwas in uns vollzieht sofort eben diese Bewegung des Verfalls und der Minderung nach; denn in der Tat verspüren wir ja angesichts einer verblaßten Farbe so etwas wie ein Unbehagen.

Die Dimension der Tiefe, mag sie zeitlicher oder räumlicher, visueller oder akustischer Art sein, tut sich immer an einer Oberfläche dar. So kommt denn der Oberfläche zweierlei Bedeutung zu, je nachdem wir sie unter dem Gesichtspunkt ihrer Stofflichkeit oder ihres anderen, virtuellen Daseins betrachten. Im zweiten Falle erweitert sich die Oberfläche, ohne darum aufzuhören, eine solche zu sein, nach der Tiefe hin. Wir nennen das Perspektive.

Die Perspektive ist das Organon der visuellen Tiefenwirkung. Wir haben es da mit einem Grenzfall zu tun, bei dem sich das bloße Sehen mit einem rein intellektuellen Akt verbindet.

5. Restauration und Gelehrsamkeit

Rings um mich tut der Wald seine tiefen Flanken auf. In meiner Hand ein Buch: *Don Quijote*, ein Wald von Ideen.

In ihm haben wir ein Beispiel anderer Tiefe: Tiefe eines Buches, dieses übergroßen Buches. Der *Don Quijote* ist das perspektivische Buch *par excellence*.

Im Leben Spaniens hat es einmal eine Zeit gegeben, in der man die Tiefe des *Don Quijote* nicht anerkennen wollte. Diese Zeit ist unter dem Namen Restauration in die Geschichte eingegangen. Damals war die Zahl von Spaniens Herzschlägen je Minute auf ein Minimum herabgesunken.

Es sei mir gestattet, über diesen Augenblick unseres gemeinschaftlichen Daseins hier nochmals ein paar Sätze zu sagen, die schon bei anderer Gelegenheit ausgesprochen worden sind:

»Was ist die Restauration? Nach Cánovas ist sie die Fortsetzung der spanischen Geschichte. Arme spanische Geschichte, wenn die Restauration ihr legitimer Fortgang wäre. Glücklicherweise ist sie genau das Gegenteil. Die Restauration bedeutet den Stillstand des nationalen Lebens. Bei den Spaniern hatte es während der ersten fünfzig Jahre des 19. Jahrhunderts zwar keine Vielseitigkeit, keine Gedankentiefe, keine volle Entfaltung des Intellekts gegeben, aber doch Mut, Streben und Dynamik. Könnte man all die Aufsätze und Bücher, die in diesem halben Jahrhundert verfaßt worden sind, verbrennen und sie durch die Biographien ihrer Autoren ersetzen, so würde dabei ein hundertfacher Gewinn resultieren. Riego und Narváez zum Beispiel sind als Denker wahre Unglücksraben, aber ein jeder von ihnen ist als lebendiger Mensch eine hoch auflodernde Flamme energischen Strebens.

Um das Jahr 1854 – denn um diese Zeit setzt unterirdisch bereits die Restauration ein – beginnt auf dem so trüben Antlitz Spaniens das leuchtende Feuer jener Dynamik zu erlöschen; alle abgeschossenen Energien sinken zu Boden wie Projektile, die ihre gekrümmte Bahn zurückgelegt haben; das spanische Leben fällt auf sich selbst zurück, wird zum Vakuum seiner selbst. Diese gelebte Lebensleere war die Restauration.

Bei Völkern von reicherem und ausgeglichenerem Gemüt vermag auf eine Zeit der Dynamik eine fruchtbare Epoche der Ruhe, der Einkehr, der Beharrung zu folgen. Der Intellekt hat dann den Auftrag, die stillen und statischen Interessen zu fördern und zu organisieren: die gute Verwaltung, das Wirtschaftsleben, die Mehrung des Vermögens, die Technik. Ein Charakteristikum *unseres* Volkes war es jedoch immer, mehr durch Kraftaufwand als durch Intelligenz zu glänzen.

Ein spanisches Leben, sagen wir es offen, ein spanisches Leben war bis jetzt immer nur als Dynamik möglich.

Wenn eine Nation aufhört, dynamisch zu sein, verfällt sie mit einem Schlag in tiefe Lethargie, und dann kennt sie nur noch einen einzigen Lebensvorgang: zu träumen, daß sie lebt.

Es scheint so, als fehle es der Restauration an nichts. Da gibt es große Staatsmänner, große Denker, große Feldherren, große Parteien, große Unternehmungen, große Kämpfe. Unser Heer ficht in Tetuan mit den Mauren wie zu Zeiten Gonzalos von Córdoba. Und auf dem Weg nach einem feindlichen Norden durchpflügen unsere Schiffskiele das Meer wie zu Zeiten Philipps des Zweiten. Pereda ist ein neuer Hurtado de Mendoza, Echegaray ein wiederauferstandener Calderón. Allein: dies alles spielt sich innerhalb eines Traumes ab; es ist das Bild eines Lebens, in dem nur eins wirklich ist: der Akt, vermöge dessen man es sich einbildet.

Die Restauration war eine Geisterlandschaft und Cánovas der große Impresario des Spuks.«*

Wie aber ist es möglich, daß ein ganzes Volk sich mit solchen Pseudowerten zufriedengibt? Im Reich der Quantität ist das Minimum die Maßeinheit, im Reich der Werte hingegen sind es die Höchstwerte. Im Maße, wie

* *Vieja y nueva política* (Alte und neue Politik), S. 22–24.

die echten Höchstwerte von der Bühne abtreten, schwingen sich die nachgeordneten zu deren Rang und Würde auf. Das menschliche Herz erträgt eben nicht, daß der Platz des Höchsten und Trefflichsten unbesetzt bleibt. Ein altes Sprichwort sagt es ein wenig anders: Bei den Blinden ist der Einäugige König. So nehmen denn immer unpassendere Dinge und Personen die freien Stellen ein.

In der Restauration kam uns der Sinn für alles wahrhaft Starke, alles Hervorragende, Vollgültige und Tiefe abhanden. Das seelische Organ, dem die Aufgabe zufällt, beim Vorüberflug des Genius in Schwingung zu geraten, stumpfte ab. Es war, wie Nietzsche sagen würde, eine Zeit der Verkehrung des Wertinstinktes. Das Große empfand man nicht als groß, das Reine vermochte nicht mehr an die Herzen zu rühren, die Eigenschaft der Vollkommenheit, der Trefflichkeit war für jene Menschen unsichtbar geworden wie ein ultravioletter Strahl. Und die Häufigkeit des Mittelmäßigen und Oberflächlichen schien verhängnisvoll zuzunehmen. Aus Schollen wurden Berge, und Núñez de Arce galt als Dichter.

Man befasse sich einmal mit der Literaturkritik jener Zeit, vertiefe sich in die Schriften eines Menéndez Pelayo oder eines Valera, und man wird diesen Mangel an Perspektive deutlich erkennen. Diese Männer priesen guten Glaubens das Durchschnittliche, weil sie die Tiefgründigkeit niemals erfahren hatten.* Ich sage: erfahren; denn das Geniale besteht nicht in überschwenglichen Kundgebungen, es will erfahren sein, ist ein Stück religiöser Erfahrung. Schleiermacher erblickt das Wesen der Religion in dem Gefühl schlechthinniger Abhängigkeit. Ist der Mensch mit sich selbst ins reine gekommen, so hat er das Gefühl, im Universum umherzutreiben, ohne seiner selbst und alles übrigen Herr zu sein. Er fühlt sich ganz und gar abhängig von einem Etwas, das man nen-

* In diesen Worten soll durchaus keine mutwillige Verurteilung dieser beiden Autoren liegen, die ganz unpassend wäre. Es soll nur auf einen argen Mangel ihres Werkes hingedeutet werden, der neben zahlreichen Vorzügen möglich war.

nen mag, wie man will. So überwältigt den gesunden Menschenverstand denn bei der Lektüre oder im praktischen Leben plötzlich das Empfinden, es mit einer absoluten Überlegenheit zu tun zu haben, womit ich sagen will, daß ihm ein Werk oder ein Charakter begegnet, dessen Grenzen jenseits unseres Begriffsvermögens verlaufen. Kennzeichen der Höchstwerte ist ihre Grenzenlosigkeit.*

Kann man unter den geschilderten Umständen erwarten, daß Cervantes damals den gebührenden Platz zugewiesen bekam? Die Gelehrsamkeit jener Epoche nennt sein großartiges Buch in einem Atem mit unseren mystischen Mönchlein, unseren uferlosen Dramatikern, unseren Lyrikern, diesen Wüsteneien ohne Blumen.

Kein Zweifel: die Tiefe des *Don Quijote* ist wie jegliche Tiefe nichts weniger als augenfällig. Wie es ein Sehen gibt, das ein Schauen ist, so gibt es auch ein Lesen, das ein *intellegere*, ein Lesen des Inwendigen ist, ein denkendes Lesen. Nur diesem Lesen erschließt sich die tiefere Bedeutung des *Don Quijote*. Vielleicht aber hätten sämtliche repräsentativen Männer der Restauration doch in einer Stunde der Aufrichtigkeit den Begriff *denken* übereinstimmend in folgender Weise definiert: denken heißt ins Fettnäpfchen treten.

* Als wir jüngst an einem Frühlingsabend durch eine der Talsenken Extremaduras wanderten, eine weite Landschaft voller Ölbäume, welcher der feierliche Flug einiger Adler etwas Dramatisches verlieh – im Hintergrund die blauen Zacken der Sierra de Gata –, wollte mein sehr guter Freund Pío Baroja mich davon überzeugen, daß wir nur solche Dinge bewundern, die wir nicht verstehen, daß das Bewundern also ein Ergebnis des Nichtverstehens sei. Es gelang ihm nicht, mich zu überzeugen, und was ihm nicht gelang, wird schwerlich einem anderen gelingen. *Eine* Art Nichtverstehen gehört freilich zu den Grundlagen der Bewunderung, aber es handelt sich dabei um ein positives Nichtverstehen: je mehr wir von einem Genius verstehen, um so mehr bleibt uns noch zu verstehen übrig.

6. Mittelmeerkultur

Die Eindrücke bilden eine Oberfläche, in welche die zu einer anderen, tieferen Wirklichkeit hinführenden Ideenwege ausmünden. Die Meditation ist die Bewegung, vermöge deren wir die Oberfläche hinter uns lassen wie die Küste des festen Landes und uns in jenes nachgiebigere Element geworfen fühlen, in dem es keine materiellen Anhaltspunkte mehr gibt. Wir klammern uns an uns selbst, halten uns in einem ätherischen Bereich, der von schwerelosen Formen bewohnt ist, kraft eigener Anstrengung in der Schwebe. Dabei aber verläßt uns in keinem Augenblick die Furcht, wir könnten schon durch geringfügiges Schwanken alles, nicht zuletzt uns selbst, zum Absturz bringen. Wenn wir meditieren, muß der ganze Geist angespannt sein. Dies aber ist eine schmerzhafte und totale Anstrengung.

Beim Meditieren bahnen wir uns einen Weg zwischen Massen von Gedanken; wir scheiden die Begriffe, dringen mit unserer Schau in jenen unmerklichen Zwischenraum ein, der selbst zwischen den nächstverwandten noch offenbleibt, und wenn wir einem jeden von ihnen seinen Platz zugewiesen haben, bauen wir Sperrvorrichtungen zwischen sie ein, damit sie ja nicht wieder ineinandergeraten. So können wir denn nach Herzenslust umherwandern in der Landschaft der Begriffe, die uns ihre Umrisse strahlend klar präsentieren.

Aber es gibt Menschen, welche dieser Anstrengung nicht fähig sind; solche, die beim Dahintreiben im Reich der Ideen so etwas wie intellektuelle Seekrankheit befällt. Eine Herde von Begriffen, der eine mit dem anderen verquickt, versperrt ihnen den Weg. Sie finden nirgends einen Ausgang, sehen ringsum nur undurchdringliche Wirrnis, stummen, bedrückenden Nebel.

Als Knabe las ich, durchaus gläubigen Gemütes, die Bücher von Menéndez Pelayo. Darin ist oft die Rede vom *germanischen Nebel*, dem der Autor die *lateinische Klarheit* gegenüberhält. Als ich dies las, fühlte ich mich einerseits sehr geschmeichelt, andererseits aber überkam mich ein tiefes Mitleid mit den armen Nordländern, die dazu verdammt sind, ihr Leben im Nebel zu fristen.

Und die Geduld, mit der, wie es schien, Millionen Menschen jahrtausendelang dieses traurige Los ohne Klage, ja sogar in einiger Zufriedenheit getragen haben, verfehlte nicht, mich zu beeindrucken.

Später jedoch konnte ich mich davon überzeugen, daß es sich bei alledem ganz einfach um eine unrichtige Behauptung gehandelt hatte, um eine der vielen, mit denen man unser vom Glück vernachlässigtes Volk zu vergiften sucht. Einen solchen germanischen Nebel gibt es nämlich ebensowenig wie die lateinische Klarheit; es gibt in jedem Falle nichts weiter als zwei Worte, die, wenn überhaupt etwas Konkretes, so nur einen geflissentlichen Irrtum bedeuten.

Zwischen der germanischen und der lateinischen Kultur besteht in der Tat ein wesentlicher Unterschied: jene ist die Kultur der tieferen Wirklichkeiten, diese die Kultur der Oberfläche. Genaugenommen also zwei verschiedene Dimensionen der europäischen Kultur schlechthin. Einen Klarheitsunterschied jedoch gibt es zwischen den beiden nicht.

Aber bevor wir versuchen, das Gegensatzpaar *Oberfläche – Tiefe* an die Stelle der Antithese *Klarheit – Verworrenheit* zu setzen, müssen wir erst einmal die Quellen des Irrtums stopfen.

Der Irrtum ergibt sich aus dem, was wir unter den Worten *lateinische Kultur* verstehen möchten.

Es handelt sich da um eine goldene Illusion, die in unserem Innern herumgeistert und mit der wir Franzosen, Italiener, Spanier uns in Stunden des Niederganges zu trösten suchen. Es ist eine unserer Schwächen, daß wir uns für Göttersöhne halten; das Lateinertum ist eine Art genealogischer Aquädukt, mit dessen Hilfe wir unsere Adern unmittelbar an die Lenden des Zeus anschließen wollen. Unser Lateinertum ist Vorwand und Heuchelei. Rom läßt uns im Grunde gleichgültig. Nur sind die sieben Hügel für uns der bequemste Platz, in der Ferne, über dem Ägäischen Meer, den glanzvollen Fokus unermeßlicher Ausstrahlung, Griechenland, aufglühen zu sehen. Unser Wahn ist es, Erben des hellenischen Geistes zu sein.

Bis vor fünfzig Jahren sprach man von den Römern und den Griechen unterschiedslos als von den beiden klassischen Völkern. Unterdessen aber hat die Philologie einen weiten Weg zurückgelegt; sie hat gelernt, das Pure und Wesentliche fein von der barbarischen Nachahmung und Vermengung zu scheiden.

Seitdem bestätigt Griechenland mit jedem Tage entschiedener seine Ausnahmestellung in der Weltgeschichte. Dieses Privileg gründet sich auf ganz konkrete, klar umrissene Argumente: Griechenland hat die Grundthemen der europäischen Kultur erfunden, die europäische Kultur aber ist die Hauptfigur auf der Bühne der Geschichte, solange keine andere, bedeutendere auftritt.

Und mit jedem neuen Fortschritt der historischen Forschung entfernt Griechenland sich weiter von der Welt des Orients, und der unmittelbare Einfluß, den der Osten auf die Hellenen ausgeübt haben soll, erscheint immer geringer. Auf der anderen Seite aber tritt das Unvermögen des römischen Volkes, klassische Ideen zu ersinnen, immer deutlicher zutage; es hat niemals mit Griechenland zusammengewirkt, hat es im Grunde niemals verstanden. Roms Kultur ist, wenigstens in ihren höheren Schichten, nichts weiter als ein Spiegelbild, ein Japan des Westens, mit Ausnahme des Rechts, dieser Institutionen erdenkenden Muse; doch neuerdings stellt es sich heraus, daß die Römer auch das Recht von den Griechen gelernt haben.

Nachdem aber die Kette von Gemeinplätzen, mit welcher Rom im Piräus verankert gewesen, gerissen war, haben es die für ihre Wildheit berühmten Wellen des Ionischen Meeres davongespült und erst im Mittelmeer wieder freigegeben, so wie man einen Eindringling aus dem Hause wirft.

Rom ist nichts weiter als ein Mittelmeervolk.

Damit aber haben wir einen neuen Begriff gewonnen, der den unklaren und heuchlerischen der lateinischen

Kultur ersetzen soll; nicht eine lateinische Kultur gibt es, sondern nur eine *mediterrane*. Für ein paar Jahrhunderte ist die Weltgeschichte eingegrenzt in dieses Bekken eines Binnenmeeres; sie ist Küstengeschichte, an der die Völkerschaften einer schmalen, meernahen Zone beteiligt sind, die von Alexandrien bis Calpe und von Calpe bis Barcelona, Marseille, Ostia, Sizilien, Kreta reicht.* Die Wellenbewegung spezifischer Kultur hebt vielleicht in Rom an, und von dort pflanzt sie sich weiter, den Küstenstreifen entlang, unter dem majestätischen Gefunkel der Mittagssonne. Dieselbe Welle aber hätte von jedem beliebigen Punkte dieses Streifens ausgehen können. Ja, es gab sogar einen Augenblick, in dem das Schicksal die Initiative fast einem anderen Volke, den Karthagern, in die Hände gespielt hätte. In jenen großartigen Kriegen – unser Meer bewahrt noch in seinen zahllosen Lichtreflexen die Erinnerung all der blitzenden Schwerter, an denen das Blut der Sonne glitzerte –, in jenen großartigen Kriegen kämpften zwei Völker, die in allem Wesentlichen übereinstimmten. Wahrscheinlich hätte sich, wenn der Sieg Karthago und nicht Rom zugefallen wäre, an der Physiognomie der folgenden Jahrhunderte nicht allzuviel geändert. Beide befanden sich in der gleichen absoluten Ferne von der hellenistischen Seele. Ihre geographische Lage war gleichwertig: weder um des einen noch um des anderen willen hätten die großen Handelsstraßen einen Umweg machen müssen. In der Tiefe unseres mediterranen Wesens könnten wir Scipio durch Hannibal ersetzen, ohne dieser Vertauschung selber innezuwerden.

Es ist also durchaus nicht verwunderlich, wenn zwischen den Institutionen der Völker Nordafrikas und Südeuropas so viele Ähnlichkeiten bestehen.

Die Küsten beider Kontinente sind Töchter des Mee-

* Die Entstehung dieses Begriffs der *mediterranen Kultur* ist für mich aufs engste mit dem Problem des Verhältnisses zwischen kretischer und griechischer Kultur verbunden. In Kreta mündet die orientalische Kultur in eine andere, aber nicht in die griechische, ein. Solange Griechenlands Kultur kretisch ist, ist sie nicht hellenisch.

res und kehren dem Binnenland den Rücken zu. Die Gemeinsamkeit des Meeres bedingt die Identität der anstoßenden Küsten.

Wenn einige die mediterrane Welt aufspalten und die nördliche Küste anders bewerten wollten als die südliche, so war dies ein Irrtum in der historischen Perspektive. Die Begriffe Europa und Afrika als zwei gewaltige Zentren der Anziehungskraft haben im Denken der Geschichtsschreiber die betreffenden Küsten einfach in sich verschlungen. Man erkannte nicht, daß es, solang die mediterrane Kultur eine Realität war, weder ein Europa noch ein Afrika gab. Europa begann erst, als die Germanen uneingeschränkt in den einheitlichen Organismus der historischen Welt eingezogen waren. Nun wird Afrika zu Nicht-Europa, zum ἕτερον Europas. Nach der Germanisierung Italiens, Frankreichs und Spaniens ist die Mittelmeerkultur nicht länger eine reine Realität, sondern nur noch ein Mehr oder Minder an Germanentum.

Die Handelswege entfernen sich von dem Binnenmeer und verlagern sich allmählich nach dem europäischen Festland. Die in Griechenland geborenen Gedanken nehmen ihren Weg über Deutschland. Nach langem Schlummer gibt es für die platonischen Ideen ein neues Erwachen in den germanischen Köpfen der Galilei, Descartes, Leibniz, Kant. Der mehr ethische als metaphysische Gott kommt in Luther ungeschlacht-kraftvoll zu neuem Durchbruch, die reine attische Demokratie in Rousseau, und die Musen des Parthenon, jahrhundertelang unberührt, ergeben sich eines Tages Donatello und Michelangelo, zwei florentinischen Jünglingen germanischen Stammes.

7. *Was Goethe zu einem Hauptmann sagte*

Sprechen wir von einer spezifischen Kultur, so denken wir unwillkürlich an das Subjekt, an die Rasse, von der sie hervorgebracht wurde. Und zweifellos läßt die geistige Vielfalt der Kulturen letztlich auf einen physiologischen Unterschied zwischen den Völkern schließen, aus dem sie in dieser oder jener Form hervorgegangen sein mag. Aber wenn auch die eine Tatsache die andere herbeigeführt hat, so darf dennoch nicht übersehen werden, daß es sich beim Aufstellen spezifischer Typen historischer Errungenschaften – Wissenschafts-, Kunst-, Brauchtumstypen usw. – und bei dem hernach einsetzenden Suchen nach dem anatomischen oder ganz allgemein nach dem biologischen Grundschema, das einem jeden von diesen Typen entspricht, um zwei grundverschiedene Probleme handelt.

Vorläufig fehlt es uns an den Hilfsmitteln, zwischen den Völkern als organischen Gebilden und den Völkern als Arten historischen Seins, als bestimmten Richtungen des Geistes-, Gefühls-, Kunst- und Rechtslebens ein Kausalverhältnis nachzuweisen. Wir müssen uns – was übrigens keineswegs zu unterschätzen ist – zufriedengegeben mit dem rein deskriptiven Geschäft, die historischen Fakten oder Produkte, je nach dem Stil oder der Eigenart, die wir an ihnen in der Hauptsache feststellen, in Kategorien einzuteilen.

Der Ausdruck *mediterrane Kultur* läßt somit das Problem der rassischen Verwandtschaft zwischen den Menschen, die an den Ufern jenes Binnenmeeres gelebt haben oder noch leben, völlig unberührt. Welcher Art auch diese Verwandtschaft sein mag, Tatsache bleibt, daß die bei ihnen entstandenen geistigen Schöpfungen bestimmte Charakteristika aufweisen, durch die sie von den Schöpfungen der Griechen und Germanen differenziert sind. Es wäre von großem Nutzen, wenn man einmal versuchen wollte, die Grundzüge, das heißt die Eigenarten, die als ursprüngliche das Wesen der mediterranen Kultur ausmachen, zu rekonstruieren. Freilich darf man sie nicht mit solchen Merkmalen verwechseln, welche diesen Völkern, die ja nur ein paar Jahrhunderte lang reine Mittelmeervölker waren, erst seit der Überflutung durch das Germanentum anhaften.

Aber diese Untersuchung soll einem Philologen überlassen bleiben, der mit echtem wissenschaftlichem Feingefühl begabt ist: ich habe mich hier nur mit der einen Eigenart zu befassen, die man dem – inzwischen zum Mittelmeermenschentum entzauberten – Lateinertum sprichwörtlich als Attribut zuerkennt: mit der Klarheit.

Absolute Klarheit gibt es nicht, hat mir soeben der Wald mit seinen Geräuschen zu verstehen gegeben. Jeder Bezirk der Wirklichkeit hat seine eigene Klarheit. Statt in der Klarheit ein Privileg des Mittelmeermenschen zu erblicken, sollten wir uns lieber fragen, ob denn das Schöpfertum des Mittelmeermenschen unbegrenzt ist, will sagen, ob wir Südländer diese unsere heimatliche Lichtfülle auch wirklich über jegliche Art von Dingen auszugießen vermochten.

Die Antwort liegt auf der Hand: die Mittelmeerkultur kann der germanischen Wissenschaft – Philosophie, Mechanik, Biologie – keine eigenen Schöpfungen an die Seite stellen. Dies gilt ohne jeden Zweifel für jene Zeit, in der wir es mit einer reinen Mittelmeerkultur zu tun haben, also für die Jahrhunderte zwischen Alexander und der Völkerwanderung. Und kann nach dieser Zeit überhaupt noch mit Sicherheit von Lateinern oder Mittelmeermenschen gesprochen werden? Italien, Frankreich, Spanien ertrinken in germanischem Blut. Wir sind keine reinen Rassen mehr. In unseren Adern kreist ein tragischer physiologischer Widerspruch. Houston Chamberlain konnte von chaotischen Rassen sprechen.

Wenn wir indessen das ganze umrißlose Rassenproblem billigerweise beiseitelassen und uns dazu verstehen, die ideelle Produktion unserer Länder vom Mittelalter bis heute als vorwiegend mediterran anzusprechen, so begegnen uns nur zwei Höhepunkte, die den prächtigen Gipfeln der germanischen Geistesgeschichte ebenbürtig sind: das Denken der italienischen Renaissance und Descartes. Nun werden wir aber auch dann, wenn wir – entgegen meiner persönlichen Ansicht – diese beiden historischen Phänomene nicht dem germanischen Erbteil zuschreiben, nicht an der Erkenntnis vorbeikommen, daß sie zwar alle erdenklichen Vorzüge aufweisen, nur nicht den der Klarheit. Leibniz, Kant oder Hegel sind schwierig, aber sie sind klar wie ein Frühlingsmorgen. Giordano Bruno und Descartes hingegen sind vielleicht nicht in derselben Weise schwierig, dafür aber unklar.

Nehmen wir beim Abstieg von diesen Höhen unseren Weg über die Hänge der mediterranen Geistesgeschichte, so werden wir entdecken, daß unsere lateinischen Denker zwar durch eine gewisse äußerliche Gefälligkeit gekennzeichnet sind; dahinter aber stecken, wenn nicht groteske Begriffsverbindungen, so doch zumindest eine fundamentale Ungenauigkeit und ein Mangel an denkerischer Eleganz, kurzum jene Unbeholfenheit, an der ein Organismus krankt, wenn er sich in einem ihm nicht verwandten Element bewegt.

Eine repräsentative Erscheinung mediterraner Geistigkeit ist Giambattista Vico. Man kann ihm ideenschöpferisches Genie nicht absprechen, aber wer sich in sein Werk versenkt, erfährt gründlich, was ein Chaos ist.

Die lateinische Klarheit darf man also nicht im Bereich des Denkens suchen, und ebensowenig soll man jenen vulgären Wortschwall des französischen Stils, jene Kunst des *développement*, wie sie in den Lyzeen gelehrt wird, als Klarheit bezeichnen.

Auf seiner Italienfahrt machte Goethe einige Tagereisen in Gesellschaft eines italienischen Hauptmanns. Der Dichter erzählt von ihm:

> »Gestern abend habe ich von meinem Hauptmann Abschied genommen, mit der Versicherung, mit dem Versprechen, ihn auf meiner Rückreise in Bologna zu besuchen. Er ist ein wahrer Repräsentant vieler seiner Landsleute. Hier einiges, das ihn besonders bezeichnet. Da ich oft still und nachdenklich war, sagte er einmal: ›Che pensa! non deve mai pensar l'uomo, pensando s'invecchia.‹ Das ist verdolmetscht: Was denkt Ihr viel! Der Mensch muß niemals denken, denkend altert man nur. Und nach einigem Gespräch: ›Non deve fermarsi l'uomo in una sola cosa, perchè allora divien matto; bisogna aver mille cose, una confusione

nella testa.‹ Auf deutsch: Der Mensch muß sich nicht auf eine einzige Sache heften, denn da wird er toll; man muß tausend Sachen, eine Konfusion im Kopfe haben.«

8. Der Panther oder vom Sensualismus

Auf dem Gebiet der bildenden Künste jedoch gibt es etwas, das unserer Kultur in der Tat eigentümlich zu sein scheint. Wickhoff* sagt, in Rom treffe die griechische Kunst auf eine Art gemeinlateinischer Kunst, die auf etruskischer Überlieferung basiere. Die griechische Kunst, die hinter der konkreten Erscheinung das Typische und Wesentliche sucht, sei mit dem Geiste illusionistischer Nachahmung, wie er in Rom bereits seit undenklichen Zeiten im Schwange gewesen, nicht fertig geworden.

Diese Mitteilung ist aufschlußreich wie kaum eine andere. Trotz ihres großen Ansehens und trotz aller ästhetischen Vollkommenheit vermag sich also die griechische Kunstauffassung in Italien nicht durchzusetzen. Die dort herrschende gegenteilige Tendenz ist so stark und so eindeutig, daß ihre Übertragung auf die griechische Kunst noch nicht einmal so lange auf sich warten läßt, bis eine einheimische Künstlerschaft vorhanden ist; vielmehr üben die Auftraggeber auf die eingewanderten griechischen Künstler einen solchen Druck aus, daß bereits bei ihnen der Meißel andere Wege einschlägt und statt der latenten Idee das Konkrete, Offenbare, Individuelle im Marmor verewigt.

Hier also finden wir die Anfänge dessen, was man später Realismus nennen wird, was eigentlich aber Impressionismus heißen müßte. Durch zwanzig Jahrhunderte hin vereinigen die Völker des Mittelmeers ihre Künstler unter dieser Fahne der impressionistischen Kunst; denn immer herrscht, ob nun ausschließlich oder teilweise, ausdrücklich oder unausgesprochen, der Wille

* Werke, Band III, S. 52–53.

vor, das Wahrnehmbare als solches zu erfassen. Für den Griechen hingegen wird alles, was wir sehen, beherrscht und berichtigt durch das, was wir denken, und hat nur dann einen Wert, wenn es sich zum Sinnbild der Idee aufschwingt. Für uns Mittelmeermenschen aber ist dieser Aufschwung eher ein Abstieg, und das Sensuelle sprengt bei uns die Fesseln des Ideellen und erklärt seine Unabhängigkeit. Die Mittelmeerkultur ist eine unablässige, leidenschaftliche Rechtfertigung des Sinnlichen, des Offenbaren, der Oberfläche, der flüchtigen Eindrücke, welche die Dinge in unserem Nervensystem hinterlassen.

Den Abstand, der den mediterranen Denker vom germanischen trennt, finden wir wieder, wenn wir die Sehweise der beiden Menschenrassen vergleichen. Diesmal freilich fällt der Vergleich zu unseren Gunsten aus. Wir Mittelmeermenschen sind unklar im Denken, aber klar im Sehen. Wenn wir die komplizierten Begriffsverstrebungen philosophischer und theologischer Allegorik, die das architektonische Gefüge der Divina Commedia ausmachen, kurzerhand abbauen, so bleiben uns, funkelnd wie Edelsteine und manchmal in die enge Fassung eines einzigen Verses eingefangen, ein paar knappe Bilder, für die wir gern alles übrige dreingäben. Es sind einfache Impressionen, bar alles Transzendenten, in denen der Dichter den flüchtigen Charakter einer Farbe, einer Landschaft, einer Morgenstunde festhält. Bei Cervantes ist diese Gabe der Veranschaulichung im wahrsten Sinne unvergleichlich. Denn auch ohne sich die Schilderung eines bestimmten Gegenstandes eigens vorzunehmen, bringt er es zuwege, seine Farbe, seinen Klang, seine gesamte Körperlichkeit durch das Rankenwerk der Erzählung hindurch lebendig werden zu lassen. Mit Recht fühlte sich darum Flaubert durch den *Don Quijote* zu dem Ausruf bewogen: »Comme on voit ces routes d'Espagne qui ne sont nulle part décrites.« (»Wie sieht man diese Straßen Spaniens, die gar nicht beschrieben sind.«)*

* *Correspondance*, II, S. 305.

Wenn wir von einem Cervantes-Text zu einem Goethe-Text übergehen – noch ganz unabhängig von einem (später fälligen) wertmäßigen Vergleich zwischen den Welten, die von den beiden Dichtern geschaffen worden sind –, so entdecken wir einen grundlegenden Unterschied: Goethes Welt tritt uns nicht unmittelbar vor Augen; seine Dinge und Personen schweben in definitiver Ferne, sind wie die Erinnerung, wie der Traum ihrer selbst.

Wenn ein Ding alles hat, dessen es bedarf, um zu sein, was es ist, so fehlt ihm doch noch ein Entscheidendes: das Offenbare, die Aktualität. Der berühmte Satz »Hundert wirkliche Taler enthalten nicht das Mindeste mehr als hundert mögliche«, mit dem Kant die Metaphysik des Descartes angreift, ist philosophisch exakt, bedeutet aber das offene Eingeständnis der Grenzen germanischen Geistes. Für den Mittelmeermenschen ist nicht das Wesen eines Dings, sondern seine gegenwärtige Erscheinung das Wichtigste. Den Dingen selbst ziehen wir ihren lebendigen Sinneseindruck vor.

Die Lateiner haben das Realismus genannt. Da aber Realismus bereits ein lateinischer Begriff, also keine reine optische Wahrnehmung mehr ist, ermangelt dieser Ausdruck der Klarheit. Was für ein Ding, was für eine *res*, meint dieser Realismus? Solange wir nicht zwischen den Dingen und dem Erscheinungsbild der Dinge unterscheiden, wird sich das eigentümlichste Teil unserer mediterranen Kultur unserem Verständnis entziehen.

Auch Goethe sucht nach den Dingen. Und wie er selbst sagt, ist das Auge das Organ, mit dem er die Welt begriffen hat*, und Emerson fügt hinzu: »Goethe sees at every pore.« (»Goethe achtet auf jede Pore.«)

Vielleicht kann Goethe unter germanischen Verhältnissen als ein Augenmensch gelten, als ein Gemüt, für welches das Offenbare existiert. Zieht man aber den Künstler des Südens zum Vergleich heran, so wird man inne, daß Goethesches Sehen doch mehr ein Denken mit den Augen ist.

* *Dichtung und Wahrheit*, Buch 6.

»Non oculos eruditos habemus.«* (»Wir haben Kenneraugen.«) Alles, was beim Sehen der reinen Impression angehört, ist beim Mittelmeermenschen ungleich intensiver. Und deshalb gibt er sich auch im allgemeinen hiermit zufrieden. Die Freude am Sehen, am Betasten der Haut der Dinge mit dem blickenden Auge ist das Hauptmerkmal unserer Kunst. Man nenne das nicht Realismus; denn es liege kein Nachdruck auf den *res*, den Dingen, sondern nur auf deren Offenbarung. Besser wäre es, von Apparentismus, Illusionismus, Impressionismus zu sprechen.

Echte Realisten waren die Griechen, aber sie waren Realisten des Erinnerten. Wenn die Erinnerung die Dinge überfliegt, so reinigt und idealisiert sie sie, nimmt ihnen vor allem das Stück Herbheit, das selbst den sanftesten von ihnen anhaftet, wenn sie unmittelbar auf unsere Sinne wirken. Die Kunst jedoch, die in Rom ihren Anfang nimmt, die aber ebensogut von Karthago, Massilia oder Malaca hätte ausgehen können, die mediterrane Kunst, sucht gerade die wilde Herbheit der gegenwärtigen Dinge als solche zu erfassen.

An einem Tag des ersten vorchristlichen Jahrhunderts lief durch Rom die Kunde, Pasiteles, ein großer Bildhauer mediterraner Prägung, sei von einem Panther, der ihm als Modell diente, aufgefressen worden. Er war der erste unter den Märtyrern. Denn die mediterrane Klarheit hat ihre besonderen Blutzeugen. In das Heiligenregister unserer Kultur können wir darum eintragen: Pasiteles, Märtyrer des Sensualismus.

Sensualismus, eben dies wäre der endgültige Name, den wir der mediterranen Klarheitstendenz zu geben hätten. Wir sind nichts als die Träger unserer Sinnesorgane: wir sehen, hören, riechen, fühlen, schmecken; wir empfinden organische Lust und organischen Schmerz. Und mit gewissem Stolz zitieren wir das Théophile-Gautier-Wort: »Die äußere Welt ist für uns vorhanden.«

Die äußere Welt! Aber liegen denn die nichtwahrnehmbaren Welten, die Bereiche der Tiefendimension,

* vgl. Cicero, *Paradoxa.*

nicht auch außerhalb des Subjekts? Gewiß, sie gehören zur Außenwelt, und zwar in ganz hervorragendem Maße. Der einzige Unterschied ist der, daß die Realität, das Wilde, der Panther, uns gewaltsam überfällt, während das Ideelle sich uns nur erschließt, wenn wir uns darum bemühen. Und es besteht die Gefahr, daß diese Invasion des Äußeren uns aus uns selbst hinausdrängt, uns des Inneren beraubt und daß wir aufgrund dieses Verlustes zu einem Flugloch werden, durch das die Dinge aus- und einschwärmen.

Die Vorherrschaft der Sinne läßt gemeinhin auf einen Mangel an inneren Möglichkeiten schließen. Was ist das Meditieren im Vergleich zum Sehen? Kaum hat der von außen kommende Pfeil unsere Netzhaut getroffen, so ist auch schon unsere innere, persönliche Energie zur Stelle und riegelt diesen Einbruch ab. Der Eindruck wird vermittelbart, kultiviert, durchdacht und findet erst in dieser Gestalt als mitwirkendes Element Einlaß in das Gebäude unserer Persönlichkeit.

9. Die Dinge und ihr Sinn

Der ganze Streit um den germanischen Nebel und die lateinische Klarheit wird dann zur Ruhe kommen, wenn man die Existenz von zwei verschiedenen menschlichen Kategorien zugibt, als da sind der Meditierende und der Sinnenmensch. Für diesen ist die Welt eine spiegelnde Oberfläche, und das strahlende Antlitz des Universums, *facies totius mundi,* wie Spinoza sagt, ist sein Reich. Jener hingegen lebt in der Dimension der Tiefe.

Während Netzhaut, Gaumen, Fingerspitzen usw. die Organe des Sinnenmenschen sind, ist dem Denker das Organ des Begreifens gegeben. Dieses aber ist das Organ, mit dem normalerweise die Dimension der Tiefe erfaßt wird.

Vorhin habe ich mich in der Hauptsache mit der zeitlichen Tiefendimension, das heißt der Vergangenheit, und mit der räumlichen, das heißt der Ferne, beschäftigt.

Beide aber sind nichts weiter als zwei Einzelbeispiele dieser Dimension. Worin aber besteht die Tiefe, generell betrachtet? Andeutungsweise habe ich das bereits dargetan, als ich der offenbaren Welt des bloßen Eindrucks die latenten Welten der Eindrucksgefüge gegenüberstellte. Ein Gefüge ist ein Ding zweiten Grades, will sagen ein Komplex von Dingen oder einfachen stofflichen Elementen samt einer Ordnung, nach der diese Dinge zusammengestellt sind. Es ist klar, daß der Realität dieser Ordnung im ganzen ein anderer Wert und eine andere Bedeutung zukommt als der Realität ihrer Elemente im einzelnen. Die Esche hier ist grün und steht rechts von mir. Daß sie grün ist und sich rechts von mir befindet, sind Eigenschaften, die sie besitzt, aber der Besitz bedeutet bei der einen nicht dasselbe wie bei der anderen. Wenn die Sonne hinter dem Hügel versunken ist, werde ich einen von diesen ausgetretenen Pfaden einschlagen, die in dem hohen Gras aufklaffen wie Gedankenfurchen. Ich werde im Vorübergehen ein paar gelbe Blumen pflücken, die hier wachsen wie auf frühen Gemälden, werde meine Schritte zum Kloster hinlenken und werde den Wald allein lassen, während aus seiner Tiefe der Kuckuck den abendlichen Übermut ins Land hinausrufen wird. Dann wird die Esche weiterhin grün sein, ihre andere Eigenschaft aber eingebüßt haben: sie wird nämlich nicht mehr zu meiner Rechten stehen. Die Farben sind Eigenschaften materieller Art, rechts und links aber sind relative Qualitäten, das heißt solche, die ein Ding nur im Verhältnis zu einem anderen besitzt. Dinge aber, die durch gegenseitige Beziehung miteinander verflochten sind, bilden ein Gefüge.

Wie wenig wäre ein Ding, wenn es nur das wäre, was es in der Vereinzelung ist. Wie arm, wie unfruchtbar, wie unansehnlich wäre es dann. Man könnte sagen, in jedem Ding stecke so etwas wie die geheime Kraft, viel mehr zu sein, als es gerade ist, eine Kraft, die dann frei wird und sich entfaltet, wenn andere Dinge, eins oder mehrere, zu ihm in Beziehung treten. Man könnte sagen, ein jedes Ding werde von den übrigen befruchtet, könnte sagen, daß es sie zueinander dränge wie Mann und Weib und daß sie danach trachten, sich zu vermählen, sich zu Gesellschaften, Organismen, Gebäuden, Welten zusammenzufinden. Was wir Natur nennen, ist nichts weiter als jenes allergrößte Gefüge, in dem sämtliches Materielle beisammen ist. Und Natur ist ein Werk der Liebe. Denn Natur bedeutet Zeugung, bedeutet, daß das eine Ding im anderen entsteht und daß es aus diesem anderen, in dem es vorbedacht, vorgeformt, virtuell enthalten war, hervorgeht wie bei einer Geburt.

Wir alle haben schon einmal beobachtet, daß unmittelbar nach dem Öffnen der Lider die Gegenstände einen Augenblick lang verzerrt in unser Gesichtsfeld eintreten. Sie scheinen sich zu zerdehnen und zu verrenken, als seien sie in gasförmigem Zustand der Willkür eines Windhauchs preisgegeben. Dann aber zieht Schritt für Schritt Ordnung ein. Zuerst beruhigen und konsolidieren sich solche Dinge, die auf die Mitte des Gesichtsfeldes entfallen, etwas später die anderen, die den Rand einnehmen. Diese Beruhigung und diese Fixierung der Umrisse sind unserer angestrengten Aufmerksamkeit zu verdanken: sie hat die Dinge geordnet, das heißt ein Netz von Beziehungen zwischen ihnen hergestellt. Ein Ding kann sich nur in Verbindung mit anderen Dingen fixieren und abgrenzen. Je intensiver wir auf einen Gegenstand aufmerken, um so mehr wird er sich konsolidieren; denn wir werden an ihm in wachsender Zahl Reflexe anderer Gegenstände, Zusammenhänge mit Dingen seiner Umgebung feststellen. Das Ideale wäre, ein jedes Ding zum Mittelpunkt des Universums zu machen.

Tiefe aber ist die Gesamtheit dessen, was ein Ding an Spiegelungen und Andeutungen anderer Dinge enthält. Der Reflex ist die wahrnehmbarste Form der virtuellen Existenz eines Dings in einem anderen. Der *Sinn* eines Dings ist die höchste Form seiner Koexistenz mit den anderen Dingen, ist seine Tiefendimension. Ich kann mich nicht mit der materiellen Gegebenheit eines Gegenstandes begnügen, ich muß auch seinen *Sinn* erkennen, das heißt den mystischen Schatten, den das übrige Universum auf ihn wirft.

Fragen wir uns also nach dem Sinn der Dinge, oder, was das nämliche ist, machen wir jegliches Ding zum Mittelpunkt der Welt.

Aber dies ist ja gerade das, was die Liebe tut! Denn wenn wir von einem Objekt behaupten, daß wir es lieben, und wenn wir andererseits behaupten, daß es für uns der Mittelpunkt des Universums sei, der Ort, an dem alle die Fäden zusammenlaufen, aus denen unser Leben, unsere Welt gewirkt ist, sagen wir dann nicht beide Male dasselbe? Ohne jeden Zweifel. Im übrigen handelt es sich da um eine altehrwürdige Doktrin: Bereits Platon sieht im *Eros* einen Impuls, der die Dinge zur Verbindung drängt; der Eros ist, so sagt er, eine einigende Kraft, er ist die Leidenschaft der Synthese. Darum ist nach Platons Ansicht die Philosophie, die ja dem Sinn der Dinge nachspürt, vom *Eros* getrieben. Meditation ist Übung im Eros. Begreifen ist ein Ritus der Liebe.

Sie mag uns vielleicht etwas seltsam anmuten, diese Annäherung der Philosophie an jene Unruhe der Muskeln, jenes plötzliche Aufwallen unseres Blutes, wie wir es erleben, wenn ein strammes Mädchen auf uns zukommt. Seltsam, mißverständlich, gefahrvoll! Für die Philosophie nicht weniger als für unseren Umgang mit den Frauen. Aber vielleicht hat Nietzsche recht, wenn er uns zuruft: Lebet gefährlich!

Doch wir wollen uns dieses Problem für eine spätere Gelegenheit aufsparen. Heute kommt es uns darauf an, festzuhalten, daß der Eindruck uns die Materie, das Fleisch des Gegenstandes vermittelt, während der Begriff die Gesamtheit dessen in sich schließt, was das betreffende Ding in Beziehung zu den übrigen ist, also jene ganze Bereicherung, die ein Gegenstand erfährt, wenn er zum Teil eines Gefüges wird.

Der Begriff enthält, was zwischen den Dingen ist. Zwischen den Dingen aber sind vor allem Grenzen.

Haben wir uns schon einmal gefragt, wo sich die Grenzen eines Gegenstandes befinden? In ihm selbst?

Sicher nicht. Denn wenn der Gegenstand nur als etwas Vereinzeltes existierte, so wäre er grenzenlos. Der eine Gegenstand beginnt dort, wo der andere endet. Sollte es sich dann etwa so verhalten, daß die Grenze des einen Gegenstandes in dem anderen liegt? Nein. Denn dieser muß ja seinerseits wieder durch jenen begrenzt werden. Wo aber liegt dann die Grenze?

Hegel sagt, daß dort, wo die Grenze eines Gegenstandes ist, der Gegenstand nicht selber ist. Demnach sind die Grenzen so etwas wie dritte Dinge virtueller Art, die sich zwischen die materiellen einschieben, schematische Gebilde, denen die Aufgabe zufällt, den Umriß der Wesen anzuzeigen und diese einander anzunähern, damit ein Zusammenleben zustande komme, sie zugleich aber auseinanderzuhalten, damit sie sich nicht vermengen und dadurch zunichte werden. Eben dies ist die Funktion des Begriffes, nicht mehr, aber auch nicht weniger. Dem Begriff ist es zu verdanken, daß die Dinge einander mit Rücksicht begegnen und ohne gegenseitige Invasion zu einer Einigung gelangen können.

10. Der Begriff

Jeder, der das Spanien von morgen ehrlich und innig liebt, sollte sich ganz klarwerden über die hohe Aufgabe, die dem Begrifflichen zukommt. Auf den ersten Blick wirkt eine solche Problematik allerdings viel zu akademisch, als daß man aus ihr ein nationales Anliegen machen könnte. Aber warum sollten wir, wenn wir einem Problem gegenüberstehen, nicht auch auf einen zweiten und dritten Blick bedacht sein, ohne im übrigen auf den ersten zu verzichten?

Wir täten also gut daran, uns folgendes zu fragen: Wenn wir etwas nicht nur sehen, sondern obendrein auch noch begreifen, was haben wir dann vor dem bloßen Sehen voraus? Was gewinnen wir dabei, wenn wir den Wald rings um uns nicht nur als eine geheimnisvolle Umarmung wahrnehmen, sondern darüber hinaus auch noch den Begriff des Waldes unser eigen nennen? Zunächst einmal erweist der Begriff sich als eine Wiederholung, ein Nachvollzug des betreffenden Dings, das durch ihn zu einer phantomartigen Materie entleert wird. Wir fühlen uns an das erinnert, was die alten Ägypter das Double des jeweiligen Wesens nannten, ein schattenhaftes Duplikat seines Organismus. Verglichen mit dem Ding selbst, ist der Begriff nicht mehr als ein Schemen, vielleicht sogar noch weniger.

Darum wird keiner, der recht bei Troste ist, es sich einfallen lassen, seine Vermögenswerte an Dingen in Phantome umzutauschen. Der Begriff ist keineswegs so etwas wie ein weiteres, sehr subtiles Ding, das dazu bestimmt wäre, den Platz der materiellen Dinge einzunehmen. Es kann darum auch nicht seine Aufgabe sein, die Intuition, den wirklichen Eindruck, zu ersetzen. Die Vernunft kann und muß nicht den Anspruch erheben, Stellvertreterin des Lebens zu sein.

Die Gegenüberstellung von Vernunft und Leben, wie sie heute bei denen im Schwange ist, die es sich bequem machen wollen, ist bereits verdächtig. Als ob nicht auch die Vernunft eine Lebensfunktion wäre, von der gleichen spontanen Art wie das Sehen oder das Fühlen!

Aber gehen wir ein Stückchen weiter. Das Schemenhafte am Begriff rührt von seinem schematischen Inhalt her. Der Begriff läßt von dem Ding nur das Schema übrig. Nun sind uns aber in einem Schema bloß die Grenzen der Dinge gegeben, die Aussparung, die für die Materie, die reale Substanz der Dinge, vorgesehen ist. Und diese Grenzen stellen, wie schon angedeutet, nichts weiter als die Beziehungen dar, in denen das Objekt zu den anderen Objekten steht. Wenn wir aus einem Mosaik eins der Steinchen entfernen, so bleibt uns dessen Umriß in Gestalt einer Lücke erhalten, die von den benachbarten Steinchen umgrenzt wird. Genauso drückt sich im Begriff der ideelle Ort, die ideelle Aussparung aus, die dem einzelnen Ding innerhalb des Systems der Realitäten entspricht. Ohne den Begriff wüßten wir nicht, wo ein Ding beginnt und wo es endet; das heißt, die Dinge als bloße Eindrücke sind flüchtig, gleiten uns aus den Händen; wir besitzen sie nicht. Indem nun aber der Begriff die einen Dinge mit den anderen verbindet, hält er sie fest und führt sie uns als Gefangene vor. Platon sagt, daß die Eindrücke uns entfliehen, wenn wir sie nicht mit Hilfe der Vernunft festbinden, was uns an die Sage von den Statuen des Demetrius gemahnt, die sich nachts aus den Gärten davonschlichen, wenn man sie nicht ankettete.

Niemals wird uns der Begriff das bringen, was uns der Eindruck bringt, nämlich das Fleisch der Dinge. Dies kommt aber nicht daher, daß der Begriff etwas Unzulängliches wäre, sondern daher, daß er eine solche Aufgabe gar nicht für sich in Anspruch nimmt. Der Eindruck wird uns niemals vermitteln, was der Begriff uns vermittelt: die Form, den physischen und geistigen Sinn der Dinge.

So wird denn, wenn wir aus dem Worte *Wahrnehmung* den ursprünglichen Sinn *nehmen* oder *fassen* heraushören, der Begriff zum eigentlichen Werkzeug der Wahrnehmung, zum Organ der Besitzergreifung von den Dingen.

Aufgabe und Wesen des Begriffes erschöpfen sich also darin, daß er nicht etwa ein weiteres Ding ist, sondern ein Organ, ein Werkzeug für die Aneignung der Dinge.

Jenes Hegelsche Dogma, welches das Denken zur letzten Substanz alles Wirklichen macht, ist unserem heutigen Empfinden sehr ferngerückt. Die Welt ist viel zu weit und zu reich, als daß für alles, was in ihr geschieht, das Denken die Verantwortung übernehmen könnte. Wenn wir die Vernunft auch entthronen, den gebührenden Platz müssen wir ihr dennoch zugestehen. Das Denken ist zwar nicht alles, aber ohne Denken gibt es keinen vollgültigen Besitz der Dinge.

Dies also ist der Mehrgewinn, den uns – im Vergleich zum Eindruck – der Begriff zu erbringen vermag. Jeder Begriff ist im wörtlichen Sinne ein Organ, womit wir die Dinge ergreifen. Sehen wird erst mit Hilfe des Begreifens zu einem vollständigen Sehen; die reine Wahrnehmung liefert uns von einem Gegenstande nur umrißlose und verformbare Materie; sie vermittelt uns den Eindruck der Dinge, nicht aber die Dinge selbst.

11. Kultur – Zuverlässigkeit

Nur was gedanklich verarbeitet ist, besitzen wir. Und erst, wenn wir das Grundlegende bewältigt haben, können wir zu den schwierigeren Dingen übergehen.

Conditio sine qua non einer jeden Ausweitung unseres geistigen Herrschaftsbereiches ist der zuverlässige, endgültige Besitz gewisser Ausgangsstellungen. Haben wir keinen festen Boden unter den Füßen, so muß alles höhere Streben zuschanden werden.

Eben deshalb ist die impressionistische Kultur dazu verdammt, keine progressive Kultur zu sein. Ihr Leben wird der Gleichmäßigkeit entbehren; sie wird wohl im Lauf der Zeit mit einzelnen großen Menschen und Leistungen aufwarten können, alle aber werden sich in den gleichen Grenzen bewegen. Jeder geniale Impressionist holt die Welt aufs neue aus dem Nichts hervor und kümmert sich nicht darum, wie weit irgendein genialer Vorgänger sie bereits emporgefördert hatte.

Gilt nicht eben dies genau für die Geschichte der spanischen Kultur? Die spanischen Genies kommen immer wieder vom Chaos her, wie wenn es vor ihnen nichts gegeben hätte. Diesem Umstand haben wir zweifellos die urtümliche, wilde, herbe Art unserer großen Künstler und Tatmenschen zu verdanken. Und es wäre ein Zeichen von Unverstand, wollte man diese Qualitäten mißachten, nicht minder töricht aber wäre es, zu glauben, mit ihnen sei bereits alles getan.

Unsere großen Männer sind durch die Seelenhaltung Adams gekennzeichnet. Goya ist ein Adam, ein erster Mensch.

Der Geist seiner Bilder ließe sich, sofern man die Kleidung der Figuren und ein paar reine Äußerlichkeiten der Technik entsprechend änderte, in das zehnte nachchristliche, ja sogar in das zehnte vorchristliche Jahrhundert versetzen. Goya hätte in der Abgeschlossenheit der Altamirahöhle der Maler der Auerochsen oder der wilden Stiere sein können. Ein Mensch ohne Alter, ein geschichtsloser Mensch. Goya stellt, wie vielleicht Spanien überhaupt, eine paradoxe Form der Kultur dar: die wildwüchsige Kultur, die Kultur ohne Gestern, ohne stetige Fortentwicklung, ohne Zuverlässigkeit, die Kultur im ewigen Ringen mit dem Elementaren, die Tag für Tag um den Besitz des Stückchens Boden kämpft, auf dem ihre Füße ausruhen. Kurzum, eine Grenzkultur.

Man sehe in diesen Worten kein Werturteil. Ich behaupte nicht, daß die spanische Kultur weniger, aber auch nicht, daß sie mehr tauge als irgendeine andere. Es geht hier nicht darum, das Spaniertum zu bewerten, es geht darum, es zu verstehen. Wenden wir uns ab von der eitlen Lobhudelei, in deren Zeichen sich unsere Gelehrten mit den spanischen Dingen beschäftigt haben. Suchen wir nach verständigen, nach intelligenten Formulierungen und unterlassen wir das Urteilen und Taxieren. Nur so kann einmal der Tag kommen, an dem die spanische Eigenart sich mit Erfolg behaupten wird.

Der Fall Goya vermag das, was ich nun sagen möchte, aufs trefflichste zu veranschaulichen. Das Erlebnis – wohlverstanden nur das eines Betrachters, der ehrlicher und tiefer Einfühlung fähig ist –, das seine Gemälde uns vermitteln, mag stark und erregend sein, verläßlich ist es nicht. Am einen Tage fühlen wir uns von seiner unbändigen Dynamik hingerissen, am nächsten verärgert er uns durch sein kapriziöses Wesen, seinen Mangel an Sinngehalt. Kurzum, was der grimme Aragonier in unseren Gemütern wachruft, ist immer problematisch.

Es könnte zutreffen, daß solcher Eigensinn das Merkmal alles wirklich Großen wäre. Aber auch das Gegenteil könnte wahr sein. Bestehen bleibt die Tatsache, daß den besten Erzeugnissen unserer Kultur etwas Doppelsinniges, eigentümlich Unzuverlässiges anhaftet.

Ganz anders jene Regung, die in den Gemütern Griechenlands, einer neuen seelischen Schwingung vergleichbar, aufkommt und sich dann den Menschen des europäischen Kontinents mitteilt: das Trachten nach Sicherheit, Beständigkeit, nach dem ἀσφαλὲς. Kultur – so denken, erfahren, singen, verkünden, träumen die schwarzäugigen Menschen in Ionien, in Attika, in Sizilien, in Großgriechenland – ist das Feste gegenüber dem Schwankenden, das Beständige gegenüber dem Flüchtigen, das Klare gegenüber dem Dunklen. Kultur ist nicht das Leben schlechthin, sondern nur das Sicherheits- und Klarheitsmoment innerhalb des Lebens. Und das Instrument des Begriffes, das sie ersinnen, soll nicht an die Stelle der vitalen Spontaneität treten, sondern nur zu deren Sicherung dienen.

12. Das Gebot des Lichts

Nun ich die Aufgabe des Begriffes in ihre Grenzen verwiesen habe und es offenbar geworden ist, daß wir durch ihn niemals zum Fleisch des Universums gelangen können, bin ich wohl nicht mehr in der Gefahr, allzu individualistisch zu erscheinen, wenn ich von dem, was oben über die verschiedenen Arten von Klarheit gesagt worden ist, einiges wenige abstreiche. Es steht fest, daß der Oberfläche wie der Tiefe jeweils eine eigentümliche Weise des Klarseins entspricht. Es gibt eine Klarheit des Eindrucks und eine Klarheit der Meditation.

Da man uns aber das Problem in polemischem Tone stellt und die angebliche lateinische Klarheit nur hervorhebt, um die germanische in Zweifel ziehen zu können, habe ich keine andere Wahl, als alles auszusprechen, was ich denke.

Ziel meines Denkens – und nicht nur meines *Denkens*! – ist es, mein gesamtes Erbgut wirksam werden zu lassen. Meine Seele stammt von Eltern, die man kennt. Ich bin nicht nur Mittelmeermensch. Und ich bin keineswegs gewillt, mich im iberischen Bezirk meines Wesens abzukapseln. Ich bedarf meines ganzen Erbgutes;

sonst fühlt mein Herz sich arm; des ganzen Erbgutes und nicht nur jener goldenen Oberflächenschicht der Reflexe, welche die Sonne auf das weite Türkisblau des Meeres hinzaubert. Meine Pupillen lassen das geschaute Licht in mich einströmen; zugleich aber steigen aus der Tiefe meiner Seele kraftvolle Meditationen auf. Wer hat sie in mich hineingelegt, diese klingenden Reminiszenzen, in denen – wie in einer Muschel die Atemzüge des Ozeans – die Stimmen nachhallen, die der Wind in den Tiefen der germanischen Wälder weckt? Warum versteift der Spanier sich darauf, mit sich selbst in einem Zustand des Anachronismus zu leben? Warum vergißt er sein germanisches Erbteil? Wenn er es nicht hätte, so wäre ihm – das läßt sich schwerlich bestreiten – ein zweifelhaftes Los beschieden. Hinter den Zügen des Mittelmeermenschen verbirgt sich nämlich, wie es mir scheinen will, die Lebensart Asiens oder Afrikas, und in dieser Lebensart, in asiatischen oder afrikanischen Lippen und Augen schlummert das Tier, der Untermensch, der jederzeit erwachen und sich der gesamten Physiognomie bemächtigen kann.

In mir aber ist, meinem Wesen zugehörig, der Ehrgeiz, mich über das Tier zu erheben, so wie man sich von einem blutbefleckten Lager erhebt.

Nötigt mich nicht dazu, ausschließlich ein Spanier zu sein, wenn das für euch nicht mehr bedeutet, als ein Mensch der schimmernden Oberfläche zu sein. Entfacht keinen Bürgerkrieg in meinem Innern. Ihr sollt den Iberer in mir, den rauhbeinig-leidenschaftlichen Gesellen, nicht gegen den nachdenklichen und empfindsamen blonden Germanen hetzen, der in der Dämmerzone meiner Seele haust. Ich bin nämlich darauf bedacht, daß zwischen meinen inneren Menschen Frieden herrsche, und ich halte sie zum Zusammenwirken an.

Dazu aber bedarf es einer Hierarchie. Und von den beiden Klarheiten müssen wir der einen den Vorrang einräumen.

Klarheit bedeutet gesicherten geistigen Besitz, hinreichende Herrschaft unseres Bewußtseins über die Bilder,

Freisein von der Angst, daß der eingefangene Gegenstand sich uns wieder entwinden könnte.

Solche Klarheit aber verschafft uns das Begreifen. Der Begriff, die Verläßlichkeit, der geistige Vollbesitz wirken von den nichtspanischen Völkern Europas zu uns herüber, fehlen aber gemeinhin in unserer eigenen Kunst, Wissenschaft und Politik. Kulturschöpfung ist immer Interpretation, Klärung, Auslegung des Lebens. Das Leben ist der endlose Text, ist der brennende Dornbusch am Rand der Straße, in dem Gott seine Stimme vernehmen läßt. Die Kultur – Kunst, Wissenschaft oder Politik – ist der Kommentar, ist jener Modus des Lebens, bei dem dieses sich in sich selber spiegelt und dadurch zu Ebenmaß und Ordnung gelangt. Darum kann die Kultur niemals den problematischen Charakter bewahren, der allem bloß Vitalen eigen ist. Um den ungebärdigen Wildbach des Lebens zu bändigen, meditiert der Weise, erschauert der Poet, errichtet der politische Heros das Bollwerk seines Willens. Gut wäre es, wenn das Ergebnis all dieses Tuns wenigstens nur zu einer Verdoppelung der Problemfülle des Universums führte. Fürwahr, der Mensch hat auf dieser Welt eine Mission der Klarheit zu erfüllen. Diese Mission ist ihm weder von einem Gott geoffenbart noch durch irgend etwas oder irgend jemanden außerhalb seiner selbst aufgegeben. Er trägt sie im eigenen Innern, sie ist die Wurzel seines Wesens. In seiner Brust ist immerfort ein lebendiges Streben nach Klarheit, wie Goethe, der sich einen Platz auf den höchsten Gipfeln der Menschheit gesichert hat, einmal sagt:

»Wir bekennen uns zu dem Geschlecht,
das aus dem Dunkel ins Helle strebt.«

Und in der Stunde seines Todes, auf der Höhe eines Tages, der schon den nahen Frühling ahnen läßt, versendet er in einem letzten Ruf einen letzten Wunsch, den letzten Pfeil des meisterhaften alten Bogenschützen: »Mehr Licht!«

Klarheit ist nicht Leben, aber Erfüllung des Lebens.

Wie könnte man sie erwerben ohne die Hilfe des Begreifens? Das Begreifen ist die inwendige Klarheit des Lebens, ist Licht, das über die Dinge fließt. Nichts mehr und nichts weniger.

Jeder neue Begriff ist für uns ein neues Organ, durch das sich uns ein Stück Welt erschließt, das bis dahin stumm und unsichtbar gewesen. Wer uns eine Idee gibt, bereichert unser Leben und erweitert den Kreis der uns umgebenden Realität. Platons Meinung, daß wir nicht mit den Augen, sondern durch die Augen hindurch oder vermittels der Augen sehen, trifft wörtlich zu; wir sehen mit den Begriffen. Idee bedeutet bei Platon Gesichtspunkt.

Im Gegensatz hierzu wird die Religion infolge ihrer Überzüchtung des Problematischen, des Dunklen im Leben zu einer unzureichenden Form der Kultur. Angesichts der problematischen Seiten des Lebens kommt der Kultur das Amt einer Schatzmeisterin der Prinzipien zu. Es läßt sich darüber streiten, welche Prinzipien dazu fähig sind, jene Probleme zu lösen; eins jedoch steht fest: es müssen Prinzipien sein. Nun aber sind die religiösen Prinzipien in einem höheren Maße problematisch als das Leben selbst, das sie zu klären und zu stützen suchen. Das Leben stellt sich uns zwar schließlich und endlich als ein Problem dar, aber als ein lösbares, zumindest als kein unlösbares Problem. Die Religion jedoch rät uns, es mit Hilfe von Mysterien, das heißt recht eigentlich unlösbaren Problemen, zu erklären. Das Mysterium führt uns von der Dunkelheit in die Finsternis. Es ist ein Schwelgen in Dunkelheit.

13. Integration

Nicht minder als die übrigen Formen geistigen Schaffens hat auch das Kunstwerk eine klärende, wenn man so will, eine luziferische, das heißt lichtbringende, Mission. Trägt ein künstlerischer Stil den Schlüssel zu seiner Interpretation nicht in sich selbst und ist er nichts weiter als die Reaktion eines einzelnen Lebensteils, nämlich der Seele eines Individuums, allen anderen Teilen gegenüber, so wird er nur fragwürdige Werte hervorbringen. In jedem bedeutenden Stil weht Sternen- oder Hochgebirgsluft, darin sich das Leben als etwas durch die Klarheit Überwundenes und ganz von ihr Durchdrungenes abzeichnet. Der Künstler hat nicht nur seine Verse gespendet wie der Mandelbaum im März seine Blüten, er hat sich über sich selbst, über das eigene spontane Leben erhoben und kreist nun in majestätischem Adlerflug hoch über seinem Herzen und dem Dasein ringsum. Durch seine Rhythmen, durch die Harmonie seiner Farben und Linien, durch seine Wahrnehmungen und Empfindungen hindurch verspüren wir ein starkes Reflexions- und Meditationsvermögen. Bei aller Verschiedenheit der äußeren Form wird doch einem jeden wahrhaft großen künstlerischen Stil ein funkelnder Mittagsstrahl innewohnen, und er wird heitere Gelassenheit sein, die sich über die stürmischen Wogen breitet.

Eben dies aber fehlt den eigentlich spanischen Schöpfungen. Wir stehen ihnen genauso gegenüber wie dem Leben. »Das ist ja gerade ihr großer Vorzug«, sagt man mir. »Es ist ihr schwerer Mangel«, antworte ich. Was Leben, Spontaneität, Schmerzen und Unklarheiten angeht, so habe ich an meinen eigenen genug, genug an dem, was davon in meinen Adern fließt, an meinem Fleisch und meinem Blut, an dem glimmenden Funken meines Bewußtseins, der über mein Fleisch und Blut gesetzt ist. Was ich nun brauche, ist Klarheit, Morgenlicht über meinem Leben. Jene originell spanischen Kunstwerke aber sind nichts weiter als die vergrößerte Wiedergabe meines eigenen Wesens, sind ein erschreckendes Feuer, in dem sich nur die Glut meiner eigenen Seele wiederholt. Sie sind wie ich, ich aber suche doch gerade etwas, das mehr ist und verläßlicher als ich.

Auf der geistigen Landkarte Europas sind wir das Gebiet mit der entschiedensten Vorherrschaft der Sinneswahrnehmung. Das Begriffliche ist noch nie unser Element gewesen. Kein Zweifel: wir würden unserer Bestimmung untreu, wollten wir die energische Bejahung impressionistischen Geistes, wie sie in unserer Vergangenheit sich ausdrückt, einfach abtun. Ich rate auch nicht zum Abtun, sondern genau zum Gegenteil: zur Integration.

Denn in ihrem besten Sinn vermag die einheimische Überlieferung für uns nichts anderes zu bedeuten als einen Rückhalt für individuelles Schwanken, als einen festen Boden für den Geist. Eben dies aber wird unsere Kultur nur dann sein können, wenn sie durch eine bewußte Pflege der Meditation ihrem Sensualismus zur rechten Geltung und Ordnung verhilft.

Hierfür – wie für alle anderen Zusammenhänge – ist der *Don Quijote das* Beispiel. Gibt es ein Buch, das tiefer wäre als dieser schlichte Roman mit der spöttischen Miene? Aber was ist der *Don Quijote* denn eigentlich? Wissen wir, welches Stück des Lebens er uns nahebringen will? Die paar Streiflichter, die bis jetzt auf ihn gefallen sind, kamen von fremden Geistern: von Schelling, Heine, Turgenjew. Flüchtige, unzureichende Durchleuchtung. Für jene Männer war der *Don Quijote* ein großartiges Kuriosum und nicht, wie für uns, die Schicksalsfrage schlechthin.

Seien wir ehrlich: der *Don Quijote* ist mehrdeutig. Daran haben die gesamten Lobsprüche unserer Rhetoriker nichts zu ändern vermocht. Die ganzen gelehrten Forschungen zum Leben des Cervantes haben in keinen einzigen Winkel dieses riesenhaften Rätsels Licht hineingebracht. Spottet Cervantes? Und worüber spottet er? Einsam krümmt sich weit draußen über der offenen Ebene der Mancha Don Quijotes hagere Gestalt zu einem Fragezeichen, und er ist wie der Wächter des spanischen Geheimnisses, der Mehrdeutigkeit der spanischen Kultur. Worüber aber spottet, aus dem Abgrund eines Kerkers, dieser arme Steuereinnehmer Cervantes? Und was ist denn Spott überhaupt? Muß Spott auf jeden Fall Verneinung sein?

Es gibt kein Buch, dem die Gabe der symbolischen

Anspielung auf den universellen Sinn des Lebens im gleichen Maße verliehen wäre wie dem *Don Quijote*, aber es gibt auch keines, in dem wir weniger Anhaltspunkte für seine Deutung vorfinden. Verglichen mit Cervantes wirkt darum Shakespeare wie ein Ideologe. Denn bei diesem fehlt es niemals an einer Art gedanklichem Kontrapunkt, einer zarten Linie von Begriffen, die das Verständnis unterstützen.

Ein Ausspruch Hebbels, des großen deutschen Dramatikers aus dem vergangenen Jahrhundert, soll verdeutlichen, was ich ausdrücken möchte. Hebbel sagt, in seinem Schaffen habe es stets gewisse Grundideen gegeben, von denen er zwar nicht ausgegangen sei (wie manche behaupten wollten), die er aber im Auge gehabt habe wie einen fernen Gebirgszug, der das Landschaftsbild abschließt. Etwas Ähnliches, glaube ich, findet sich bei Shakespeare. Eine Linie von Ideen, so etwas wie ein hauchfeiner Streifen am äußersten Horizont der dichterischen Inspiration, woran unsere Augen sich orientieren können, wenn wir den phantasievollen Wald seiner Dichtung durchwandern. Shakespeare erklärt sich fast immer selbst.

Trifft dies auch für Cervantes zu? Besteht nicht vielleicht das, was man seinen *Realismus* nennt, eben darin, daß er in den Grenzen der reinen Impression bleibt und sich von jeder allgemeinen und ideologischen Formel fernhält? Und ist nicht gerade dies seine größte Stärke?

Zum mindesten ist es zweifelhaft, ob es noch andere wirklich tiefe spanische Bücher gibt. Ein weiterer Grund, warum wir auf den *Don Quijote* die große Frage konzentrieren: Mein Gott, was ist Spanien? In der Weite des Weltalls, mitten unter den unzähligen Rassen, verloren zwischen dem unbegrenzten Gestern und dem Morgen ohne Ende, unter der ungeheuren kosmischen Kälte des Sterngefunkels – was ist dies Spanien, dies geistige Vorgebirge Europas, diese Art Bug der festländischen Seele?

Wo ist – sagt es mir doch! – ein klares Wort, ein einziges strahlendes Wort, das ein ehrbares Herz und eine zarte Seele zu befriedigen vermag, ein Wort, das Spaniens Bestimmung erhelle?

Unglückselig die Rasse, die nicht am Kreuzweg haltmacht, bevor sie weiterzieht, die ihr eigenes Innere nicht in Frage stellt, die nicht die heldenmütige Notwendigkeit empfindet, ihr Schicksal zu rechtfertigen und ihre geschichtliche Aufgabe in ein klares Licht zu rücken.

Der einzelne Mensch findet seine Richtung in der Welt nur über seine eigene Rasse, weil er in sie eingeschmolzen ist wie der Tropfen in die wandernde Wolke.

14. Parabel

Parry erzählt, bei seiner Polarfahrt habe er einmal seine Schlittenhunde zu zügigem Marsch angetrieben und sei einen ganzen Tag lang nach Norden vorgestoßen. Als er aber dann in der Nacht seine Aufzeichnungen überprüfte, um den Ort zu bestimmen, an dem er angekommen, habe er zu seinem Erstaunen feststellen müssen, daß er sich viel weiter südlich befand als am Morgen: er hatte sich zwar den ganzen Tag hindurch nach Norden vorgearbeitet, aber auf einer ungeheuren Eisscholle, die ihrerseits von einer Meeresströmung nach Süden abgetrieben wurde.

15. Kritik als Patriotismus

Ein Problem wird erst dann zum Problem, wenn es einen echten Widerspruch enthält. Nichts ist meines Erachtens heute für uns wichtiger, als aufgeschlossen zu sein für das Problem der spanischen Kultur, das heißt, Spanien als einen Widerspruch zu empfinden. Wer hierzu nicht fähig ist, wer den unterirdischen Doppelsinn, auf dem wir fußen, nicht erkennt, wird uns sehr wenig nützen können.

Unsere Meditation sollte bis zur letzten Schicht unseres Volksbewußtseins durchdringen, sollte dessen entlegenste Gewebe einer Analyse unterziehen und alle vermeintlichen nationalen Gegebenheiten überprüfen, ohne irgendeine von ihnen abergläubischen Herzens einfach hinzunehmen.

Man sagt, alles rein griechische Blut, das es heute auf der Welt noch gibt, würde in einem einzigen Weinglas Platz finden. Wie schwierig wird es also sein, irgendwo noch einen Tropfen rein hellenischen Blutes zu finden. Noch viel schwieriger aber ist es, meine ich, heute, und war es wohl auch zu anderen Zeiten, einen echten Spanier zu finden. Von keiner Gattung dürften weniger Exemplare vorhanden sein.

Freilich gibt es Leute, die in diesem Punkte anderer Ansicht sind. Und es kommt zu der Ungereimtheit, daß das so häufig gebrauchte Wort *spanisch* Gefahr läuft, nicht in seiner ganzen Würde verstanden zu werden. Wir vergessen, daß jede Rasse letztlich der Versuch einer neuen Lebensweise, einer neuen Art des Empfindens ist. Gelingt es dem Volk, die ihm eigentümlichen Energien voll zu entfalten, so erfährt der Erdkreis eine unschätzbare Bereicherung. Die neue Empfindungsweise ruft neue Bräuche und Einrichtungen ins Leben, neue Architektur und neue Dichtung, neue Wissenschaften, neue Bestrebungen, neue Gefühle, neue Religion. Gerät ein Volk aber auf Irrwege, so bleibt diese ganze mögliche Neuerung und Bereicherung für immer ungeschehen. Denn die Empfindungsweise, die dazu führt, ist unübertragbar. Ein Volk ist ein Lebensstil, und als solcher besteht es in einer einfachen und spezifischen Form des Einwirkens auf die umgebende Materie. Die Bewegung schöpferischen Gestaltens, in welcher sich der dem Volke eigentümliche Stil entfaltet, wird aber nicht selten durch äußere Ursachen aus ihrer idealen Bahn gedrängt, wobei es dann zu Ergebnissen kommt, wie man sie sich bedauerlicher und mißratener schwerlich vorstellen kann. Je weiter dieser Prozeß der Fehlentwicklung fortschreitet, um so mehr verbirgt sich die ursprüngliche Wesensrichtung unter einer toten

Kruste mißlungener, unzulänglicher Schöpfungen. Das Volk entfernt sich mit jedem Tage mehr von dem, was es hätte sein müssen.

Eben dies trifft für Spanien zu, und abartig muß uns darum ein Patriotismus erscheinen, der, bar jedes Tiefblicks und jedes Gefühls für hierarchische Ordnung der Werte, wahllos alles, was in unserem Lande zu entstehen beliebte, als spanisch gelten läßt und unnützeste Auswüchse mit Äußerungen spanischen Wesens verwechselt.

Ist es nicht ein grausamer Hohn, daß man nach dreieinhalb Jahrhunderten des Irrwegs uns vorschlägt, der nationalen Tradition zu folgen? Der Tradition? Die tatsächliche Tradition Spaniens bestand in der fortschreitenden Vernichtung des möglichen Spaniens. Nein, der Tradition können wir nicht folgen. Spanien bedeutet für mich eine sehr hohe Verheißung, die sich nur in ganz seltenen Fällen erfüllt hat. Nein, der Tradition können wir nicht folgen. Im Gegenteil, wir müssen uns im entgegengesetzten Sinne, müssen uns jenseits von ihr bewegen. Aus dem Schutt der Tradition gilt es die Ursubstanz des Volkes zu bergen, das spanische Urbild, jenes elementare spanische Erbeben angesichts des Chaos. Was man gemeinhin Spanien nennt, ist nicht Spanien, sondern das fehlgegangene Spanien. In einem großen, schmerzvollen Feuer müßten wir die unproduktive Scheintradition, das Spanien, das gewesen ist, verbrennen; dann wird, wenn wir dic Asche gut durchsieben, so etwas wie ein irisierender Edelstein zurückbleiben: das Spanien, das hätte sein können.

Darum tut es not, daß wir uns frei machen von dem Aberglauben der Vergangenheit gegenüber, daß wir uns von ihm nicht zu der Meinung verführen lassen, Spanien sei mit ihr identisch. Die Seeleute des Mittelmeers erkannten, daß es nur einen Weg gab, sich vor der tödlichen Wirkung des Sirenengesanges zu bewahren: man mußte ihn von rückwärts singen. So müßten denn alle, die heutzutage das mögliche Spanien lieben, die Historie der Vergangenheit von rückwärts singen, sofern sie an das halbe Dutzend Stellen geraten wollen, an denen der Herzschlag unseres Volkes rein und kräftig vernehmbar wird.

Eine von diesen wesentlichen Erfahrungen, vielleicht die bedeutsamste, ist Cervantes. Hier haben wir es mit etwas vollgültig Spanischem zu tun, mit einem Worte, das wir bei jedweder Gelegenheit schwingen können wie eine Lanze. Ja, wenn wir genau wüßten, worin der Stil des Cervantes besteht, und die ihm eigene Weise, an die Dinge heranzugehen, ausfindig machen könnten, so wäre alles gewonnen. Denn auf diesen Höhen des Geistes herrscht unverbrüchliche Solidarität, und ein dichterischer Stil geht hier immer Hand in Hand mit einer Philosophie, einer Moral, einer Wissenschaft und einer Politik. Wenn eines Tages jemand käme und die Umrißlinie des Cervantinischen Stils entdeckte, so hätten wir, um zu neuem Leben zu erwachen, nichts weiter zu tun, als diese Linie zu den übrigen Problemen unseres Gemeinschaftslebens hin zu verlängern. Dann ließe sich, sofern bei uns Mut und Geist vorhanden, der Versuch eines neuen Spanien klar und rein in die Tat umsetzen.

Aber solange dieser Jemand noch nicht gekommen ist, wollen wir uns eben mit vagen, eher warmherzigen als exakten Hinweisen begnügen und darauf bedacht sein, ehrerbietigen Abstand zu halten von den innersten Bezirken des großen Romanciers. Es darf nicht vorkommen, daß wir, weil wir zu nahe herantreten, Taktloses oder Extravagantes von ihm sagen. Eben dies ist meines Erachtens dem berühmtesten Kenner spanischer Literatur passiert, als er vor ein paar Jahren glaubte, das Wesen des Cervantes auf einen Generalnenner bringen zu müssen, indem er behauptete, des Dichters Hauptmerkmal sei ... der gesunde Menschenverstand. Nichts ist gefährlicher als solche Vertraulichkeit mit einem Halbgott, auch wenn er im bürgerlichen Leben Steuereinnehmer war.

Solcher Art waren meine Gedanken an einem Frühlingsabend in dem Walde, der das Kloster Escorial, unseren großen lyrischen Steinblock, umsäumt. Sie ließen in mir den Entschluß reifen, die gegenwärtigen Essays über den *Don Quijote* zu schreiben.

Das Blau der Dämmerung hatte die ganze Landschaft überflutet. Die Stimmen der Vögel lagen entschlafen in den winzigen Kehlen. Als ich mich von den rinnenden Wassern entfernte, empfing mich eine Zone völligen Schweigens. Da pochte aus der Tiefe der Dinge mein Herz hervor, wie der Schauspieler, der an den Rand der Bühne tritt, um die letzten Worte des Dramas zu sprechen. Das rhythmische Hämmern klang auf, und mit ihm sickerte ein Gefühl tellurischer Ergriffenheit in mich ein. Droben flimmerte im nämlichen Takt ein erster Stern, als wäre er ein Astralherz, ein Zwillingsbruder des meinen, und wie dieses voll Staunen und Rührung angesichts all des Wunderbaren der Welt.

•

Erste Meditation

Kurzer Traktat über den Roman

Zunächst wollen wir ein wenig über das scheinbar Äußerlichste am *Don Quijote* nachdenken. Man sagt von ihm, er sei ein Roman, und fügt, wohl mit Recht, hinzu, er sei zeitlich und wertmäßig der erste Roman. Das Vergnügen, das der Leser von heute bei der Lektüre dieses Werkes findet, ist nicht zum geringsten Teil gewissen Eigenschaften zu verdanken, die der *Don Quijote* mit einer in unserer Zeit besonders beliebten Gattung literarischer Erzeugnisse gemeinsam hat. Lassen wir den Blick über seine bejahrten Blätter gleiten, so entdecken wir irgendeinen modernen Zug, der das altehrwürdige Buch unserem Herzen unfehlbar nahebringt. Wir fühlen, daß es unserem innersten Empfinden mindestens ebenso nahesteht wie die Werke des Balzac, Dickens, Flaubert, Dostojewski, die in unserer Zeit das Feld des Romans bestellt haben.

Was aber ist ein Roman?

Vielleicht ist es unmodern, über das Wesen der Literaturgattungen abzuhandeln. Der Gegenstand gilt als rhetorisch. Und manche möchten die Existenz von Literaturgattungen überhaupt in Zweifel ziehen.

Wir aber, die wir der Mode den Rücken kehren und entschlossen sind, inmitten all der eiligen Leute an einem Leben pharaonischer Ruhe festzuhalten, werden uns dessenungeachtet nun die Frage stellen: Was ist ein Roman?

1. Literaturgattungen

Die Poetik alten Stils verstand unter Literaturgattungen gewisse Arbeitsregeln, denen der Dichter sich zu bequemen hatte, leere Schemata, formale Strukturen, in denen die Muse wie eine brave Biene ihren Honig ablegte. Wenn *ich* von Literaturgattungen spreche, so meine ich sie niemals in diesem Sinne. Form und Inhalt sind nicht voneinander zu trennen, der poetische Inhalt aber zirkuliert in freiester Weise, und es geht nicht an, ihm abstrakte Normen aufzuerlegen.

Dennoch muß zwischen Form und Inhalt unterschieden werden. Sie sind nicht ein und dasselbe Ding. Flaubert sagte: die Form ergibt sich aus dem Inhalt wie die Wärme aus dem Feuer. Dieser Vergleich ist exakt. Noch zutreffender aber wäre es, wenn wir sagten: die Form ist das Organ, der Inhalt aber die Funktion, aus der dieses Organ hervorgeht. So sind denn die Literaturgattungen poetische Funktionen, Richtungen, in denen sich das künstlerische Schaffen bewegt.

Wenn man neuerdings dazu neigt, den Unterschied zwischen dem Inhalt, das heißt dem Thema, und der Form, das heißt dem Instrument zum Ausdrücken des Themas, schlechthin zu leugnen, so halte ich dies für ebenso abgeschmackt wie die schulmäßig-pedantische Trennung der beiden Faktoren. In Wirklichkeit haben wir es hier mit dem gleichen Unterschied zu tun wie zwischen Weg und Richtung. Schlägt man eine Richtung ein, so bedeutet dies noch lange nicht, daß man bereits den Weg zu dem Ziel zurückgelegt hat, das einem vorschwebt. In dem geschleuderten Stein ist die Kurve, die er beim Flug durch die Luft beschreiben wird, gleichsam als Keim enthalten. Sie wird so etwas sein wie die Entfaltung, Entwicklung, Erfüllung des Anfangsimpulses.

So ist zum Beispiel die Tragödie die Entwicklung eines bestimmten poetischen Grundthemas, und nur dieses Themas: die Entwicklung des Tragischen. Es ist also in der Form nichts anderes, als schon im Inhalt war; aber was in diesem nur als Absicht vorhanden war, wird in jener offenbar gemacht, verdeutlicht, entwickelt. Daher die Untrennbarkeit der beiden, die ja nichts weiter als zwei verschiedene Momente ein und derselben Sache sind.

Unter Literaturgattungen verstehe ich also gewisse nicht voneinander ableitbare Grundthemen, echte ästhetische Kategorien. Epos zum Beispiel ist nicht der Name einer poetischen Form, sondern eines dichterischen Inhalts, der in fortschreitender Expansion zu voller Entfaltung gelangt. Lyrik ist beileibe keine konventionelle Sprache, in die man etwas, das bereits in der Sprache des Dramas oder Romans gesagt worden ist, einfach übersetzen kann; Lyrik ist vielmehr etwas zu Sagendes und ist zugleich die einzig mögliche Weise, es vollgültig zu sagen.

Hauptthema der Kunst ist, so oder so, immer der Mensch. Und die Gattungen, wenn man sie als nicht voneinander ableitbare und ebenso notwendige wie endgültige ästhetische Themen auffaßt, sind weite Ausblicke auf die Grundpositionen des Menschlichen. Jedes Zeitalter bringt eine Wesensdeutung des Menschen mit sich. Besser gesagt: es bringt sie nicht mit sich, es besteht in ihr. Darum gibt ein jedes Zeitalter einer bestimmten Gattung den Vorzug.

2. *Novelas ejemplares*

Während der zweiten Hälfte des 19. Jahrhunderts vergnügten sich die Europäer mit Romanlesen.

Kein Zweifel: wenn die zahllosen Einzeltatsachen, aus denen jene Epoche bestand, im Laufe der Zeit gesichtet und verlesen sein werden, so wird jener Siegeszug des Romans als eine wahrhaft charakteristische Erscheinung übrigbleiben.

Aber ist es eigentlich ganz klar, was man unter dem Wort *Roman* zu verstehen hat? Cervantes gab einer Anzahl kleinerer Werke seiner Feder den Titel *Novelas ejemplares*. Ist es nicht mit gewissen Schwierigkeiten verbunden, den Sinn dieser Bezeichnung zu erfassen?

Das Adjektivum *ejemplares* – beispielhafte (= moralische) – ist dabei noch das weniger Merkwürdige; dieser Anschein der Lehrhaftigkeit, den unser profanster Dichter seinen Erzählungen gibt, ist ein Stück jener heroischen Heuchelei, wie sie bei den Großen des 17. Jahrhunderts im Schwunge war. Dieses Jahrhundert, in dem die geistige Saat der Renaissance goldene Früchte zeitigt, läßt andererseits die Gegenreformation zu und geht in Jesuitenschulen. Es ist das Jahrhundert, da Galilei, der soeben die neue Wissenschaft der Physik begründet hat, es dennoch über sich bringt, seiner Lehre abzuschwören, als die römische Kirche ihm ihre rauhe dogmatische Hand zu spüren gibt. Es ist das Jahrhundert, in dem Descartes, kaum hat er die Elemente seiner Methode entdeckt, die aus der Theologie eine *ancilla philosophiae* machen wird, auch schon nach Loreto eilt, um Unserer Lieben Frau für solchen Glücksfund zu danken. Das Jahrhundert des triumphierenden Katholizismus ist als Zeit keineswegs so übel, daß damals nicht die ersten rationalistischen Systeme, diese gewaltigen Bollwerke gegen den Glauben, errichtet werden könnten. Das sei jenen beneidenswert unbekümmerten Vereinfachern ins Gedächtnis gerufen, die allein die Inquisition dafür verantwortlich machen möchten, daß Spanien nicht nachdenklicher geworden ist.

Aber wir wollen zu dem Titel *Novelas* zurückkehren, den Cervantes seiner Sammlung gibt. Ich vermag bei diesen Novellen zwei verschiedene Kompositionstypen zu erkennen, womit ich aber keineswegs sagen möchte, daß der Geist des einen sich nicht bisweilen auch dem anderen mitteile. Das Wesentliche ist, daß in jedem der beiden Typen eine andere künstlerische Absicht vorherrscht, daß in jedem von ihnen das dichterische Schaffen nach einem anderen Mittelpunkt gravitiert. Wie wäre es möglich, *El amante liberal* (Der großmütige Freier), *La española inglesa* (Die Spanierin in England), *La fuerza de la sangre* (Die Macht des Blutes), *Las dos doncellas* (Die beiden Mädchen) einerseits und *Rinconete y Cortadillo* und *El celoso extremeño* (Der eifersüchtige Extremadurer) andererseits ein und demselben Typ zuzuordnen? Wir wollen hier ganz kurz andeuten, worin der Unterschied besteht. In den Novellen des ersten Typs ist von Liebesaffären und seltsamen Schicksalsfügungen die Rede. Da sind Söhne, die dem Schoß der Familie entrissen und in allerlei unvorhergesehene Ereignisse hineingezogen werden; da sind junge Männer, die der Sturmwind des Eros über den Horizont hinwirbelt wie glutvolle irrende Sterne, da sind enttäuschte junge Damen, die durch das Land vagabundieren, in den Zimmern der Gasthäuser tiefe Seufzer ausstoßen und in ciceronianischem Rhythmus ihre mißhandelte Jungfernschaft beklagen. Manchmal spinnen Zufall und Liebe zwei oder drei ihrer glühenden Fäden zwischen zwei oder drei Paar Herzen. Zum großen Staunen der wirtshäuslichen Umgebung kommt es dann zu den absonderlichsten Zufällen, den merkwürdigsten Szenen des Wiederfindens. Was uns in diesen Geschichten erzählt wird, ist durchweg unwahrscheinlich, und dieser Unwahrscheinlichkeit ist es zu verdanken, daß sie unsere Anteilnahme erwecken. Besonders *Persiles*, ein Roman des Cervantes, der ein Musterbeispiel dieses Typs ist, verbürgt uns, daß der Dichter die Unwahrscheinlichkeit als solche gewollt hat. Und die Tatsache, daß mit diesem Buche sich der Kreis seines Schaffens schließt, sollte ein Anlaß sein, die Dinge nicht zu sehr zu vereinfachen.

Was Cervantes in einem Teil seiner Romane und Novellen bringt, sind die nämlichen altehrwürdigen Stoffe, welche die Phantasie der arischen Völker vor vielen Jahrhunderten ersonnen hat. Wir finden ihre Vorformen bereits in den frühen Mythen Griechenlands und Vorderasiens. Sollen wir die Literaturgattung, der dieser erste Typ Cervantinischer Erzählungen zugehört, Roman nennen? Ich sehe nichts, was dem im Wege stünde; freilich müssen wir darauf abheben, daß diese Literaturgattung in der Schilderung unwahrscheinlicher, erfundener, irrealer Vorgänge besteht.

Etwas ganz anderes scheint in dem zweiten Novellentyp beabsichtigt, als dessen Musterbeispiel wir *Rinconete y Cortadillo* ansehen können. Hier ereignet sich kaum etwas; es erschüttern uns keine dynamischen Leidenschaften, noch eilen wir ungeduldig von Seite zu Seite, um zu sehen, welchen Verlauf die Dinge nehmen. Wenn ein Schritt vorwärts getan wird, so nur, um gleich wieder zu rasten und den Blick weit umherwandern zu lassen. Angestrebt wird eine Reihe geruhsamer und eingehender Betrachtungen. Die Personen und ihre Handlungen sind alles andere als außergewöhnlich oder unwahrscheinlich, sie sind nicht einmal interessant. Man wird doch sicher nicht behaupten wollen, die Strolche Rincón und Cortado, die aufgeregten Damen Gananciosa und Cariharta, der Gauner Repolido usw. seien als solche reizvoll. Im Verlauf der Lektüre werden wir inne, daß unsere Anteilnahme nicht ihnen selber gilt, sondern der Art und Weise, wie der Autor sie uns vorführt. Mehr noch: wenn sie uns nicht gleichgültig wären, eben weil sie so gewöhnlich, so bekannt sind, so würde dieses Werk des Cervantes unser ästhetisches Erleben in ganz andere Bahnen lenken. Die Belanglosigkeit, Gleichgültigkeit und Wahrscheinlichkeit dieser Geschöpfe sind hier von wesentlicher Bedeutung.

Der Gegensatz zu der künstlerischen Tendenz, wie sie sich in dem ersten Novellentyp äußert, könnte gar nicht größer sein. Dort lag der Grund unseres ästhetischen Genusses in den Personen und ihren Abenteuern selbst. Der Schriftsteller konnte seine Mitwirkung auf das Mindestmaß beschränken. Bei dem zweiten Typ jedoch interessiert uns ausschließlich die Art und Weise, wie sich die alltäglichen Züge der geschilderten Personen im Auge des Autors widerspiegeln. Cervantes ist sich übrigens der Verschiedenheit der beiden Novellentypen voll bewußt, sonst könnte er in dem *Coloquio de los perros* (Zwiegespräch der Hunde) nicht schreiben:

»Auf eines will ich dich aufmerksam machen, und du wirst sehen, daß ich recht habe, wenn du die Geschichte meines Lebens hörst: daß nämlich bei manchen Geschichten der Reiz in ihnen selbst liegt, bei anderen jedoch in der Art, wie man sie erzählt. Das soll heißen, daß es Geschichten gibt, die ohne lange Vorreden und Ausschmückungen erzählt werden und doch befriedigen, während es bei anderen nötig ist, sie mit schönen Redensarten zu verbrämen, mit Mienen und Gesten zu begleiten und die Stimme dabei kunstvoll zu heben und zu senken, damit aus nichts etwas wird und unbedeutende Dinge ohne Saft und Kraft witzig und geschmackvoll erscheinen.«*

Was aber ist dann ein Roman?

3. Epik

Eins ist klar: was der Leser des vergangenen Jahrhunderts hinter der Bezeichnung *Roman* suchte, hat nichts mit dem zu tun, was die Antike in ihrer Epik gesucht hat. Wenn wir den Roman von der Epik herleiten, so verbauen wir uns den Weg zum Verständnis seiner wechselvollen Geschichte, gesetzt, daß wir unter ihr in der Hauptsache jene literarische Entwicklung verstehen, die mit dem Roman des 19. Jahrhunderts das Stadium der Reife erreicht.

Roman und Epik sind Gegensätze. Thema der Epik ist die Vergangenheit als Vergangenheit. Das Epos erzählt uns von einer gewesenen Welt, einer Welt, die endgültig dahin ist, einem mythischen Zeitalter, das nicht in derselben Weise Vergangenheit ist wie irgendeine entlegene historische Epoche. Gewiß, lokale Pietät hat zwischen den Menschen und Göttern Homers und den Bürgern der Gegenwart ein paar dünne Fäden gesponnen, doch ist dies feine Netz genealogischer Überlieferung nicht imstande, die absolute Distanz zwischen dem mythischen Gestern und dem realen Heute zu überbrükken. Soviel wirkliche Gestern wir auch zwischenschalten, die von Achill und Agamemnon bewohnte Welt hat keine Verbindung mit unserem Dasein, und selbst dann, wenn wir den Weg, den die Zeit seither durchlaufen hat, Schritt für Schritt zurückgehen, gelangen wir nicht bei ihnen an. Die epische Vergangenheit ist nicht unsere Vergangenheit. Denn unserer Vergangenheit widerstrebt es nicht, daß wir sie als etwas betrachten, das einmal Gegenwart gewesen ist. Die epische Vergangenheit

* Zitiert nach der Übersetzung von Gerda v. Uslar in: Cervantes, *Die beispielhaften Novellen*, Wiesbaden 1948, Bd. II, S. 331 f. (Sammlung Dieterich, Bd. 116).

jedoch nimmt vor jeglicher Gegenwart Reißaus, und wenn wir mit der Erinnerung bis zu ihr zurückreichen wollen, so eilt sie im Galopp von dannen wie die Rosse des Diomedes und hält sich immer in unveränderter Distanz. Sie ist eben keine Vergangenheit der Erinnerung, sondern eine Idealvergangenheit.

Wenn der Dichter die Mneme, das Gedächtnis, bittet, ihm Kunde zu geben vom Schmerz der Achäer, so wendet er sich nicht an sein subjektives Gedächtnis, sondern an eine kosmische Erinnerungskraft, die er im Universum verborgen glaubt. Die Mneme ist nicht die Erinnerung des Individuums, sie ist eine Elementargewalt.

Vermöge der zum Wesen des Sagenhaften gehörenden Distanz sind die Gegenstände der Epik nicht dem Gesetz des Verstandes unterworfen. Die nämliche Ursache, die uns daran hindert, sie allzu nahe heranzuholen und ihnen allzuviel Jugend, will sagen, Gegenwart, zu verleihen, bewirkt auch, daß ihre Körper vor dem Altern gefeit bleiben. Und die ewige Frische, der unvergängliche schlichte Duft der Gesänge Homers deuten nicht so sehr auf unverwüstliche Jugend hin wie auf die Unmöglichkeit des Alterns. Denn das Altern wäre keines, wenn man stehenbleiben könnte. Die Dinge altern, weil jede vorübereilende Stunde sie weiter von uns entfernt, und dies *ad infinitum*. Das Alte wird immer älter. Achill jedoch befindet sich von uns im gleichen Abstand wie dereinst von Platon.

4. *Poesie der Vergangenheit*

Das Homerbild, das unsere Philologen vor nunmehr hundert Jahren schufen, können wir getrost *ad acta* legen. Homer ist weder die Verkörperung der Naivität, noch ist er ein Charakter der Frühzeit. Es dürfte heute allgemein bekannt sein, daß die *Ilias*, zumindest *unsere Ilias*, vom Volke niemals verstanden worden ist, das heißt von Anfang an ein altertümliches Werk war. Der Rhapsode dichtet in einer konventionellen Sprache, die bereits in seinen Ohren archaisch, feierlich und urwüchsig klingt. Und ebenso urwüchsig sind die Sitten und Bräuche, die er seinen Helden beilegt.

Wer hätte das gedacht? Homer ein altertümelnder Dichter, die Poesie schon in ihren Kinderjahren eine archaisierende Fiktion! Wer hätte das gedacht? Und nicht genug damit, daß es in der Epik einen Archaismus *gibt*: die Epik *ist* Archaismus, ihr Wesen besteht in purem Archaismus. Thema der Epik ist die Idealvergangenheit, haben wir vorhin gesagt. Nun fügen wir noch hinzu: der Archaismus ist die literarische Form der Epik, das Instrument der Poetisierung.

Dies scheint mir von höchster Wichtigkeit, wenn wir das Wesen des Romans klar erkennen wollen. Nach Homer brauchten die Griechen etliche Jahrhunderte, um das Gegenwärtige als poetische Möglichkeit anzuerkennen. Im Grunde haben sie es niemals *ex abundantia cordis* als solche akzeptiert. Eigentlich poetisch war für Griechenland nur das Alte, besser gesagt, nur das, was in der zeitlichen Ordnung am Anfang stand. Das Alte also nicht im Sinne der Romantik, in der es zu sehr den Antiquitäten eines Trödlerladens ähnelt und mit allem, was an ihm hinfällig, wurmstichig, verwest ist, einen perversen Reiz ausübt. All diesen todgeweihten Dingen eignet Schönheit nur als Widerschein, und die Poesie kommt nicht aus ihnen selbst, sondern aus jener Wolke von Empfindungen, welche ihr Anblick in uns entstehen läßt. Für den Griechen hingegen war Schönheit eine inwendige Eigenschaft der wesentlichen Dinge; dem Zufälligen und Momentanen sprach er sie ab. Jene Menschen vertraten in Dingen der Ästhetik eine rationalistische Auffassung*, um derentwillen sie zwischen dem poetischen Wert und der metaphysischen Würde keinen Unterschied machten. Für schön hielten sie das, was Ursprung und Norm, Ursache und Formprinzip der Erscheinungen in sich trägt. Und dieses geschlossene Uni-

* Der Begriff der *Proportion*, des *Maßes*, der sich allemal einstellt, wenn der Grieche über Kunst spricht, zeigt ganz deutlich die mathematische Grundstruktur.

versum des epischen Mythos besteht ausschließlich aus wesentlichen und beispielhaften Objekten, die zu einer Zeit, als unsere Welt noch nicht zu existieren begonnen hatte, Realität waren.

Zwischen der Welt der Epik und der unseren gibt es keine Verbindungstür, keinen noch so winzigen Durchlaß. Unser gesamtes Leben mit seinem Heute und seinem Gestern gehört einer zweiten Etappe des kosmischen Lebens an. Wir sind Teile einer Ersatzwirklichkeit, einer herabgesetzten Realität. Die Menschen rings um uns sind nicht im nämlichen Sinne Menschen wie Odysseus und Hektor. Im übrigen wissen wir nicht einmal genau, ob Odysseus und Hektor Menschen oder Götter sind. Wo endet für Homer der Gott, und wo beginnt für ihn der Mensch? An diesem Problem wird offenbar, wie dekadent unsere Welt ist. Die epischen Figuren gehören einer ausgestorbenen Fauna an, deren Merkmal eben die Unentschiedenheit zwischen Gott und Mensch oder zumindest die enge Nachbarschaft der beiden Gattungen ist. Um von der einen zur anderen zu gelangen, bedarf es nicht mehr als des Fehltritts einer Göttin oder des Liebeshungers eines Gottes.

Kurzum: für die Griechen haben nur die Dinge, die zuallererst vorhanden waren, vollen poetischen Wert, und nicht, weil sie alt, sondern weil sie am ältesten sind, weil sie die Anfänge, das heißt die Prinzipien und die Ursachen*, in sich tragen. Jener Grundbestand von Mythen, welcher für die Griechen traditionelle Religion, Physik und Geschichte in einem bedeutet, enthält das gesamte poetische Material der griechischen Kunst in ihrer besten Zeit. Von ihm muß der Dichter ausgehen, in ihm sich bewegen, und sei es nur – wie etwa bei den Tragikern –, um es umzugestalten. Diesen Menschen ist es unfaßbar, daß man einen poetischen Gegenstand *erfinden* mag, so, wie es uns nicht in den Kopf will, daß ein Gesetz der Mechanik erdichtet werden könnte. Damit wären die Grenzen der griechischen Epik im besonde-

* »Am ehrwürdigsten ist nämlich das Älteste«, sagt Aristoteles über das mythische Denken, *Metaphysik*, 983, b, 33.

ren und der griechischen Kunst im allgemeinen aufgezeigt, zumal diese bis zur Stunde ihres Verfalls sich nicht aus dem Mutterschoße des Mythischen herauszulösen vermochte.

Homer glaubt, daß alles so vorgefallen ist, wie es in seinen Hexametern berichtet wird. Und dieses Glaubens waren auch seine Zuhörer. Mehr noch: Homer hat keineswegs den Ehrgeiz, etwas Neues zu erzählen. Was er mitteilt, ist dem Publikum bereits bekannt, und Homer weiß auch, daß es ihm bekannt ist. Homers Tätigkeit ist nicht eigentlich schöpferisch, und es widerstrebt ihm, sein Auditorium zu überraschen. Es handelt sich bei ihm eher um eine artistische als um eine poetische Leistung, es handelt sich um technisches Virtuosentum. In der gesamten übrigen Kunstgeschichte scheint mir keine Tendenz der des Rhapsoden so ähnlich wie jene, die in Ghibertis Reliefs an der Tür des florentinischen Baptisteriums ihren glänzenden Ausdruck findet. Die dargestellten Gegenstände kümmern den Künstler überhaupt nicht, ihn beflügelt nur die unbändige Lust, die Gestalt von Menschen, Tieren, Bäumen, Felsen, Früchten zu vergegenwärtigen, sie in Bronze zu übersetzen.

So Homer. Das gemächliche Dahinfließen des epischen Stromes, der geruhsame Rhythmus der Darstellung, die dem Großen wie dem Kleinen gleiche Aufmerksamkeit schenkt, wäre absurd, wenn wir uns dahinter einen Dichter vorzustellen hätten, der um die Erfindung seiner Fabel bemüht ist. Der Stoff ist von vornherein und ein für allemal vorhanden: es geht nur darum, ihn in den Herzen lebendig werden zu lassen, ihm zu voller Gegenwärtigkeit zu verhelfen. Und darum ist auch nichts Absurdes dabei, wenn dem Tode eines Helden vier, dem Schließen einer Tür aber nicht weniger als zwei Hexameter gewidmet werden. Telemachs Amme »ging aus der Kammer und zog mit dem silbernen Ringe die Türe Hinter sich an und schob den Riegel vor mit dem Riemen«.*

* *Odyssee,* I, 441f, übers. v. J. H. Voss.

5. Der Rhapsode

Die ästhetischen Gemeinplätze unserer Zeit können uns zu einer Fehlinterpretation jener Genugtuung verleiten, die der ruhig-sanfte Blinde aus Ionien beim Darstellen der schönen Dinge der Vergangenheit empfindet. In der Tat nämlich mag es uns unterlaufen, daß wir sie Realismus nennen. Welch garstiges, unpassendes Wort! Was finge damit ein Grieche an, wenn wir es ihm in seine Seele einschmuggelten? Real ist für uns das Wahrnehmbare, das, was durch Augen und Ohren in unser Inneres einströmt. Wir sind die Zöglinge eines ressentimentbeladenen Zeitalters, welches das Universum plattgewalzt und aus ihm Oberfläche, bloße Erscheinung gemacht hat. Wenn wir die Wirklichkeit suchen, so suchen wir nur die Erscheinung. Der Grieche hingegen verstand unter Wirklichkeit genau das Gegenteil: wirklich ist für ihn das Wesenhafte, Tiefe, Verborgene. Nicht die Erscheinung, sondern die lebendigen Quellen jeglicher Erscheinung. Plotin konnte sich niemals dazu entschließen, sein Bildnis anfertigen zu lassen; denn dies hieße ja, so meinte er, der Welt den Schatten eines Schattens überliefern.

Mitten unter uns hat sich, den Stab in der Hand, der epische Dichter von seinem Platz erhoben und richtet unsicherer Bewegung sein Antlitz dorthin, woher ihm das meiste Licht zu kommen scheint: die Sonne ist für ihn wie die Hand eines Vaters, der in der Nacht die Wangen seines Kindes streichelt. Sein Körper hat gelernt, sich zu wenden wie die Blüte des Heliotrops, um bei dem Vorübergang der großen Liebkosung zur Stelle zu sein. Seine Lippen beben sacht wie die Saiten eines Instrumentes, das man stimmt. Was will er? Er will uns Dinge, die vergangen sind, klar vor Augen führen. Er hebt an zu sprechen. Doch nein: das ist kein Sprechen, das ist ein Rezitieren. Die Worte sind einer bestimmten Zucht unterworfen, scheinen dem Alltagsdasein, das sie in der Umgangssprache führen, enthoben. Der Hexameter hält wie ein Lastaufzug die einzelnen Worte in einem imaginären Luftreich in der Schwebe und verhindert, daß sie mit den Füßen die Erde berühren. Das ist symbolisch. Was der Rhapsode will, ist dieses: uns der Alltagswirklichkeit entreißen. Die Sätze haben rituellen Charakter, die Ausdrucksweise ist feierlich, fast hohepriesterlich, die Grammatik tausendjährig. Vom Gegenwärtigen nimmt er nur die Oberfläche: ab und zu bringt ein Bild, das dem Bereich der ewig gleichen elementaren Erscheinungen des Kosmos – Meer, Wind, wilde Tiere, Vögel – entstammt, in den Block des Archaismus gerade soviel Aktualität hinein, wie es bedarf, damit die Vergangenheit als Vergangenheit von uns Besitz ergreife und die Gegenwart verdränge.

Das ist das Werk des Rhapsoden, seine Aufgabe innerhalb der Epik. Ungleich dem modernen Dichter ist er frei von der Sorge um Originalität. Er weiß, daß sein Gesang ihm nicht allein gehört. Der Volksgeist, dieses mythenbildende Element, hat schon vor seiner Geburt die Hauptarbeit geleistet; er hat die schönen Gegenstände der Dichtung geschaffen. So erschöpft sich des Rhapsoden Aufgabe darin, ein gewissenhafter Kunsthandwerker zu sein.

6. Helena und Madame Bovary

Ich begreife nicht, wie einer unserer Landsleute, ein Lehrer des Griechischen, behaupten konnte, es erleichtere einem das Verständnis der *Ilias*, wenn man sich den Kampf der jungen Burschen zweier kastilischer Ortschaften um den Besitz einer Dorfschönen vorstelle. Ich verstehe, wenn man uns im Falle der Madame Bovary auf den Typ der ehebrecherischen Provinzlerin schlechthin verweist. Dieser Hinweis wäre angebracht; denn der Romancier hat seine Aufgabe erfüllt, sofern es ihm gelungen ist, uns in konkreter Weise darzustellen, was wir *in abstracto* bereits kannten.* Wenn wir das Buch aus der

* »Ma pauvre Bovary sans doute souffre et pleure dans vingt villages de France à la fois, à cette heure même.« (»Meine arme Bovary leidet und weint ohne Zweifel zu dieser Stunde in zwanzig Städten Frankreichs gleichzeitig.«) Flaubert: *Correspondance*, II. S. 284.

Hand legen, sagen wir: So ist eine ehebrecherische Frau aus der Provinz. Und diese Bauernversammlung ist tatsächlich eine Bauernversammlung. Wenn wir so sagen, ist der Romancier zufrieden. Dagegen kommt es uns bei der Lektüre der *Ilias* ganz gewiß nicht in den Sinn, Homer deshalb zu beglückwünschen, weil sein Achill wirklich ein guter Achill, ein vollendeter Achill, und Helena unverwechselbar seine Helena ist. Die Gestalten des Epos sind eben nicht die Vertreter eines bestimmten Typs, sondern einmalige Wesen. Es hat nur *einen* Achill, nur *eine* Helena gegeben und nur *einen* Krieg an den Ufern des Skamandros. Käme in uns die Meinung auf, wir dürften in der leichtsinnigen Gattin des Menelaos ein beliebiges junges Weib erblicken, auf das sich die Begehrlichkeit eines Feindes richtet, so wäre Homer damit das Zeugnis des Mißlingens ausgestellt. Denn seine Aufgabe war genau umschrieben, es war ihm nicht dieselbe Freiheit zugestanden wie einem Ghiberti oder Flaubert; er muß uns *diese* Helena und *diesen* Achill vorführen, die glücklicherweise nicht den Menschen gleichen, denen wir an jeder Straßenecke begegnen.

Die Epik besteht vor allem anderen im Erfinden einmaliger Wesen, heroischer Naturen: diese Aufgabe übernimmt die jahrhundertealte Phantasie des Volkes. An zweiter Stelle aber ist die Epik die vollgültige Verwirklichung oder Evokation jener Wesen, und diese Arbeit fällt dem Rhapsoden zu.

Auf unserem weiten Umweg sind wir, glaube ich, zu einiger Klarheit gelangt, so daß das Wesen des Romans nun wohl deutlich zutage tritt. Der Roman ist der Kontrapunkt der Epik. Ist das Thema des Epos die Vergangenheit, so ist das Thema des Romans die Gegenwart als Gegenwart. Während die epischen Gestalten Kinder der Phantasie und einmalige unvergleichbare Naturen sind, deren poetische Gültigkeit in ihnen selber liegt, sind die Gestalten des Romans typisch und sozusagen extrapoetisch. Sie werden nicht aus dem Mythos geholt, der schon als solcher ein ästhetisches und schöpferisches Element darstellt, sondern von der Straße, aus der physischen Welt, der realen Umwelt, wie sie Autor oder Leser selber erleben. Aber noch eine Einsicht haben wir erlangt: die Kunst des Literarischen ist noch nicht die Poesie schlechthin, sie ist nur ein poetisches Geschäft zweiter Ordnung. Sie ist die Technik, ist der Mechanismus der Verwirklichung. Dieser Mechanismus kann und soll bisweilen realistisch sein, ist aber nicht auf jeden Fall dazu gezwungen. Die Sucht nach Realismus, die ein Kennzeichen unserer Zeit ist, darf nicht zur Norm erhoben werden. Wir Menschen der Gegenwart wünschen die Illusion der Wirklichkeitsnähe, andere Zeiten hatten andere Vorlieben. Zu unterstellen, die Spezies Mensch habe immer dasselbe geliebt wie wir und werde auch immer dasselbe lieben, wäre töricht. Nein, wir wollen unser Herz weit auftun, auf daß es all das Menschliche in sich aufnehme, das uns noch fremd ist, und wollen uns auf dieser Erde lieber eine unbequeme Mannigfaltigkeit als eine monotone Übereinstimmung wünschen.

7. *Der Mythos, Sauerteig der Geschichte*

Die epische Perspektive, die, wie wir sahen, darin besteht, daß man Geschehnisse unserer Welt von bestimmten Grundmythen wie von überragenden Berggipfeln aus betrachtet, geht nicht mit dem Griechentum zusammen unter. Sie reicht über die Zeiten hin bis zu uns. Und sie wird niemals untergehen. Freilich war, als die Menschen nicht mehr an die kosmogonische und geschichtliche Realität ihrer Erzählungen glauben wollten, die beste Zeit des Hellenentums vorüber. Aber nun die epischen Motive, die mythischen Inhalte jeglicher dogmatischen Bedeutung entkleidet sind, leben sie nicht nur als glanzvolle, unersetzliche Phantome weiter, sondern nehmen an Beweglichkeit und Ausdruckskraft sogar noch zu. Aufgespeichert im literarischen Gedächtnis, verborgen im Untergrund der Erinnerung des Volkes, bilden sie einen poetischen Sauerteig von unermeßlicher Energie. Man braucht nur die tatsächliche Geschichte eines Königs wie etwa Antiochos oder Alexander in ihre Nähe zu bringen. Schon wird die tatsächliche Geschichte rundum in Flammen aufgehen, und das Normale, Gewöhnliche, das sie enthielt, wird unfehlbar hinwegbrennen, bis, funkelnd wie ein Diamant, die wunderbare Geschichte eines magischen Apollonios* oder eines fabelhaften Alexanders vor unseren erstaunten Augen steht. Diese wunderbare Geschichte ist freilich nicht mehr Geschichte: man hat sie Roman getauft. In diesem Sinn also könnte man von einem griechischen Roman sprechen.

Nun tritt die ganze Mißverständlichkeit zutage, die diesem Worte innewohnt. Der griechische Roman ist entweder nichts weiter als verderbte Geschichte, großartig verderbt durch den Mythos, oder er ist, wie die Fahrt ins Land der Arimaspen, phantastische Geographie, Reiseerinnerung, die der Mythos erst aufgelöst und dann nach eigenem Belieben wieder zusammengefügt hat. Zu dieser Gattung zählt die gesamte erzählende Literatur, alles, was sich Historie, Ballade, Sage, Ritterbuch nennt. Es handelt sich hier allemal um historische Stoffe, die der Mythos in aufgelöster Form in sich aufgesogen hat.

Vergessen wir nicht, daß der Mythos der Repräsentant einer Welt ist, die sich von der unseren stark unterscheidet. Ist unsere Welt real, so wird uns die Welt des Mythos irreal erscheinen. Jedenfalls ist das, was in der einen möglich ist, in der anderen unmöglich. Die Mechanik unseres Planetensystems ist im Mythensystem außer Kraft gesetzt. Die Absorption sublunaren Geschehens durch den Mythos besteht also darin, daß der Mythos aus ihm eine physische und historische Unmöglichkeit macht. Die irdische Materie bleibt zwar erhalten, wird aber einer Ordnung unterworfen, die sich von der in unserem Kosmos herrschenden so sehr unterscheidet, daß sie für uns dem Fehlen jeglicher Ordnung gleichkommt.

Die phantastische Erzählung wird dafür sorgen, daß

*Die Sagengestalt des Apollonios basiert auf dem geschichtlichen Antiochos.

der Einfluß ihrer Mutter, der Epik, bei der Menschheit bis ans Ende der Zeiten fortdauert. Sie wird dem einen Universum ein zweites hinzufügen, wird uns immer wieder Botschaft bringen von einer köstlichen Welt, in der vielleicht nicht mehr die Götter Homers wohnen, aber doch ihre legitimen Nachfolger noch an der Macht sind. Die Götter sind eine Dynastie, unter der das Unmögliche möglich wird. Wo sie herrschen, gibt es keine Normalität; Unordnung aller Art geht von ihrem Throne aus. Die Verfassung, auf die sie vereidigt sind, hat nur einen einzigen Artikel: *Das Abenteuer ist gestattet.*

8. Ritterbücher

Wenn die feindliche Schwester des Mythos, die Wissenschaft, dessen Weltbild aus der Herrschaft über die Geister verdrängt hat, verliert die Epik ihren religiösen Charakter und geht schnurstracks auf Abenteuer aus. Rittergeschichte heißt Abenteuer; Ritterbücher sind das letzte große Sprießen am alten Stamme der Epik. Vorderhand das letzte, nicht das Letzte schlechthin.

Das Ritterbuch weist noch sämtliche Merkmale des Epischen auf, außer dem Glauben an die Realität des Erzählten.* Auch im Ritterbuch werden die geschilderten Ereignisse als uralt, als Ereignisse einer Idealvergangenheit dargestellt. Die Zeiten eines Königs Artus und der Sage überhaupt sind konventionelle Vergangenheit, die wie ein loser, schwankender Vorhang über die historische Chronologie herabhängt.

Sieht man von der Geistreichelei einiger Dialoge ab, so ist in den Ritterbüchern genau wie in der Epik die Erzählung das Werkzeug der dichterischen Darstellung. Ich kann hier nicht umhin, von der herkömmlichen An-

* Eigentlich möchte ich auch von ihm behaupten, daß er erhalten geblieben ist. Dann aber müßte ich hier einen ebenso langen wie unnötigen Exkurs einfügen über jene geheimnisvolle Halluzination, wie sie unserem Vergnügen an der Lektüre von Abenteuerbüchern unzweifelhaft zugrunde liegt.

sicht, die Erzählung sei das Instrument der Romankunst, Abstand zu nehmen. Sie erklärt sich daraus, daß man die beiden Gattungen unter dem Namen Roman zusammengefaßt und niemals einander gegenübergestellt hat. Das Abenteuerbuch erzählt, der Roman beschreibt. Die Erzählung ist die Form, in der die Vergangenheit für uns existiert; erzählen kann man nur, was vergangen, das heißt, was nicht mehr ist, beschreiben hingegen nur, was gegenwärtig ist. Die Epik verfügt, wie wir bereits wissen, über eine Idealvergangenheit ähnlich der erzählenden Vergangenheit, die in den Grammatiken epischer oder gnomischer Aorist heißt.

Andererseits aber interessiert uns der Roman, die Beschreibung, gerade deshalb, weil uns das Beschriebene im Grunde gleichgültig läßt. Die Gegenstände, die man uns vorführt, lassen wir unbeachtet und wenden dafür unsere Aufmerksamkeit der Art und Weise ihrer Darstellung zu. Weder Sancho noch der Pfarrer, noch der Barbier, noch der Ritter mit dem Grünen Mantel, noch Madame Bovary, noch deren Gatte, noch der dämliche Apotheker Homais sind interessant. Wir gäben keinen roten Heller dafür, ihnen begegnen zu dürfen. Ein Königreich aber opferten wir für den Genuß, sie in einem der beiden berühmten Bücher festgehalten zu sehen. Ich begreife nicht, wie Leute, die über Fragen der Ästhetik nachdachten, an dieser Tatsache vorbeigehen konnten. Was wir Spanier ehrfurchtslos als *lata* (wörtlich: = Blech), *Langweiler* bezeichnen, ist eine ganze Literaturgattung, wenn auch eine mißratene. Der Langweiler ist eine Erzählung von Dingen, die uns nicht interessieren. Die Erzählung findet ihre Rechtfertigung in dem dargestellten Stoff, und sie wird um so besser sein, je oberflächlicher sie ist, je weniger sie sich zwischen uns und das Geschehen einschaltet.

So verwendet denn der Autor des Ritterbuches im Gegensatz zum Romanschreiber seine gesamte poetische Energie auf das Erfinden interessanter Geschehnisse. Eben dies sind die Abenteuer. Die Odyssee könnten wir heutzutage lesen wie eine Abenteuergeschichte. Das

Werk würde dabei zwar sicherlich seinen Adel und seine Bedeutung einbüßen, aber wir hätten die künstlerische Absicht, die über ihm waltet, nicht ganz verkannt. Hinter Odysseus, dem Göttergleichen, taucht Sindbad der Seefahrer auf und – ganz in der Ferne allerdings – erscheint die ehrbar-bürgerliche Muse Jules Vernes. Die Verwandtschaft beruht darauf, daß bei ihnen allen der launenhafte Zufall über die Dinge herrscht. In der *Odyssee* erhält er als wechselnde Stimmung der Götter seine Weihe, in der Ritterliteratur hingegen zeigt er zynisch sein wahres Gesicht. Und wenn in dem antiken Heldengedicht die Wechselfälle deshalb erhöhte Aufmerksamkeit fanden, weil sie von der Laune eines Gottes herrührten (also letztlich ein theologisches Argument), so ist das moderne Abenteuer um seiner selbst, um seiner immanenten Unberechenbarkeit willen interessant.

Wenn wir unseren landläufigen Wirklichkeitsbegriff ein wenig revidierten, so würden wir vielleicht feststellen, daß wir nicht das tatsächlich Geschehende schlechthin, sondern nur eine ganz bestimmte, uns vertraute Geschehensweise als wirklich betrachten. In diesem verschwommenen Sinn ist das Wirkliche also nicht so sehr das Geschaute wie das Vorhergeschaute, nicht so sehr das, was wir sehen, wie das, was wir wissen. Und nimmt eine Reihe von Geschehnissen einen unvorhergesehenen Verlauf, so sagen wir, das Ganze mute uns wie eine Lüge an. Darum nannten unsere Vorfahren die Abenteuerbücher *patrañas*, Lügengeschichten.

Das Abenteuer durchbricht wie ein Diamant die beharrlich lastende Wirklichkeit. Es ist das Unvorhergesehene, das Unerwartete, das Neue. Jedes Abenteuer bedeutet eine Neugeburt der Welt, eine einmalige Begebenheit. Wie könnte es dann anders sein als interessant?

Schon in einem kurzen Leben ist Gelegenheit, mit den Wänden unseres Gefängnisses in Berührung zu kommen. Es dauert höchstenfalls dreißig Jahre, bis wir die Grenzen erkennen, in denen sich unsere Möglichkeiten bewegen. Dann aber ergreifen wir Besitz vom Wirklichen, messen gleichsam die Länge der Kette, mit der uns die Füße gebunden sind, und sagen: »Dies also soll das Leben sein? Weiter nichts? Ein Kreislauf, der sich in ewiger Gleichheit wiederholt?« Für jeden Menschen eine gefährliche Stunde!

An dieser Stelle werde ich an eine prachtvolle Zeichnung von Gavarni erinnert. Ein witziger Alter steht in der Schaubude vor einem jener Guckkästen, in denen die ganze Welt zu sehen ist. Er sagt: »Il faut montrer à l'homme des images, la réalité l'embête!« (»Man muß dem Menschen Bilder zeigen, die Wirklichkeit verdummt ihn.«) Gavarni lebte inmitten von Pariser Literaten und Künstlern, die eifrige Verfechter des Realismus waren. Daß das Publikum sich mit solcher Leichtigkeit von den Abenteuererzählungen gefangennehmen ließ, empörte ihn. Und in der Tat kann ja der Gebrauch der starken Droge Phantasie, mit deren Hilfe wir uns dem dumpfen Druck unseres Daseins zu entziehen vermögen, bei schwachen Völkern in ein Laster ausarten.

9. Meister Pedros Marionettenbühne

Je weiter das Abenteuer auf seinem Wege fortschreitet, um so gespannter nehmen wir an ihm Anteil; uns ist, als trüge es uns davon und drängte uns gewaltsam von der Bahn ab, auf der sich die träge Wirklichkeit bewegt. Die aber gibt uns auf Schritt und Tritt ihre Schwerkraft zu fühlen, und sie droht, die Handlung wieder in das natürliche Geleise einmünden zu lassen, so daß von der Kraft des Abenteuerlichen fortwährend ein neuer Anstoß kommen muß, um jene flottzuhalten und weiteren Unmöglichkeiten entgegenzujagen. So sausen wir mit dem Abenteuer dahin wie mit einer Rakete, und in dem dynamischen Widerstreit zwischen diesem Geschoß, das der Tangente folgt und bereits im Entschweben ist, und dem Erdmittelpunkt, der es an sich zu ziehen sucht, ergreifen wir die Partei des Projektils. Diese unsere Parteinahme wird mit jedem neuen Vorfall nur noch entschiedener und führt schließlich eine Art Sinnestäuschung herbei, um derentwillen wir einen Augenblick lang das Abenteuer für unzweifelhafte Wirklichkeit nehmen.

Diese Seelenvorgänge beim Lesen von Lügengeschichten macht uns Cervantes wundervoll anschaulich in den Wirkungen, die Meister Pedros Puppenspiel nacheinander in Don Quijote hervorruft.

Hinter Don Gaiferos' Pferd hat sich beim rasenden Vorübergaloppieren ein luftleerer Raum gebildet: in ihn strömt ungestüm Halluzination ein und reißt alles mit, was nicht fest auf dem Erdboden steht. Auch die Seele des Don Quijote gerät in den Sog der Illusion und wirbelt schwerelos dahin wie ein dürres Blatt. Und nachfliegen wird ihr zu jeder Zeit, was noch an Naivem und Schwermütigem auf dieser Welt übriggeblieben ist.

Die Kulissen von Don Pedros Puppenbühne sind die Grenze zwischen zwei geistigen Kontinenten. Drinnen eine Phantasiewelt, in welcher der Geist des Unmöglichen waltet: der Bezirk des Imaginären, des Mythos, des Abenteuers. Draußen aber ein Zimmer, in dem ein paar naive Menschen beisammen sind, wie wir sie zu jeder beliebigen Stunde beim armseligen Geschäft des Lebens beobachten können. Mitten unter ihnen jedoch ist ein Verrückter, ein Junker aus unserer Nachbarschaft, den eine kleine anatomische Mißbildung seiner Gehirnzentren eines Morgens dazu bestimmt hat, aus seinem Landort in die Welt hinauszureiten. Nichts würde uns daran hindern, in jenes Zimmer einzutreten. Seine Luft ließe sich atmen, und den darin Versammelten könnten wir auf die Schulter klopfen; sie sind aus dem gleichen Stoff gemacht wie wir. Doch ist dieses Zimmer seinerseits in einem Buche enthalten, das heißt in so etwas wie einer zweiten, geräumigeren Puppenbühne. Wären wir eingetreten, so hätten wir uns in ein ideelles Objekt hineinbegeben und bewegten uns im Innern eines ästhetischen Hohlkörpers. Ganz ähnlich verhält es sich mit Velázquez' Bild der kleinen Hoffräulein: der Künstler bezieht sein Atelier – zu einer Zeit, da er Königsporträts malt – in das Gemälde ein. Und auf dem Bild der Wirkerinnen hat er das legendäre Geschehen, das wir auf einem Teppich dargestellt finden, für immer mit dem schlichten Raume verbunden, darin dieser entstanden ist.

Durch den Kanal der Naivität und des Wahnsinns gehen fortwährend Strömungen zwischen dem einen und dem anderen Kontinent, der Puppenbühne und dem sie umgebenden Raume, hin und her. Man könnte sagen, das Wichtigste sei die Osmose und Endosmose zwischen den beiden.

10. Dichtung und Wirklichkeit

Cervantes hebt hervor, daß sein Buch sich gegen die Rittergeschichten richtet. Die jüngste Kritik hat diesen Hinweis aus den Augen verloren. Vielleicht dachte man, das sei nur eine Redensart, sei nur konventionelle Aufmachung wie etwa der Anschein der Lehrhaftigkeit, den er seinen *Novelas ejemplares* gab. Dennoch müssen wir uns jenen Gesichtspunkt wieder zu eigen machen. Denn für die Ästhetik ist es wesentlich, daß in dem Werk des Cervantes eine Polemik gegen die Ritterbücher erblickt werde.

Wie sollte man sonst die ungeheure Erweiterung verstehen, welche die Kunst des Schriftstellers durch dieses Buch erfährt? Bis jetzt war die Ebene des Epischen, auf der die Objekte der Phantasie herumgeistern, die einzige Ebene der Dichtung gewesen, und man konnte das Poetische mit Hilfe von Merkmalen definieren, die auch das Wesen des Epischen ausmachen.* Von nun an aber ist die Ebene der Phantasie nur noch von sekundärer Bedeutung. Die Kunst gewinnt nämlich gewissermaßen eine dritte Dimension hinzu, die ästhetische Tiefendimension, die wie die geometrische eine Vielzahl von

* Das Lyrische, das eine ästhetische Gravitationsrichtung für sich ist, haben wir hier von vornherein unberücksichtigt gelassen.

Ebenen voraussetzt. Folglich kann das Wesen des Poetischen fortan nicht mehr in dem spezifischen Reiz der Idealvergangenheit bestehen, auch nicht mehr in der Anteilnahme, die der ewig neue, einmalige und überraschende Verlauf des Abenteuers erweckt. Jetzt gilt es, die aktuelle Wirklichkeit in den Raum der Dichtung einzupassen.

Man vergegenwärtige sich die ganze Reichweite dieses Problems. Zur Poesie waren wir bisher nur durch die Überwindung und Opferung des uns umgebenden Aktuellen gelangt, so daß die gegenwärtige Wirklichkeit so viel bedeutete wie das Nichtpoetische. Demnach handelt es sich nun um die größte Ausweitung, die im Bereiche des Ästhetischen denkbar ist.

Wie aber könnten dieses Wirtshaus, dieser Sancho, dieser Galgenvogel von einem Pedro jemals poetisch sein? Da kann es gar keinen Zweifel geben: sie *sind* nicht poetisch. Angesichts des Marionettentheaters sind sie der Vorstoß gegen das Poetische. Cervantes stellt seinen Sancho in Gegensatz zu jeglichem Abenteuer, auf daß er es, wenn er durch es hindurchgeht, unmöglich mache. Das ist seine Aufgabe. Wir erkennen also nicht, wie der Bereich der Dichtung sich nach dem Wirklichen hin erweitern könnte. Während das Phantastische von sich aus poetisch war, ist die Wirklichkeit von sich aus das Antipoetische schlechthin. *Hic Rhodus, hic salta.* Hier muß die Ästhetik ihren Blick schärfen. Entgegen den Vermutungen unserer streitbaren Gelehrten ist nämlich gerade die realistische Tendenz diejenige, die am meisten der Rechtfertigung und Erläuterung bedarf, das *exemplum crucis* der Ästhetik.

Es wäre indessen unbegreiflich, wenn es den großen Gesten Don Quijotes nicht gelänge, uns hier einen Weg zu weisen. Wo bringen wir Don Quijote unter, diesseits oder jenseits der Bühne? Es wäre verkehrt, sich für den einen oder den anderen Kontinent zu entscheiden. Don Quijote ist die Grenze, an der die beiden Welten zusammenstoßen, an der sie eine Kante bilden.

Wenn man uns sagt, daß Don Quijote ganz der Wirklichkeit angehört, so sind wir darum keineswegs böse. Nur möchten wir dazu bemerken, daß dann zusammen mit Don Quijote auch sein unbändiger Wille einen Teil des Wirklichen darstellen würde. Dieser Wille aber ist ganz erfüllt von der Entschlossenheit zum Abenteuer. Don Quijote der Wirkliche will wirklich die Abenteuer, wie er selber es einmal ausspricht: »Die Zauberer können mir wohl das Glück abspenstig machen, nicht aber die Entschlußkraft und den Mut.« Deshalb ist es ihm auch so erstaunlich leicht, vom Zuschauerraum nach dem Bühneninnern der Lügengeschichte hinüberzuwechseln. Er ist – wie nach Platons Auffassung der Mensch überhaupt – eine Grenznatur.

Die Erkenntnis, die sich nun einstellt, nämlich daß die Wirklichkeit in die Poesie hineinkommt, um dem Abenteuer zu höherer ästhetischer Wirkung zu verhelfen, haben wir noch vor einem Augenblick nicht vorausgeahnt. Wenn sich dies bestätigte, so müßten wir ja sehen, wie die Wirklichkeit sich auftut, um dem Kontinent der Phantasie Raum und Rückhalt zu geben, genauso, wie das Wirtshaus in dieser klaren Nacht zum Schiff wird, das über die ausgedörrte Fläche der Mancha dahingleitet, in seinem Leibe Karl den Großen und die zwölf Paladine, Marsilio von Sansueña und die unvergleichliche Melisendra bergend. Es verhält sich demnach so: das in den Ritterbüchern Erzählte besitzt Wirklichkeit innerhalb der Phantasie Don Quijotes, der sich seinerseits eines unbezweifelbaren Daseins erfreut. So trägt denn der realistische Roman, obschon er im Gegensatz zum sogenannten phantastischen entstanden ist, inwendig in sich das Abenteuer.

11. Die Wirklichkeit, Sauerteig des Mythos

Die neue Poesie, die Cervantes praktiziert, kann nicht von solch einfacher Struktur sein wie jene der Griechen oder des Mittelalters. Cervantes betrachtet die Welt vom Gipfel der Renaissance aus. Die Renaissance rückt den

Dingen energischer zu Leibe: sie ist die völlige Überwindung der herkömmlichen Empfindungsweise. Galilei gibt mit seiner Physik dem Universum eine gestrenge Polizei. Ein neues Regime beginnt. Alles nimmt nun einen geregelteren Gang. Innerhalb dieser neuen Ordnung sind Abenteuer unmöglich. Und es dauert nicht lange, da erklärt Leibniz die einfache Möglichkeit für völlig bedeutungslos; möglich sei nur das *compossibile*, will sagen das, was mit den Naturgesetzen in striktem Einklang steht.* So wird das Unmögliche, das im Mythos, im Wunder, hartnäckig seine Unabhängigkeit behauptet hatte, in das Wirkliche hineingenommen, so wie Cervantes das Abenteuer in seinen Verismus einbezieht.

Ein weiteres Merkmal der Renaissance ist die Vormachtstellung des Psychologischen. Die Welt im alten Sinne mutete wie reine Körperlichkeit ohne Innenraum, ohne inwendiges Geheimnis an. Die Renaissance entdeckt diesen Innenbezirk, das *me ipsum*, das Bewußtsein, das Subjektive, in seinem ganzen Ausmaße.

Frucht dieser großen Neuorientierung der Kultur ist der *Don Quijote*. Durch ihn wird die Tendenz der Epik, festzuhalten an einer mythischen Welt, die zwar an die der materiellen Phänomene angrenzt, aber von ihr verschieden ist, ein für allemal in Frage gestellt. Gewiß: die Wirklichkeit des Abenteuers bleibt erhalten; aber die Art und Weise, wie sie erhalten bleibt, ist mehr denn ironisch. Die Wirklichkeit des Abenteuers erstreckt sich nämlich nur mehr auf das Psychologische, also vielleicht auf ein Stück innerer Sekretion des Organismus. Wirklich ist das Abenteuer nur als das Phantasiegespinst eines Gehirns, und mithin ist seine Realität eigentlich eine materielle Realität, das heißt die Realität seines genauen Gegenteils.

Im Sommer ergießen sich Sturzbäche von Sonnenfeuer auf die Mancha, und über dem glühenden Land kommt es nicht selten zum Naturphänomen der Luft-

* Möglich ist für Aristoteles und das Mittelalter, was keinen Widerspruch in sich birgt. Das *compossibile* verlangt mehr. Für Aristoteles ist der Zentaur möglich, für uns nicht; denn die Biologie läßt ihn nicht zu.

spiegelung. Das Wasser, das wir erblicken, ist kein wirkliches Wasser. Eins aber ist wirklich an ihm, seine Quelle, die bittere Quelle, aus der das Wasser der Fata Morgana kommt: die trostlose Dürre des Erdreichs.

Wir können eine Erscheinung dieser Art in zweifacher Weise erleben: naiv und unmittelbar; dann ist das Wasser, das die Sonne uns vorspiegelt, tatsächlich für uns vorhanden; oder ironisch, gebrochen, mittelbar; dann sehen wir durch die Frische des Wassers hindurch die Dürre der Erde, von der dieses Wasser uns vorgetäuscht wird. Der Abenteuerroman, das Märchen, das Epos entsprechen jener naiven Art des Erlebens, welche die Dinge in ihrer phantastischen Bedeutung sieht. Der realistische Roman hingegen stellt die zweite, mittelbare Betrachtungsweise dar. Mithin bedarf es der ersten, der Luftspiegelung, um sie uns als solche kenntlich zu machen. Nicht genug damit also, daß der *Don Quijote*, der als Polemik gegen die Ritterbücher geschrieben ist, die Ritterbücher in sich trägt: die ganze Literaturgattung Roman besteht wesentlich in dieser Einbeziehung.

Damit aber bietet sich die Antwort auf eine Frage an, die uns unlösbar schien: auf die Frage, wie die Wirklichkeit, das Aktuelle, zu poetischer Substanz zu werden vermag. Von sich aus, das heißt unmittelbar gesehen, wäre sie dies nie. Dieses Vorrechts erfreut sich allein das Mythische. Aber wir können sie auch mittelbar betrachten, als Zerstörung des Mythos, als Kritik an ihm. So gesehen, gerät die Wirklichkeit, die von Natur aus träge und bedeutungslos, ruhig und stumm ist, in Bewegung, sie wird zu einer treibenden Kraft des Angriffs gegen die Kristallwelt des Idealen. Ist dessen Zauber aber einmal gebrochen, so zerfällt es in irisierenden Staub, der sich immer mehr entfärbt, bis er schließlich der braunen Erde gleich wird. Dieses Schauspiel erleben wir bei jedem Roman. Poetisch und zu einem Teil des Kunstwerks wird also strenggenommen nicht die Wirklichkeit selbst, sondern nur die Geste oder Bewegung, vermöge deren sie das Ideale in sich aufnimmt.

Letztlich handelt es sich da um einen Prozeß, der jenem der Entstehung des Abenteuerromans genau entgegengesetzt ist. Außerdem besteht noch der Unterschied, daß der realistische Roman den Vorgang selbst beschreibt, der phantastische hingegen nur das Objekt, welches daraus entsteht: das Abenteuer.

12. Die Windmühlen

Die Ebene von Montiel wird für uns nun zur grenzenlosen, flimmernden Fläche, auf der die Dinge der Welt alle beisammen sind wie in einem Exemplum. Während wir sie mit Don Quijote und Sancho durchreiten, kommen wir zu der Erkenntnis, daß jedwedes Ding zwei Eigenschaften hat. Da ist einerseits der Sinn der Dinge: was sie sind, wenn man sie interpretiert. Andererseits aber ist da ihre Stofflichkeit, ihre positive Substanz, das, woraus sie vor aller Interpretation und über alle Interpretation hinaus bestehen.

Über die Linie des Horizonts ragen in einen dieser blutüberströmten Abende (es ist, als hätte man eine Ader des Firmamentes angestochen) die Mühlen von Criptana hinein und fuchteln wie Vogelscheuchen der sinkenden Sonne entgegen. Diese Mühlen haben einen Sinn: ihrem *Sinn* nach sind diese Mühlen Riesen. Freilich ist Don Quijote nicht recht bei Verstand. Aber damit, daß man ihn für verrückt erklärt, wird das Problem nicht aus der Welt geschafft. Denn was bei ihm, Don Quijote, abnorm ist, das war und ist bei der Gesamtmenschheit durchaus normal. Diese Riesen sind zwar keine Riesen ... Aber die anderen, die Riesen im allgemeinen? Woher bringt der Mensch die Riesen? Es gibt sie doch *in Wirklichkeit* nicht und hat sie nie gegeben. Sei dem, wie ihm wolle: der Hergang, wie er gewesen sein muß, als der Mensch zum erstenmal die Riesen dachte, unterscheidet sich in keinem wesentlichen Punkte von dieser Szene im Werk des Cervantes. In jedem Fall muß es sich um etwas gehandelt haben, das kein Riese war, aber, von seiner idealen Seite her betrachtet, danach tendierte, zu einem solchen zu werden. In den kreisenden Flügeln dieser Windmühlen liegt die Anspielung auf die Arme des Briareus. Wenn wir dem Zuge dieser Andeutung nachgeben und dem uns gewiesenen Wege folgen, so gelangen wir beim Riesen an.

Auch Recht und Wahrheit sind, wie die Werke des menschlichen Geistes überhaupt, Luftspiegelungen, die über der Materie entstehen. Die Kultur, die ideale Seite der Dinge, erhebt den Anspruch, als eine sich selbst genügende Sonderwelt zu gelten, in die wir unseren inneren Menschen hineinversetzen können. Dies ist eine Illusion, und nur wenn man sie als Illusion nimmt, als Fata Morgana über der Erde sieht, weist man der Kultur den richtigen Platz an.

13. Die realistische Dichtung

In den Umrissen von Felsen oder Wolken sind Anspielungen auf bestimmte animalische Formen enthalten, überhaupt tritt aus der trägen Stofflichkeit sämtlicher Dinge so etwas wie eine Anzahl Zeichen heraus, die wir dann interpretieren. Und unsere Interpretationen verdichten sich schließlich zu einer Gegenständlichkeit, die geradezu eine Zweitausgabe, ein Duplikat der ursprünglichen, der sogenannten realen, sein wird. Das gibt Anlaß zu einem endlosen Konflikt: denn die *Idee* (oder der *Sinn*) der Dinge trachtet danach, deren Stofflichkeit in sich zu verschlingen, und umgekehrt. Dies aber setzt voraus, daß eines von den beiden siegt. Triumphiert die Idee, so wird das Materielle absorbiert, und wir leben in der Halluzination. Wenn jedoch das Stoffliche sich durchsetzt, in den Dunstkreis der Idee eindringt und diese aufsaugt, so leben wir in der Desillusion.

Der Akt des Sehens besteht bekanntlich darin, daß wir auf eine sich einstellende Wahrnehmung ein Bild anwenden, das wir bereits in uns tragen. Ein dunkler Punkt in der Ferne wird von uns erst als ein Baum, dann als ein Turm, schließlich als ein Mensch gesehen. So müssen wir Platon recht geben, wenn er uns die Wahrnehmung als das Zusammenspiel zweier Faktoren erklärt, der eine vom Auge zum Gegenstand, der andere vom Gegenstand zum Auge hinwirkend. Leonardo da Vinci pflegte seine Schüler vor eine Ziegelmauer zu führen, damit sie auf die Formen der Steine, den Verlauf der Mörtelfugen, das Spiel von Licht und Schatten achten lernten. Im Grund seines Wesens Platoniker, suchte Leonardo in der Wirklichkeit nur deren Anwalt und Erwecker: den Geist.

Nun gibt es aber Entfernungen, Beleuchtungen, Stellungen, in denen die wahrnehmbare Stofflichkeit der Dinge den Aktionsradius unserer Interpretation auf ein Minimum zu beschränken vermag. Dann bringt irgendeine Kraft der Erstarrung den Fluß unserer Bilder zum Stocken. Das Ding in seiner plumpen Passivität widersetzt sich jedem Versuch einer Sinngebung: es ist da, steht uns gegenüber, behauptet allen Phantasiegebilden zum Trotze seine stumme, furchtbare Stofflichkeit. Und was wir Realismus nennen, heißt: die Dinge in solche Entfernung, in ein solches Licht, in eine solche Lage bringen, daß an ihnen die Seite, die sich dem rein Materiellen zuneigt, am stärksten hervortritt.

Ausgangspunkt jeglicher Dichtung, auch der realistischen, ist der Mythos. Nur daß wir in der realistischen den Mythos bei seinem Abstieg, seinem Niedergang begleiten. Ihr Thema ist der Zerfall einer Poesie.

Die Wirklichkeit kann, so möchte ich meinen, nur auf einem Wege in die Kunst hineinkommen: nämlich indem sie aus ihrer trostlosen Passivität ein aktives, kämpferisches Element macht. Die Wirklichkeit ist außerstande, bei uns Anteilnahme zu erwecken. Und noch viel weniger vermag dies ihr Duplikat. Ich wiederhole, was ich schon gesagt habe: die Personen des Romans sind ohne jeden Reiz. Wie aber ist es dann möglich, daß ihre Darstellung uns fesselt? Denn es bleibt dabei: sie, die Wirklichkeiten in der Mehrzahl, interessieren uns nicht; uns interessiert ihre Darstellung, die Darstellung ihrer singularischen Wirklichkeit. Hierin liegt meines Erachtens der ausschlaggebende Unterschied. Das Poetische an der Wirklichkeit ist nicht die Wirklichkeit in Gestalt von diesem oder jenem Ding, sondern die Wirklichkeit als allgemeine Funktion. Aus diesem Grunde ist es letztlich gleichgültig, welche Gegenstände sich der Realist für seine Beschreibung aussucht. Jeder ist tauglich, jeden umgibt ein Dunstkreis von Phantasie. Unter ihm gilt es das rein Stoffliche sichtbar zu machen. Wir sehen, wieviel richterliche Gewalt diesem innewohnt, inwieweit es letzte Instanz zu sein vermag, angesichts deren alles Ideale, alles vom Menschen Gewollte und Erdichtete seinen Anspruch auf Zulänglichkeit aufgeben muß.

Mit einem Wort: der Sinn des dichterischen Realismus liegt in der Unzulänglichkeit der Kultur, alles Vornehmen, Klaren, Höherstrebenden. Cervantes erkennt, daß die Kultur zwar alle diese Eigenschaften hat, daß sie aber, leider, eine Fiktion ist. Denn wie die Marionettenbühne von der Wirtsstube, so ist die Kultur von der barbarischen, brutalen, sinnlosen Wirklichkeit der Dinge umschlossen. Traurig, daß sie sich uns in dieser Gestalt präsentiert, traurig, aber unabänderlich! Sie ist wirklich, sie ist da, genügt in erschreckender Weise sich selbst. Ihre einzige Kraft und Bedeutung kommt von ihrer Gegenwärtigkeit, während die Kultur Erinnerung und Verheißung, unumstößliche Vergangenheit und erträumte Zukunft ist.

Wirklichkeit bedeutet die Furchtbarkeit des bloßen Vorhandenseins. Gegenwart, Trägheit, Passivität. Stofflichkeit.*

* Noch deutlicher wird die Tendenz des Realismus in der Malerei. Raffael, Michelangelo malen die Formen der Dinge. Die Form ist immer ideal – sie ist ein Bild, das in unserer Erinnerung lebt, oder reine Konstruktion. Velázquez hingegen geht dem Eindruck der Dinge nach. Der Eindruck ist formlos und betont die Materie – Atlas, Samt, Leinwand, Holz, organisches Protoplasma –, aus der die Dinge bestehen.

14. Parodie

Klar, daß Cervantes die Wirklichkeit als Thema der Dichtung nicht *a nihilo* erfindet: aber er hat dieses Thema in wahrhaft klassischer Weise entwickelt. Bevor es im Roman, im *Don Quijote*, das ihm gemäße organische Gefüge fand, hatte es wie ein kleines Rinnsal sich bang um einen Ausweg bemüht: es hatte an den Hindernissen herumgetastet, hatte versucht, sie zu umgehen, und war in andere Körper eingesickert. Der Ursprung des Themas ist jedenfalls sehr merkwürdig. Es kommt nämlich bei den Antipoden des Mythos und der Epik, ja, wenn man die Dinge genau nimmt, sogar außerhalb der Literatur auf die Welt.

Den Keim des Realismus finden wir in einem bestimmten Trieb des Menschen: dem Trieb, das nachzuahmen, was an seinesgleichen oder am Tier charakteristisch ist. Und das Charakteristische besteht – beim Menschen, beim Tier, beim unbelebten Ding – in einem einzelnen Zug, der so bezeichnend ist, daß er, wenn wir ihn wiedergegeben sehen, alle übrigen schnell und gründlich herbeibeschwört und vergegenwärtigt. Keiner wird nun aber nur um des Nachahmens willen nachahmen. Der Nachahmungstrieb ist wie die bereits geschilderten komplizierteren Formen des Realismus nichts Ursprüngliches; er entsteht nicht spontan; er lebt um eines fremden Zweckes willen. Wer nachahmt, tut dies, um sich lustig zu machen. Damit haben wir den Ursprung entdeckt, nach dem wir forschten. Er heißt: Parodie.

Die Wirklichkeit scheint also nur dann ästhetischen Reiz zu gewinnen, wenn eine spöttische Absicht über ihr waltet. Dies aber wäre die – ziemlich kuriose – historische Bestätigung dessen, was ich soeben über den Roman gesagt habe.

In der Tat finden wir bei den Griechen, die von jeglichem Gegenstand, der dichterisch ästhetisiert werden soll, eine Idealdistanz verlangen, aktuelle Stoffe nur in der Komödie. Aristophanes holt wie Cervantes die Leute von Straßen und Plätzen hinweg in sein Kunstwerk hinein. Aber man holt sie, um sich über sie lustig zu machen.

Aus der Komödie wiederum geht der Dialog hervor, eine Gattung, die es nicht zur Selbständigkeit gebracht hat. Auch der Dialog des Platon beschreibt das Wirkliche, auch er macht sich über das Wirkliche lustig. Wenn er aber weit über das Komische hinausreicht, so deshalb, weil er ihm ein extrapoetisches, ein wissenschaftliches Interesse zugrunde legt. Auch dies will festgehalten sein. Das Wirkliche als Komödie oder als Wissenschaft kann in Dichtung übergehen, wir werden niemals einer Wirklichkeitsdichtung begegnen, die rein real wäre.

Dies sind die einzigen Punkte der griechischen Literatur, an denen wir den Entwicklungsfaden des Romans* anknüpfen können. Der Roman also trägt von Geburt an den Stachel der Komik in sich. Dieser Geist und diese Gestalt werden ihm bis zum Grabe treu bleiben. Im *Don Quijote* sind Kritik und Spott nicht etwa unwesentliches Beiwerk, sie bilden vielmehr das innere Gefüge der Gattung, ja vielleicht des Realismus überhaupt.

15. Der Held

Wir haben aber bis jetzt noch keine Gelegenheit gefunden, die Physiognomie des Komischen mit einiger Gründlichkeit zu betrachten. Als ich schrieb, daß der Roman uns eine Luftspiegelung als solche vor Augen führe, da strich wie ein Hund, der sich gerufen glaubt, mit einmal das Wort Komödie um die Spitze meiner Feder. Wir wissen nicht, weshalb, aber wir werden die Ahnung nicht los, daß zwischen der Luftspiegelung über dem ausgedörrten Ödland und der Wirkung der Komödie in den Seelen der Menschen eine geheime Verwandtschaft bestehe.

Die historische Entwicklung zwingt uns nun, auf das Thema zurückzukommen. Etwas war für uns in der

* Die Liebesgeschichte *(Erotici)* geht aus der jungen Komödie hervor. Wilamowitz in *Griechische Geschichtsschreibung*, 1908, S. 22–23.

Schwebe geblieben, im Luftraum zwischen der Wirtsstube und Meister Pedros Puppentheater. Dies Etwas ist nichts Geringeres als der Wille des Don Quijote.

Sie können ihm, unserem Nachbarn, zwar das Glück abspenstig machen, aber nicht die Tatkraft und den Mut. Die Abenteuer sind Dämpfe, die aus einem brodelnden Gehirn aufsteigen, der Wille zum Abenteuer aber ist wirklich, ist echt. Da jedoch das Abenteuer einen Einbruch in die Ordnung des Materiellen, eine Irrealität, bedeutet, haben wir im Abenteuerwillen, in der Entschlußkraft, im Mut ein Ding von zwiespältiger Natur vor uns; seine beiden Elemente gehören gegensätzlichen Welten an: der Wille ist wirklich, das Gewollte aber irreal.

Ein Thema solcher Art ist der Epik unbekannt. Die Menschen Homers sind in der nämlichen Welt zu Hause wie ihre Wünsche. In *Don Quijote* hingegen haben wir es mit einem Menschen zu tun, der die Wirklichkeit umgestalten will. Aber er lebt doch von ihr, ist doch eine von ihren Konsequenzen! Wie kann es da angehen, daß das, was nicht ist – nämlich das Vorhaben eines Abenteuers –, die harte Wirklichkeit bestimmt, ja sie überhaupt ausmacht? Mag sein, daß es nicht angeht. Tatsache aber ist, daß es Menschen gibt, die entschlossen sind, sich mit der Wirklichkeit nicht abzufinden. Sie dringen darauf, daß die Dinge einen anderen Verlauf nehmen, sie weigern sich, Verhaltensweisen nachzuvollziehen, die der Brauch, die Tradition, mit einem Wort, die biologischen Instinkte ihnen aufnötigen möchten. Solche Menschen nennen wir Helden. Denn Held sein besteht darin, daß man ein einmaliges Wesen, daß man ein Selbst ist. Wenn wir uns dem widersetzen, daß Herkommen und Umgebung uns zu bestimmten Handlungen zwingen, so geschieht dies deshalb, weil wir den Ursprung unserer Handlungen in uns und nur in uns selber wissen möchten. Der Wille des Helden ist nicht das, was die in ihm weiterlebenden Vorfahren, auch nicht das, was irgendwelche zur Zeit gültigen Bräuche wollen, er ist einzig das, was er selber will. Dieser Wille, er selbst zu sein, ist Heldentum.

Ich glaube nicht, daß es eine Originalität gibt, die tiefer wurzelt als die praktische, aktive Originalität des Helden. Sein Leben ist unausgesetzte Opposition gegen das Gewohnte und Gebräuchliche. Jede seiner Bewegungen setzt voraus, daß er das Herkommen niedergerungen und eine neue Verhaltensform geschaffen hat. Ein solches Leben ist endloser Schmerz, ist fortwährendes Sich-Losreißen-Müssen von jenem Teil seiner selbst, durch den man der Gewohnheit ergeben, der Materie verhaftet ist.

16. Seitenblick auf das Lyrische

Der Tatsache des Heldentums, des Abenteuerwillens gegenüber gibt es zwei Verhaltensweisen: entweder wir begeben uns Hand in Hand mit ihm in den Schmerz hinein, weil uns das heldische Leben sinnvoll scheint, oder wir versetzen der Wirklichkeit den leichten Stoß, der dazu hinreicht, jeglichen Heroismus zunichte zu machen, so wie ein Traum zunichte wird, wenn wir den Träumenden aufrütteln. Diese Verhaltensweisen habe ich in einem der zurückliegenden Kapitel die unmittelbare, geradlinige und die mittelbare, gebrochene geheißen.

Es will nun aber hervorgehoben sein, daß der Wirklichkeitskern, auf den die beiden sich beziehen, ein und derselbe ist. Der Unterschied ergibt sich also nur aus der subjektiven Art und Weise, an ihn heranzugehen. Haben sich Epik und Roman durch ihr Thema – dort Vergangenheit, hier Gegenwart – voneinander unterschieden, so wird nun innerhalb des Themas Wirklichkeit nochmals eine Unterscheidung möglich. Diese gründet sich aber nicht auf den Gegenstand, sondern entspringt einem subjektiven Element, nämlich unserer Haltung jenem gegenüber.

Bisher hatten wir die Lyrik, die neben der Epik die zweite Quelle der Poesie ist, ganz aus dem Spiel gelassen. Es ist hier auch nicht der Ort, über ihr Wesen lange

Betrachtungen anzustellen. Dazu wird später Gelegenheit sein. Wir wollen nur geschwind ins Gedächtnis zurückrufen, was von aller Welt anerkannt wird: nämlich, daß das Lyrische ein künstlerischer Ausdruck unserer allgemeinen Gefühlslage ist. Die Epik ist weder traurig noch heiter: sie ist eine apollinische, indifferente, alterslose, äußerliche, nirgendwo verwundbare Kunst, die nur in den Formen zeitloser Gegenstände besteht.

Mit dem lyrischen Element hingegen dringt eine flüchtige, stets zu Wandlungen bereite Substanz in die Kunst ein. Im inneren Leben des Menschen gibt es im Lauf der Jahrhunderte mancherlei Schwankungen, sein Empfinden gravitiert bald nach Osten, bald nach Westen. Heitere Zeiten wechseln mit bitteren ab. Alles aber hängt davon ab, wie die Bilanz der menschlichen Selbsteinschätzung gerade ausfällt: vorteilhaft oder ungünstig.

Ich hielt es nicht für notwendig, dem, was ich zu Beginn dieses kurzen Traktats zu bedenken gab, weiteren Nachdruck zu verleihen; ich meine, der Feststellung, daß – gleichgültig, ob sich ihr Thema Vergangenheit oder Gegenwart nennt – die Dichtung (und die Kunst überhaupt) stets um das Menschliche und *nur* um das Menschliche kreist. Malt ein Mensch eine Landschaft, so malt er sie immer als Szenarium für den Menschen. Und weil dem so ist, kommen wir zwangsläufig zu der Folgerung, daß die Kunstformen ein Ergebnis der Wandlungen sind, welche die Interpretation des Menschen durch den Menschen erfährt. Sage mir, welche Auffassung du vom Menschen hast, und ich werde dir sagen, welche Kunst du pflegst.

Und da jegliches literarische Genre, auch das, das einen gewissen Spielraum gewährt, ein Kanal ist, den eine dieser Interpretationen menschlichen Wesens sich gegraben hat, verwundert es nicht, daß jedes Zeitalter seine Lieblingsgattung hat. Darum sind die Schriftwerke einer bestimmten Epoche, soweit unverfälscht, allemal eine Generalbeichte des menschlichen Innenlebens von damals.

Aber wir wollen zum Thema Heldentum zurückkehren: wir stellten fest, daß das Heldentum manchmal unmittelbar, manchmal mittelbar gesehen wird. Im ersten Fall verwandelt unser Blick den Helden in ein ästhetisches Objekt, das man tragisch, im zweiten in eins, das man komisch nennt.

Es gab Zeiten, die nur für das Tragische Sinn hatten, andere hinwiederum steckten voll Humor und Komödie. Das 19. Jahrhundert, dieses bürgerliche, demokratische und positivistische Säkulum, neigte im Übermaß dazu, auf der Welt Komödie zu sehen.

Die Wechselbeziehung, die wir zwischen Epik und Roman feststellen konnten, besteht auch zwischen unserem Hang zum Tragischen und unserem Hang zum Komischen.

17. Die Tragödie

Held ist, sagten wir, wer er selbst sein will. Das Heroische wurzelt also in einem realen Willensakt. In der Epik gibt es nichts dergleichen. Darum ist Don Quijote keine epische Gestalt, wohl aber ein Held. Achilles vollbringt die Epopöe, der Held hingegen will sie. Die tragische Person ist somit tragisch, das heißt poetisch, nicht als Mensch von Fleisch und Blut, sondern nur aufgrund dessen, was sie will. Der Wille – dieses paradoxe Ding, das in der Wirklichkeit beginnt und im Idealen endet; denn gewollt wird immer nur das, was nicht ist – ist das Thema der Tragik, und ein Zeitalter, für das der Wille nicht existiert, zum Beispiel ein Zeitalter des Determinismus oder Darwinismus, wird sich der Tragödie gegenüber gleichgültig verhalten.

Bei der Tragödie der Griechen wollen wir nicht allzu lange verweilen. Wenn wir ehrlich sind, bekennen wir, daß wir sie nicht recht verstehen. Noch hat die Philologie unsere Organe nicht ausreichend darauf vorbereitet, griechische Tragödie in sich aufzunehmen. Vielleicht gibt es keine künstlerische Schöpfung, die stärker mit rein historischen, zeitgebundenen Motiven durchsetzt wäre als sie. Vergessen wir nicht, daß sie in Athen eine kultische Handlung war, sich also nicht so sehr auf dem Theater wie im Geiste der Zuschauer abspielte. Theater und Publikum umfängt eine extrapoetische Atmosphäre, die Religion. Was von alledem sich zu uns herübergerettet hat, läßt sich mit dem Libretto einer Oper vergleichen, deren Musik wir nie gehört haben; es ist die Rückseite eines Teppichs: Enden bunter Fäden, die von einer Vorderseite herkommen, welche der Glaube gewebt hat. Nun treten aber, was die Erforschung des Glaubens der Athener betrifft, die Gräzisten leider auf der Stelle; es will ihnen nicht gelingen, ihn zu rekonstruieren. Und solange sie nicht weiterkommen, wird die griechische Tragödie für uns ein Text sein, zu dessen Sprache wir kein Wörterbuch besitzen.

Nur in einem Punkte sehen wir klar: unter der Maske ihrer Helden sprechen die tragischen Dichter Griechenlands persönlich zu uns. Wann ist dies bei Shakespeare einmal der Fall? Äschylos' Werk ist getragen von einer Tendenz, in der das Poetische und das Theologische schwerlich geschieden werden können. Und mindestens im gleichen Maße wie ästhetischer ist sein Thema metaphysischer und ethischer Natur. Ich möchte ihn einen *Theopoeten* nennen. Ihn bedrängen die Probleme des Gut und Böse, der Freiheit, der Rechtfertigung des Menschseins, der Ordnung des Kosmos, der All-Ursache. Und sein Werk ist eine Reihe immer weiter reichender Vorstöße gegen den Kern dieser erhabenen Probleme. Sein Dichtertum mutet eher wie ein ungestümes Drängen nach religiöser Erneuerung an. Und mehr als einem *homme de lettres* ähnelt er einem Apostel Paulus oder einem Martin Luther. Er will die Volksreligion, die dem Stand der Zeit nicht mehr angemessen ist, kraft echter Frömmigkeit überwinden. Anderswo hätte dieses Motiv einen Menschen sicher nicht zum Verseschreiben bewegen können, aber im alten Griechenland, wo die Religion sich nicht so hohepriesterlich, nicht so starr und nicht so distanziert zeigte, war es möglich, daß das theologische Anliegen sich minder scharf gegen das poetische, politische und philosophische hin abgrenzte.

Lassen wir also das griechische Drama beiseite und mit ihm alle jene Theorien, denen zufolge die Tragödie auf irgendeinem blinden Schicksalswalten beruhen und ihre Tragik allein vom Unterliegen oder vom Tode des Helden beziehen soll.

Das Eingreifen des Schicksals ist nicht erforderlich; denn auch, wenn es – wie gewöhnlich – den Sieg davonträgt, so vermag dieser trotzdem nicht den Helden seines Heldentums zu berauben. Beobachten wir die Wirkung, die das Drama im Gemüt des spießbürgerlichen Zuschauers hervorruft. Ist der Spießbürger ehrlich, so gibt er ohne weiteres zu, daß ihm das Ganze eigentlich ein bißchen unwahrscheinlich vorkommt. Zwanzigmal war er drauf und dran, sich von seinem Platz zu erheben und dem Hauptdarsteller zuzurufen, er möge doch seine Rolle niederlegen, sein Spiel aufgeben. Denn – so meint der Spießer höchst vernünftigerweise – all das Malheur stößt ja dem Helden nur deshalb zu, weil er sich auf diesen oder jenen Plan versteift hat. Ließe er davon ab, so käme alles noch zu einem guten Ende, und der Held könnte, wie – in Erinnerung ihrer frühen Nomadenzeit – die Chinesen am Schluß ihrer Märchen sagen, seßhaft werden und viele Söhne haben. Es gibt also in der Tragödie kein Fatum, oder besser gesagt, was das Schicksal fügt, das fügt es, weil der Held dazu Anlaß gegeben hat. Die Leiden des Standhaften Prinzen sind Schicksal just von dem Augenblick an, in dem er sich dazu entschließt, standhaft zu sein; standhaft aber ist er nicht aufgrund einer Schicksalsfügung.

Ich glaube, hier unterliegen die als klassisch anerkannten Theorien ganz einfach einer Täuschung, und man sollte sie korrigieren, indem man aus dem Eindruck, den der Heroismus auf die zum Heldentum untaugliche Seele des Spießbürgers macht, das Fazit zieht. Der Spießer weiß nichts von jener Schicht des Lebens, in der es nur verschwenderisch-überströmende Aktivität gibt. Er hält sich allein an das Notwendige, und was er tut, das tut er gezwungen. Er handelt bloß, wenn er dazu angetrieben wird, und seine Aktionen sind immer Reaktionen. Darum will es ihm nicht in den Kopf, daß jemand sich für nichts und wieder nichts in Abenteuer stürzt. Wer das Abenteuerliche will, den hält er für leicht verrückt, und in der Tragödie hat er es mit einem Menschen zu tun, der dafür leiden muß, daß er eine Rolle übernehmen wollte, zu der ihn niemand auf der Welt gezwungen hat.

Der Ursprung des Tragischen liegt also nicht im Fatum, das Wesentliche ist vielmehr, daß der Held sein tragisches Schicksal selber will. Darum hat die Tragödie, vom vegetativen Leben her gesehen, immer einen fiktiven Charakter. Das ganze Leid kommt daher, daß der Held sich weigert, auf eine ideale, imaginäre Rolle, die er sich erwählt hat, Verzicht zu leisten. Der Schauspieler im Drama, so könnte man es paradox ausdrücken, spielt eine Rolle, die ihrerseits wiederum das Spielen einer Rolle ist, allerdings einer etwas ernsteren. Jedenfalls ist freiester Wille Ursprung und Anlaß der tragischen Entwicklung. Und dieses *Wollen*, Schöpfer eines neuen Kreises von Realitäten, die nur durch sein Zutun existieren, nämlich des Bezirkes der Tragik, muß demjenigen, für den es kein anderes Wollen gibt als das von Naturnotwendigkeiten, die sich mit dem Vorhandenen begnügen, selbstverständlich wie eine Fiktion vorkommen.

18. Die Komödie

Die Tragödie spielt sich nicht auf unserer Ebene ab; wir müssen zu ihr emporsteigen, werden wie bei einer Himmelfahrt in sie aufgenommen. Sie ist irreal. Im Bereich des Existierenden finden wir ähnliches nur dann, wenn wir unseren Blick zu den höchsten Gipfeln der Geschichte erheben.

Die Tragödie setzt bei uns das Vorhandensein eines Sinnes für große Taten voraus; sonst wird sie uns wie Spiegelfechterei vorkommen. Sie überwältigt uns nicht mit der zwingenden Klarheit des Realismus, der uns in das Kunstwerk, dessen Beginn er unmittelbar vor unsere Füße verlegt, unmerklich und passiv hineingeraten läßt. Sollen wir von der Tragödie einen Gewinn haben, so verlangt sie von uns gewissermaßen, daß wir sie wollen, so wie der Held sein Schicksal will. Sie wird bei uns folglich dort ansetzen, wo sich Symptome eines verkümmerten Heldentums finden, und wir alle tragen das Rudiment eines Helden in uns.

Haben wir aber einmal Kurs auf das Heroische genommen, so werden wir erkennen, daß die kraftvolle Bewegung, das ungestüme Empordrängen, davon die Tragödie erfüllt ist, in unserem Innersten fortwirkt. Zu unserer Überraschung erfahren wir dann, daß wir fähig sind, in gewaltiger Spannung zu leben, sehen, wie die Ausmaße des uns Umgebenden sich vergrößern, weil alles zu einer höheren Würde gelangt. Die Tragödie im Theater öffnet uns die Augen für das Heldische in der Wirklichkeit, lehrt es uns erkennen und schätzen. So ließ zum Beispiel Napoleon, der etwas von Psychologie verstand, nicht zu, daß während seines Aufenthaltes in Frankfurt seine Theatergruppe dem erlauchten Publikum der besiegten Fürsten Komödien vorspielte, sondern hielt Talma dazu an, die Dramengestalten Racines und Corneilles zu beschwören.

Den rudimentären Helden aber, den wir in uns tragen, umschwirrt ein ganzer Schwarm plebejischer Instinkte. Gemeinhin nämlich hegen wir ein – ohne Zweifel hinreichend begründetes – Mißtrauen gegen jeden Versuch, neue Bräuche einzuführen. Von dem, der nicht über die Linie des Gewöhnlichen hinausbegehrt, verlangen wir keine Rechtfertigung, mit größtem Nachdruck aber fordern wir sie von dem, dessen Trachten weiter reicht. Es gibt nur weniges, was der Plebejer in uns in solchem Maße haßt wie den Mann der hohen Ziele. Und ein solcher wird der Held vor allem andern sein. Gewöhnlichkeit befremdet uns niemals derart wie hohes Streben. Daher bewegt der Held sich allemal nur zwei Fingerbreit vom Rand der Fallgrube, und zwar bedroht ihn weniger der Fall in die Ungnade – denn der wäre eher ein Aufstieg – als der Absturz in die Lächerlichkeit. In dem Aphorismus »Vom Erhabenen zum Lächerlichen ist's nur ein Schritt« kommt diese ernstliche Gefahr treffend zum Ausdruck. Wehe, wenn der Held seinen Anspruch, anders zu sein, als die übrigen Menschen, anders zu sein, als *man nun einmal ist*, nicht durch ein Übermaß an Größe und durch einen Überfluß an Tugenden rechtfertigt! Den Reformator, der neue Kunst, neue Wissenschaft, neue Politik versucht, führt sein gesamter Lebensweg durch eine zermürbend feindliche Umwelt, die in ihm einen Toren, wenn nicht sogar einen Scharlatan vermutet. Gegen ihn steht all das, durch dessen Verneinung er zum Helden wird: die Überlieferung, das Gewohnte, das Herkommen, die Sitten unserer Väter, unser nationaler Brauch, unsere Sonderart und letztlich Trägheit und Passivität in all ihren Erscheinungsformen. Dies alles hat im Lauf einer jahrhundertelangen Ablagerung eine sieben Klafter dicke Kruste gebildet. Und der Held möchte nun, daß eine Idee, also ein mir nichts, dir nichts seiner Phantasie entsprungenes Gebilde, das weniger ist als Luft, diese Tonnenlast von einem Augenblick zum anderen in Stücke sprenge. Das kann der Instinkt der Beharrung, des Festhaltens am Hergebrachten nicht zulassen, und er rächt sich. Er sendet gegen den Neuerer den Realismus aus und zieht ihn in eine Komödie hinein.

Da das Heroische gekennzeichnet ist durch den Willen, zu sein, was man noch nicht ist, ragt die tragische Person mit halbem Leib über die Grenze des Realen hinaus. Packt man sie bei den Beinen und zerrt man sie ganz in die Wirklichkeit zurück, so verwandelt sie sich in eine komische Figur. Mühsam, nur mit ziemlichem Kraftaufwand, erhebt die noble Fiktion des Heldischen sich über die träge Wirklichkeit: sie lebt ganz von der Ambition. Ihre Zeugin heißt Zukunft. Die *vis comica* hingegen begnügt sich damit, am Helden diejenige Seite hervorzuheben, die am stärksten zum Materiellen hinneigt. Durch die Fiktion hindurch bricht sich die Wirklichkeit Bahn,* zwingt sich unserem Auge auf und absorbiert die *tragische Rolle*. Der Held hatte diese Rolle zu seinem eigenen Wesen gemacht, war mit ihr identisch geworden. Ihre Absorption durch die Wirklichkeit besteht darin, daß das, was über den Körper des Helden hinausstrebt, zum Stocken gebracht, materialisiert wird. Und so sehen wir denn die Rolle des Helden als lächerliche Vermummung, als Maske, unter der ein Alltagsgeschöpf steckt.

Der Held nimmt die Zukunft vorweg und ruft sie als Zeugin an. Seine Gesten haben eine utopische Bedeutung. Er sagt nicht, was er ist, er sagt nur, was er sein will. So gehen etwa die Bestrebungen der Frauenrechtlerinnen dahin, daß die Frauen eines Tages keine Frauenrechtlerinnen mehr zu sein brauchen. Der Komiker jedoch sieht anstelle des Ideals der Frauenbewegung nur die Frau, die heute kraft ihres Willens dieses Ideal verficht. Wenn das, was für das Leben in einer Zukunftsatmosphäre geschaffen ist, zum Erstarren gebracht und in die Gegenwart zurückgeholt wird, vermag es hier noch nicht einmal die alltäglichsten Daseinsfunktionen zu verrichten. Und die Leute lachen. Denn was sie erleben, ist der Absturz des Ideals wie eines Vogels, der durch Sumpfluft flog. Die Leute lachen. Es ist ein nützliches Lachen: mit jedem Helden nämlich, den es trifft, zermalmt es zugleich hundert Scharlatane.

Es lebt also die Komödie auf Kosten der Tragödie, wie der Roman auf Kosten der Epik lebt. Ihr historischer Beginn liegt in Griechenland, wo sie ins Leben trat als Reaktion gegen die Tragiker und Philosophen, welche neue Götter einführen, neue Bräuche schaffen wollten. Im Namen der nationalen Überlieferung, unserer Väter

* Bergson führt hierzu ein seltsames Beispiel an. Die Königin von Preußen tritt in einen Raum, in dem sich Napoleon befindet. Sie kommt wütend, klagend, drohend. Napoleon tut nur eins: er bittet sie, Platz zu nehmen. Sowie die Königin sitzt, verstummt sie. Die tragische *Rolle* kann in einer bürgerlichen Positur, wie sie bei Besuchen üblich ist, nicht durchgehalten werden: sie entgleitet ihrer Trägerin.

und der sakrosankten Sitten und Gebräuche läßt Aristophanes seine Zeitgenossen Sokrates und Euripides auf der Bühne auftreten. Und was jener in seine Philosophie, dieser in seine Verse hineinlegte, legt Aristophanes in ihre Persönlichkeit hinein.

Die Komödie ist die Literaturgattung der Konservativen.

Zwischen dem Willen, etwas zu sein, und dem Glauben, man sei es bereits, verläuft die Grenze, die das Tragische vom Komischen scheidet: der Schritt vom Erhabenen zum Lächerlichen. Dadurch, daß das Charakteristikum des Tragischen vom Gewollten hinweg und in das Wahrnehmbare hineinverlegt wird, kommt es zum Zerfall der Tragödie, zu ihrer Verkehrung in die eigene Komödie. Die Luftspiegelung wird als Luftspiegelung erkannt.

Eben dies begegnet Don Quijote, wenn er sich nicht damit begnügt, seinen Abenteuerwillen kundzutun, sondern dazu noch hartnäckig an dem Glauben festhält, er sei selbst ein Abenteurer. In solchen Augenblikken ist der unsterbliche Roman sehr nahe daran, einfach zur Komödie zu werden. Roman und Komödie liegen, wie schon gesagt, nur um Haaresbreite auseinander.

Dieser Art muß auch der Eindruck gewesen sein, den der *Don Quijote* als literarische Neuigkeit bei seinen ersten Lesern erweckte. In Avellanedas Vorrede wird zweimal darauf abgehoben: »Da die ganze *Historie von Don Quijote de la Mancha* fast eine Komödie ist«, sagt er eingangs und fährt dann fort: »lasse man es genug sein mit seiner *Galatea* und seinen Komödien in Prosa; denn solche sind die meisten seiner Erzählungen.« Diese Sätze sind keineswegs hinreichend erklärt, wenn man darauf hinweist, daß damals die Bezeichnung Komödie unterschiedslos für jede Art von Theaterstücken gebraucht wurde.

19. Die Tragikomödie

Die Gattung Roman hat ohne Zweifel komischen Charakter. Wir wollen sie nicht kurzweg humoristisch nennen; denn unter dem Deckmantel des Humors verbergen sich allerlei Nichtigkeiten. Zunächst geht es einfach darum, die poetische Bedeutung, die in dem jähen Absturz des von der Trägheit, der Wirklichkeit besiegten tragischen Elementes steckt, zur Geltung kommen zu lassen. Als man auf den Realismus des Romans soviel Gewicht legte, hätte man bemerken müssen, daß dieser Realismus etwas mehr enthält als nur Wirklichkeit, nämlich etwas, das der Realität zu jener poetisierenden Wirkung verhilft, die ihr ursprünglich so fremd ist. Dann wäre offenbar geworden, daß das poetische Element des Realismus nicht in der Wirklichkeit selbst besteht, sondern in der Anziehung, die diese auf die ätherischen Ideale ausübt.

Obere Linie des Romans ist eine Tragödie. Von hier läßt die Muse sich herabfallen, wenn sie dem Tragischen in seinem Sturze nachfolgt. Die tragische Linie ist unentbehrlich, sie gehört notwendig zum Roman, wenn vielleicht auch nur als der hauchfeine Umriß, der ihn begrenzt. Darum, meine ich, muß man es mit dem Namen halten, den Fernando de Rojas für seine *Celestina* gefunden hat: Tragikomödie. Vielleicht war mit der *Celestina* diese Gattung an einem entscheidenden Punkte angekommen, vielleicht hatte sie mit diesem Werk jene Reife erworben, durch die erst ihre volle Entfaltung im *Don Quijote* möglich wurde.

Selbstverständlich kann die tragische Linie sich unter Umständen gewaltig verbreitern, so sehr, daß sie innerhalb des Romans schließlich den gleichen Raum einnimmt und die gleiche Bedeutung erlangt wie das komische Element. Es sind hier sämtliche Schattierungen und Abstufungen möglich.

Im Roman als der Synthese von Tragödie und Komödie erfüllt sich der seltsame Wunsch, den Platon einmal, beiläufig und ohne jeden Kommentar, geäußert hat.

Gastmahl, Morgengrauen. Die Tischgenossen, vom Tranke des Dionysos bezwungen, liegen wahllos umher und schlafen. »Als schon die Hähne zu krähen beginnen«, fährt Aristodemos benommen aus dem Schlummer auf und meint zu sehen, daß Sokrates, Agathon und Aristophanes noch wachen, meint zu hören, daß sie in ein schwieriges Gespräch verwickelt sind, in dem Sokrates Agathon, dem jungen Tragödiendichter, und Aristophanes, dem Komödienschreiber, gegenüber behauptet, Tragödie und Komödie dürften eigentlich nicht von zwei verschiedenen, sondern immer nur von ein und demselben Menschen gedichtet werden.

Dieser Ausspruch hat noch keine befriedigende Erklärung gefunden, aber sooft ich ihn lese, ist mir, als habe Platon, diese Seele voll fruchtbarer Keime, in ihn das Samenkorn des Romans hineingelegt. Wenn wir die Andeutung, die Sokrates beim Symposion im fahlen Licht des frühesten Morgens macht, weiterverfolgen, dann stoßen wir, so will es mir scheinen, auf Don Quijote, den Helden und den Narren.

20. Flaubert, Cervantes, Darwin

Die Unergiebigkeit dessen, was im spanischen Denken bisher gemeinhin Patriotismus hieß, zeigt sich namentlich daran, daß die wirklich großen spanischen Fakten noch immer nicht genügend untersucht worden sind. Die Begeisterung verschwendet sich ans Rühmen von Dingen, die kein Lob verdienen, und kann darum dort, wo sie am meisten not täte, nicht die erforderliche Energie entfalten.

Es fehlt an einem Buch, worin in aller Genauigkeit nachgewiesen würde, daß jeder Roman wie ein verborgenes Wasserzeichen den *Don Quijote* in sich trägt, so wie in jedem epischen Gedicht die *Ilias* steckt, dem Kern in der Olive vergleichbar.

Flaubert hat keine Scheu, es auszusprechen: »Je retrouve«, sagt er, »mes origines dans le livre que je savais par coeur avant de savoir lire, Don Quichotte.«* (»Ich finde meine Ursprünge in dem Buch wieder, das ich auswendig konnte, bevor ich lesen konnte, im *Don Quijote.*«) Madame Bovary ist ein Don Quijote im Weiberrock, mit einem Minimum von Tragik in der Seele. Sie ist Leserin romantischer Erzählungen und Vertreterin der bürgerlichen Ideale, die seit einem halben Jahrhundert auf Europa herabrieseln. Armselige Ideale, bürgerliche Demokratie, positivistische Romantik!

Flaubert hat klar erkannt, daß der Roman eine Literaturgattung mit kritischer Tendenz und mit einem Hang zur Komik ist. »Je tourne beaucoup à la critique« (»Ich neige sehr zur Kritik«), sagt er zu der Zeit, da er seine Bovary schreibt; »le roman que j'écris m'aiguise cette faculté, car c'est une œuvre surtout de critique ou plutôt d'anatomie«** (»der Roman, den ich schreibe, schärft diese Fähigkeit, denn er ist vor allem ein Werk der Kritik oder mehr noch der Anatomie«). Und an anderer Stelle: »Ah! ce qui manque à la société moderne ce n'est pas un Christ, ni un Washington, ni un Socrate, ni un Voltaire, *c'est un Aristophane.*«*** (»Ach, was der modernen Gesellschaft fehlt, ist kein Christus, kein Washington, kein Sokrates, kein Voltaire, sondern ein Aristophanes.«)

Ich glaube kaum, daß Flaubert in den Verdacht kommen wird, vom Realismus angekränkelt zu sein, und finde, er kann in dieser Hinsicht wohl als die bedeutendste Ausnahme gelten.

Wenn im Roman unserer Zeit der Mechanismus des Komischen minder deutlich zutage tritt, so ist dies dem Umstand zuzuschreiben, daß die Ideale, gegen die er ins Feld zieht, sich nur sehr wenig von der Wirklichkeit, mit deren Hilfe man sie bekämpft, entfernen. Das Gefälle ist klein; das Ideal stürzt nur von einer geringen Höhe herab. Darum kann man dem Roman des 19. Jahrhunderts die Prognose stellen, daß er schon ziemlich bald

* *Correspondance*, II, S. 16.
** ebenda, II, S. 370.
*** ebenda, S. 159.

nicht mehr lesbar sein wird; er enthält die geringstmögliche Menge dichterischer Dynamik. Bereits heute stellen wir, wenn uns ein Buch von Daudet oder Maupassant in die Hände gerät, zu unserem Erstaunen fest, daß wir daran nicht mehr das nämliche Vergnügen finden wie vor etwa fünfzehn Jahren. Der *Don Quijote* hingegen verspricht, seinen Reiz niemals zu verlieren.

Ideal des 19. Jahrhunderts war der Realismus. »Tatsachen, nur Tatsachen«, ruft eine Dickensgestalt in den *Schwierigen Zeiten.* »Das Wie, nicht das Warum, die Tatsache, nicht die Idee!« predigt Auguste Comte. Madame Bovary atmet die gleiche Luft wie Monsieur Homais, eine positivistische Luft à la Auguste Comte. Flaubert liest die *Philosophie positive,* während er an seinem Roman arbeitet: sie ist, sagt er, »un ouvrage profondément farce; il faut seulement lire, pour s'en convaincre, l'introduction qui en est le résumé: il y a, pour quelqu'un qui voudrait faire des charges au théâtre *dans le goût aristophanesque,* sur les théories sociales, des californies de rires«* (»ein zutiefst ulkiges Werk; wer sich davon überzeugen will, lese nur die Einleitung, die es zusammenfaßt: für den, der nach Stoff für die Bühne im Aristophanischen Sinne sucht, birgt es hinsichtlich der Gesellschaftstheorien einen ganzen Niagarafall von Gelächter«).

Die Wirklichkeit ist von so grimmiger Art, daß sie das Ideal auch dann nicht duldet, wenn sie selber idealisiert wird. Und nicht genug damit, daß das 19. Jahrhundert die Negation alles Heroischen zu seiner Form des Heroismus erhebt, nicht genug damit, daß es die Idee des Positiven propagiert: es treibt am Ende diese seine eigenen Ambitionen durch das caudinische Joch der rauhesten Wirklichkeit. Dem Briefschreiber Flaubert entschlüpft einmal der überaus bezeichnende Satz: »On me croit épris du réel, tandis que je l'exècre; car c'est en haine du réalisme que j'ai entrepris ce roman.« (»Man glaubt, ich sei in das Reale verliebt, während ich es verabscheue, denn im Haß auf den Realismus habe ich diesen Roman in Angriff genommen.«)

* ebenda, S. 261.

Die Generationen, die unmittelbar vor uns kamen, haben eine fatale Haltung eingenommen. Schon im *Don Quijote* schlägt die Waage der Poesie nach der Seite des Bitteren aus, und sie ist bis heute noch nicht ganz zur Ruhe gekommen. Das 19. Jahrhundert aber, dessen Kind das unsere ist, empfand eine geradezu perverse Lust am Pessimismus. Es hat sich auf ihn gestürzt, hat seinen Kelch bis zur Neige geleert und hat die Welt so sehr zusammengepreßt, daß nichts mehr aufrecht stehenblieb. Von diesem ganzen Jahrhundert weht so etwas wie eine Rauchfahne des Ressentiments zu uns herüber.

Gestützt auf den Determinismus, hatten die Naturwissenschaften während der letzten Jahrfünfte das Gebiet der Biologie hinzuerobert. Darwin glaubte, es sei ihm gelungen, das Vitale – unsere letzte Hoffnung – in der physischen Notwendigkeit festzubannen. Das Leben sinkt zur Materie herab, die Physiologie ist nur mehr Mechanik.

Der Organismus, der für eine des selbständigen Handelns fähige unabhängige Einheit gegolten hatte, ist nun in die physische Umwelt eingewoben wie das Muster in den Teppich. Und nicht *er* bewegt sich, sondern die Umwelt in ihm. Unsere Aktionen sind nichts weiter als Reaktionen. Es gibt keine Freiheit, keine Originalität. Leben ist Anpassung. Sich anpassen aber heißt zulassen, daß die materielle Umwelt in uns eindringt und uns aus uns selbst verdrängt. Anpassung ist Unterwerfung und Verzicht. Darwin fegt die Helden von der Erdoberfläche.

Es naht die Stunde des *roman expérimental*. Zola lernt seine Poesie nicht bei Homer und Shakespeare, sondern bei Claude Bernard. Thema ist nach wie vor der Mensch. Da aber der Mensch nicht mehr das Subjekt seiner Handlungen ist, sondern der Getriebene der Umwelt, in der er lebt, geht der Roman nun auf die Darstellung dieser Umwelt aus. Sie ist die alleinige Hauptfigur.

Man spricht von *Milieu*schilderung. Die Kunst kommt unter Polizeiaufsicht: sie hat der Wahrheit ähnlich, wahrscheinlich zu sein. Aber hat die Tragödie nicht ihre innere, autonome Wahrheitsähnlichkeit? Gibt es nicht ein ästhetisch Wahres, das Schöne? Und sollte es nicht möglich sein, daß etwas dem Schönen ähnlich ist? Eben dies leugnet der Positivismus. Das Schöne ist nur wahrheitsähnlich, wahr aber ist allein das Physische. Ziel des Romans ist die Physiologie.

Auf dem *Père Lachaise* tragen eines Nachts Bouvard und Pécuchet die Poesie zu Grabe – zur höheren Ehre der Wahrscheinlichkeit und des Determinismus.

Ästhetik in der Straßenbahn

Einem Spanier verbieten wollen, daß er beim Einsteigen in die Straßenbahn die mitfahrenden Frauen mit dem kritischen Blick eines Kenners mustert, das hieße etwas Unmögliches verlangen. Es handelt sich hier um eine der am tiefsten eingewurzelten und eigentümlichsten Gewohnheiten unseres Volkes. Ausländern und auch einigen Einheimischen mag die aufdringliche, fast handgreifliche Art, wie der Spanier eine Frau betrachtet, unanständig vorkommen. In mir jedenfalls ruft sie starken Widerwillen hervor. Und doch glaube ich, daß diese Gewohnheit, sieht man von dem Aufdringlichen, Begehrlichen, Betastenden ab, einer der originellsten, schönsten und edelsten Züge unserer Rasse ist. Es ist damit wie mit den übrigen Äußerungen spanischer Spontaneität, so wie sie einem entgegentreten: unverfälscht und urtümlich, wildwüchsig und häßlich zugleich, haben sie etwas Barbarisches an sich. Würden sie aber sublimiert, würde das Erlesene vom Gewöhnlichen gesondert und würden die edlen Keime zur Entfaltung gebracht, so könnte ein recht originelles System von Umgangsformen daraus werden, würdig, mit jenen Typen von Lebensart in Wettbewerb zu treten, die den Namen *gentleman* oder *homme de bonne compagnie* erhalten haben. Künstler, Dichter und Weltleute haben die Aufgabe, das Rohmaterial dieser jahrhundertealten Bräuche dem chemischen Reinigungsprozeß der Reflexion zu unterziehen. Das hat beispielsweise Velázquez getan, und wenn man im Ausland sein Werk bewundert, so ist dies nicht zuletzt der wohlgelungenen Stilisierung zuzuschreiben, der er das spanische Gebaren unterworfen hat. Hermann Cohen sagte mir, er habe es sich bei keinem seiner Pariser Aufenthalte entgehen lassen, in der

Synagoge das Gehabe der Juden spanischer Herkunft zu beobachten.*

Es ist im übrigen durchaus nicht meine Absicht, hier darzutun, welch edler Sinn sich hinter peinlich musternden spanischen Männerblicken verbergen mag. Das Thema wäre recht reizvoll, besonders für den *Espectador*, der lange Jahre unter dem Einflusse Platons, des Meisters der wissenschaftlichen Betrachtung, gestanden hat. Heute aber habe ich anderes vor. Ich fahre wieder in der Straßenbahn, und da, wie ich glaube, nichts Spanisches mir fremd ist, habe ich nun selbst einmal jenen oben beschriebenen Kennerblick angewandt. Ich habe mich aber bemüht, ihn von allem Aufdringlichen, Begehrlichen und quasi Handgreiflichen frei zu halten. Und es war mir nicht wenig überraschend, daß nur ganze drei Sekunden nötig waren, um die mitfahrenden acht oder neun Damen ästhetisch einzuordnen und ein Urteil über sie parat zu haben. Die hier ist sehr hübsch; die andere dort nicht ganz untadelig; die nebendran entschieden häßlich usw. Die Sprache hat nicht genug Ausdrücke, um sämtlichen Schattierungen, die das ästhetische Urteil im raschen Flug eines Blickes durcheilt, einen Namen geben zu können.

Da die Fahrt längere Zeit dauerte und keine von den Damen geneigt war, mir zu irgendwelchen Hoffnungen Anlaß zu geben, blieb mir nichts anderes übrig, als zu meditieren, und zwar ausschließlich über meinen Blick und dessen selbsttätiges Urteil.

Worin besteht denn eigentlich – fragte ich mich – jener seelische Vorgang, den man das Eintaxieren weiblicher Schönheit nennen könnte? Ich habe durchaus nicht den Ehrgeiz, herauszubekommen, welcher verborgene Mechanismus im Bewußtsein diesen Akt ästhetischer Wertung hervorruft und steuert. Ich möchte einzig und allein beschreiben, was uns klar bewußt ist, wenn wir ihn vollziehen.

Die antike Psychologie geht von der Voraussetzung

* Der nämliche Gedanke wird in allgemeiner Form in den *Don-Quijote-Meditationen* abgehandelt.

aus, daß das Individuum ein Schönheitsideal *a priori* besitzt; in unserem Fall wäre das also ein weibliches Idealgesicht, mit dem das jeweils zur Betrachtung stehende Gesicht verglichen wird. Das ästhetische Werturteil bestünde dann ganz einfach darin, daß man Übereinstimmung oder Unterschied feststellte. Diese Theorie, die der platonischen Metaphysik entstammt, hat in der Ästhetik feste Wurzeln geschlagen und dorthin den ihr anhaftenden Irrtum mitgebracht. Wie bei Platon die Idee, so wird hier das Ideal zu einer Maßeinheit gemacht, die vor und neben dem Wirklichen existiert und die wir darauf anwenden.

Eine solche Theorie ist eine Konstruktion, eine Erfindung, die dem genialen Einheitsstreben der Griechen entsprungen ist. Denn der Gott der Hellenen ist nicht im Olymp zu suchen, jener Art Schloß, darin ein distinguierter Personenkreis sein genußreiches Leben führt, sondern in diesem Einheitsdenken. Das eine ist das Einzig-Seiende. Wenn Frauen schön und die weißen Dinge weiß sind, dann nicht jedes einzelne für sich und in seiner individuellen Besonderheit, sondern kraft größeren oder geringeren Anteils an dem all-einigen Weißen, an der all-einigen Frauenschönheit. Plotin, bei dem dieser Unitarismus auf die Spitze getrieben wird, trägt fleißig Ausdrücke zusammen, die uns der Dinge tragischen Durst nach Einheit veranschaulichen sollen. Σπεύδειν, ὀρέγεσθαι πρὸς τὸ ἕν – sie eilen der Einheit entgegen, sie streben, sie sehnen sich nach ihr. Ja, er sagt sogar, ihr Sein ist nichts anderes als τὸ ἴκνος τοῦ ἑνός, die Spur der Einheit. Unser Fray Luis, der in seiner kahlen Klosterzelle eifrig platonisiert und plotinisiert, findet eine glücklichere Formulierung; er sagt: die Einheit ist das Ehrwürdig-Allgemeinsame (»el pío universal de las cosas«).

Doch dies alles ist, ich wiederhole es, Konstruktion. Es gibt kein all-einiges und allgemeines Vorbild, dem die wirklichen Dinge sich anschließen.* Oder sollte ich

* Ἀλλ' ὅμως πάντα τὸ αὐτὸ μιμεῖται, τυγκάνει δὲ τὰ μὲν πόρρωθεν, τὰ δὲ μᾶλλον. VI, 9: Alle Dinge tun es einem Selben nach, die einen aber kommen ihm mehr, die anderen minder nahe.

etwa auf die Gesichter dieser Damen ein apriorisches Schema weiblicher Schönheit anwenden? Das wäre erstens ungalant und zweitens unwahr. Denn kein Mann weiß im entferntesten, welche Frauenschönheit die höchste ist, sondern ein jeder sucht nach ihr von der Jugend bis zum sinkenden Alter. O daß wir sie doch *a priori* kennen würden!

Wäre das der Fall, so verlöre das Leben viel von seiner Spannung, seiner Dramatik. Jede Frau, die wir zum ersten Male sehen, läßt in uns die Hoffnung wach werden, sie könnte vielleicht die schönste sein. Und während dieses Wechselspiels von Hoffnung und Enttäuschung, während dieser Zusammenziehung und Wiederausdehnung unseres Herzens, eilt unser Leben über weites, liebliches Hochland dahin. Im Kapitel über die Nachtigall erzählt Buffon, eine dieser Sängerinnen sei nicht weniger als vierzehn Jahre alt geworden, weil sie nie Gelegenheit zur Liebe gefunden habe. Es ist, fügt er hinzu, nicht zu verkennen, daß die Liebe das Leben verkürzt; aber dafür erfüllt sie es auch.

Gehen wir in unserer Untersuchung weiter. Trage ich also jenen Urtyp, jenes alleinige Ideal weiblicher Schönheit *nicht* in mir, so muß ich aber doch zum mindesten annehmen (und das haben auch schon einige Ästhetiker getan), daß es verschiedene Typen körperlicher Vollkommenheit gibt: die vollkommene Brünette, die ideale Blonde, die Naive, die Sehnsüchtige usf.

Wir sehen schon jetzt, daß diese Annahme die Schwierigkeiten nur noch vermehrt. Denn erstens wird mir ja gar nicht bewußt, daß ich eine solche Galerie idealer Gesichter besitze, außerdem werde ich nie dahinterkommen, woher ich sie habe. Zweitens aber ist innerhalb eines jeden Typs eine unendliche Zahl von Variationen möglich. Es müßte also eine derartige Vielheit von Idealtypen angenommen werden, daß ihnen dabei der Charakter allgemeiner Gattungen verlorenginge; und da die Anzahl solcher Idealgesichter ebenso unbegrenzt wäre wie die der wirklichen, individuellen, so würde diese Theorie, die ja auch aus dem All-einen die generelle Norm und den Prototyp für die Wertung des einzelnen machen will, niemals ihr Ziel erreichen.

Auf eines aber möchten wir bei dieser Hypothese, die das Alleinideal in eine Vielheit von Idealen oder typischen Exemplaren auflöst, noch hinweisen: Was hat denn eigentlich zu solcher Auflösung Anlaß gegeben? Doch sicherlich die Beobachtung, daß wir beim Werten weiblicher Schönheit zwar das jeweilige Gesicht einem von uns zum Ausgangspunkt gewählten Idealschema unterwerfen, aber dem wirklichen Antlitz in diesem ästhetischen Prozeß doch immerhin eine Stimme zugestehen. Vielmehr ist es so: unser Ausgangspunkt ist gar nicht das Idealschema, sondern das jeweils gegebene wirkliche Gesicht, und dieses wählt unter unseren Modellgesichtern das in Frage kommende aus. So hilft das individuelle Wirkliche beim Finden unseres Urteils mit und verhält sich nicht, wie im vorigen Falle, passiv.

Diese Beobachtung hat meines Erachtens ihre Richtigkeit, spiegelt einen tatsächlichen Bewußtseinsvorgang wider und ist keine hypothetische Konstruktion. Ja, die Art, wie ich hier in der Straßenbahn eine Frau anschaue, ist völlig verschieden von der eines Richters, dem es nur auf die Anwendung eines bereits festliegenden, konventionellen Gesetzes ankäme. Mir ist kein Gesetz bekannt, ich suche es vielmehr in dem vorübereilenden Gesicht. Mein Blick hat den Charakter eines Experiments schlechthin. An dem Antlitz, das ich da vor mir sehe, möchte ich kennenlernen, was Schönheit ist. Jedes weibliche Einzelwesen verheißt mir eine bisher unbekannte, völlig neue Anmut. Und hinter meinem Auge steht die nämliche Triebkraft wie bei einem, der eine Entdekkung, eine plötzliche Offenbarung erwartet.

Unsere innere Verfassung, wenn wir eine Frau zum erstenmal anschauen, wäre dann wohl am besten mit der etwas frivol-galant wirkenden Wendung gekennzeichnet: Jede Frau ist hübsch, solange sie nicht das Gegenteil beweist. Und es wäre hinzuzufügen: sie ist von einer Schönheit, die wir nicht vorausberechnen können.

Es ist sattsam bekannt, daß Versprechungen nicht immer in Erfüllung gehen. Da fällt mir eine Anekdote aus der Madrider Journalistenboheme ein. Von einem schon vor geraumer Zeit verstorbenen Theaterkritiker sagt man, er habe die Schwäche gehabt, Lob und Tadel nach finanziellen Gesichtspunkten auszuteilen. Eines Tages sollte im Königlichen Theater ein neuer Tenor auftreten. Der geschäftstüchtige Kritiker suchte ihn eilends auf. Er erzählte ihm von seinen vielen Kindern und seinen geringen Einkünften, und es wurde ein Vertrag über 1000 Peseten geschlossen. Als der Tag des Debüts kam, hatte der Kritiker die vereinbarte Summe noch nicht erhalten. Die Aufführung begann, aber das Geld wollte nicht kommen. Der erste Akt ging vorüber, der zweite, das ganze Stück, der Kritiker begab sich auf seine Redaktion, setzte sich dort an den Schreibtisch ... Aber das Geld wollte nicht kommen. In der Opernkritik, die das Blatt am andern Morgen brachte, war zunächst kein Wort über den Tenor zu lesen; nur in der letzten Zeile stand: »Fast hätten wir vergessen zu erwähnen, daß bei dieser Aufführung der Tenor X zum ersten Male auftrat. Dieser Künstler verspricht allerlei; warten wir ab, ob er es hält.«

Auch unsere Schönheitserwartung kann manchmal enttäuscht werden. So etwa brauchte ich nicht länger als einen Augenblick, um zu erkennen, daß die Dame ganz hinten im Wagen alles andere als eine Schönheit war. Wir wollen diesen Akt der negativen Urteilsbildung in seine Bestandteile zerlegen. Deshalb müssen wir ihn langsam wiederholen; nur so kann die Reflexion unser spontanes Bewußtsein in der Abfolge seiner Tätigkeit belauschen. Ich stelle folgendes fest: der Blick heftet sich zunächst an das Gesicht als Ganzes, als wollte er sich erst einmal orientieren; dann nimmt er sich einen bestimmten Teil davon, etwa die Stirn, zum Ziel und gleitet an ihr entlang. Die Linie ist sanft gekrümmt, und mein Geist folgt ihr vergnügt, ohne Widerwillen, ohne alle Unzufriedenheit.

Am treffendsten umschriebe meinen Gemütszustand in diesem Augenblick der Satz: Das ist in Ordnung! Aber gleich darauf, wenn ich die ätherischen Füße meines Blickes über die Nase des Sujets spazieren lasse, stoße ich auf Widerstand, werde ich unsicher. Und es geht mir wie einem, der sich einer Wegegabelung gegenübersieht. Ich weiß nicht warum, aber mir ist, als verlange der Verlauf der Stirn eine andere Fortsetzung als gerade diese Nase. So erblicke ich denn unwillkürlich über der wirklichen Nasenlinie, die, offen gesagt, etwas *stupsig* verläuft, noch eine zweite Linie, eine zarte Ideallinie. Und angesichts dieser Dualität tritt mein Bewußtsein auf der Stelle; es wird unsicher, es mißt die Abweichung zwischen der wirklichen und der idealen Linie, den Unterschied zwischen dem, was sein sollte, und dem, was ist.

Im übrigen braucht ein negatives Urteil, das sich auf ein Gesicht als Ganzes bezieht, keineswegs auch dessen sämtliche Einzelzüge zu betreffen. Es gibt keine Idealnase, keinen Idealmund, kein Idealkinn. Geht man den Dingen auf den Grund, so bemerkt man, daß ein jeder häßliche Gesichtszug (nicht aber eine Mißbildung)* in anderem Zusammenhang schön erscheinen kann.

Es steht fest, daß wir jeden Mangel, den wir wahrnehmen, auch beheben könnten. Wir ziehen körperlose Linien, durch die dem Wirklichvorhandenen hier etwas hinzugefügt, dort etwas entzogen wird. Wenn ich sage, körperlose Linien, so ist dies keine Metapher. Denn unser Bewußtsein zieht sie überall dort, wo es keine körperlichen vorfindet. Bekanntlich gibt es für uns in der Nacht kein neutrales Betrachten der Sterne, wir müssen vielmehr allemal aus dem glitzernden Schwarm diesen oder jenen herauslösen. Und während wir das tun, bringen wir bereits bestimmte Sterne miteinander in innigeren Zusammenhang, spannen vom einen zum andern gleichsam die Fäden einer siderischen Spinne. Die weiß-

* Eine Mißbildung ist ein biologischer Defekt und steht infolgedessen *vor* aller ästhetischen Urteilsbildung. Das Gegenteil der Mißbildung ist nicht das Schöne, sondern das Normale.

glühenden Punkte werden dadurch zu einer unkörperlichen Form verbunden. Das ist der psychologische Ursprung der Sternbilder: immer, wenn die klare Nacht ihre bebende blaue Finsternis über das All hinbreitet, erhebt der heidnische Mensch seinen Blick zum Himmel und sieht dort den Schützen seine Pfeile versenden, Kassiopeia in Unruhe geraten, die Jungfrau warten und Orion dem Stier seinen diamantenen Schild entgegenhalten.

Und gleich wie die Gruppe von Einzelsternen sich zur Konstellation ordnet, so ruft das von uns geschaute wirkliche Antlitz in uns die Vorstellung eines Idealprofils wach, das mehr oder minder mit jenem übereinstimmt. In ein und demselben Bewußtseinsvorgang vollziehen sich das Wahrnehmen körperlicher Wesenheit und das Erahnen ihrer idealen Vollendung.

So gelangen wir zu der Einsicht, daß das Idealbild keineswegs für alle Einzelwesen das nämliche ist und daß es nicht den Charakter eines Typus haben kann. Eine jede Physiognomie bringt wie in einer mystischen Phosphoreszenz ihr ureigenes, einziges und ausschließliches Ideal zum Aufleuchten. Wenn Raffael sagt, er male nicht, was er sehe, er male vielmehr »eine bestimmte Idee, die mir in den Sinn kommt« (»una certa idea che mi viene in mente«), so soll man darunter nicht etwa die Idee Platons mit ihrer Ausschließung der unerschöpflichen Mannigfaltigkeit des Wirklichen verstehen. Nein, ein jedes Ding bringt bei seiner Entstehung sein unübertragbares Ideal mit.

Auf diese Weise befreien wir die Ästhetik aus ihrem akademischen Kerker und ermuntern sie, die ganze Herrlichkeit der Welt zu erfassen.

»Laudata sii, Diversità
delle creature, sirena
del mondo.«
(»Gepriesen seist du, Verschiedenheit der Geschöpfe,
verlockender Reiz dieser Welt.«)

So schleudere ich denn aus meinem simplen Straßenbahnwagen, der gerade um Fuencarral herumbiegt, einen Vorwurf in den strahlenden Garten des Akademos.

Liebe bewegt mich, macht mich reden. Liebe zur Vielfalt des Lebens, die manchmal gerade von unseren Größten wider Willen geschmälert worden ist. Denn so, wie die Griechen aus dem Sein das All-eine und aus der Schönheit eine allgemeine Norm machten, sieht später Kant das Gute, die sittliche Vollkommenheit in einem allgemeinen, abstrakten Imperativ beschlossen.

Nein: es gibt keine all-einige und allgemeine Pflicht. Ein jeder von uns trägt etwas Unveräußerliches und Ausschließliches in sich. Für mein Verhalten besteht nach Kant folgendes Kriterium: ich soll immer das wollen, was auch jeder andere wollen könnte. Dadurch aber wird dem Ideal der Inhalt genommen, wird es in eine richterliche Maske mit unpersönlichen Zügen verwandelt. Voll und ganz wollen kann ich nur das, was als Bestreben meiner gesamten individuellen Persönlichkeit in mir lebendig ist.

Unsere Analyse des Wertens weiblicher Schönheit liefert uns den Schlüssel zu allen übrigen Bereichen der Wertung. Wie in der Ästhetik, so verhält es sich auch in der Ethik.

Wir haben vorhin gesehen, daß es im Antlitz des Individuums einen Plan und dessen mehr oder minder vollkommene Verwirklichung gibt. Dasselbe scheint mir auf dem Gebiete der Ethik zu existieren: ich sehe jeden Menschen, der mir begegnet, gleichsam von seinem idealen ethischen Schattenriß umgeben: er verdeutlicht, was sein individueller Charakter im Falle der Vollkommenheit wäre. Einige von uns erreichen in ihrem Handeln diese Grenze ihrer Möglichkeit vollauf; gewöhnlich aber weichen wir durch ein Zuviel oder ein Zuwenig von ihr ab. Wie oft beobachten wir uns doch dabei, daß wir wünschen, irgendeiner unserer Mitmenschen möge dies oder jenes tun, weil wir eigentümlich klar erkennen, daß er dadurch seine Persönlichkeit vervollkommnen könnte.

Messen wir also einen jeden nur an ihm selbst, messen wir, was er wirklich ist, an dem, was er seiner Anlage nach sein könnte. Werde, der du bist! das ist der richtige Imperativ. Doch kann uns geschehen, was Mallarmé, Hamlet charakterisierend, mit den prächtigen, geheimnisvollen Worten andeutet: »... der verborgene Herr, der nicht werden kann.«*

Die Idee aber, die in der Wirklichkeit selbst (und in ihrer unberechenbarsten Eigenschaft, nämlich der unbegrenzten Schöpferkraft) die erhabene Trägerin von Ideal, Norm und Vollkommenheit erblickt, diese Idee vermag überall für uns fruchtbar zu werden.

Auf die Literatur- und Kunstkritik läßt sie sich ohne weiteres anwenden: man kann bei der Beurteilung eines Schriftwerkes genau so vorgehen, wie wir es bei der kritischen Betrachtung weiblicher Schönheit gelernt haben. Eine Lektüre ist wie ein Stück Körperlichkeit, dem beim Lesen abwechselnd Billigung oder Mißfallen entgegenschlägt. »Dies hier ist gut«, sagen wir, »es ist so, wie es sein soll. Jenes dort wiederum ist schlecht; die Linie seiner Vollkommenheit verläuft anders.« Und unwillkürlich sehen wir über dem Werk oder in ihm eine kritische Linie: das in ihm angelegte Schema. Ja, ein jedes Buch ist Plan und Verwirklichung zugleich. Messen wir diese an jenem. Das Buch tut uns seine ideale Norm dar, zeigt uns zugleich aber auch, wie weit es von ihr abweicht. Und die größte Absurdität wäre es, den einen Autor am anderen zu messen.

Diese Dame, die vor mir sitzt, ist ...

»Cuatro Caminos« (»Vier Wege«), ruft der Schaffner. Dieser Ruf hat mich immer unangenehm berührt, weil er ein Symbol der Unentschiedenheit ist.

Aber die Fahrt ist zu Ende. Man kann für zehn Centimos nicht mehr verlangen.

* »Mais avance le seigneur latent qui ne peut devenir, juvénile ombre de tous, ainsi tenant du mythe.« *Divagations*, 165–166.

Musicalia

I

Das Konzertpublikum spendet weiterhin Mendelssohn stürmisch Beifall und pfeift Debussy noch immer aus. Der neuen Musik und vor allem jener, die im tiefsten Sinne neu ist, der neuen französischen Musik, fehlt es an Popularität.

Tatsächlich haßt das breite Publikum stets das Neue, aus dem einfachen Grund, weil es das Neue ist. Dies ruft uns ins Gedächtnis, was man in unserer Zeit gewöhnlich am vollständigsten außer acht läßt: daß alles, was auf Erden etwas wert ist, von einigen wenigen Auserwählten geschaffen wurde, die, ohne dem breiten Publikum nachzugeben, Dummheit und Feindseligkeit der Menge mutig bekämpften. Ganz zu Recht maß Nietzsche den Wert jedes Individuums an der Größe der Einsamkeit, die es ertragen könne, das heißt an dem Abstand von der Menge, den sein Geist eingenommen hat. Nachdem man einhundertfünfzig Jahre lang die Massen der Gesellschaft fortwährend umworben hat, erhält die Behauptung, daß die Welt, wenn wir sie uns ohne eine Handvoll ausgesuchter Persönlichkeiten vorstellen, aus reiner Torheit und niedrigem Egoismus einen pestartigen Gestank verbreiten würde, einen blasphemischen Beigeschmack.

Die Dinge liegen so, daß das breite Publikum, wie es gestern Wagner auszischte, heute Debussy auszischt. Wird mit diesem nicht das gleiche wie mit jenem geschehen? Nach vierzig Jahren haben sich die Leute entschieden, Wagner mit Beifall aufzunehmen, und in diesem Winter konnte das Königliche Theater kaum die musikbegeisterte Schar der inbrünstigen Wagnerianer fassen. Immer geschieht das gleiche. Es war also notwendig, daß Wagners Musik ihre Neuheit einbüßte, daß ein großer

Teil ihrer Wirkung und frühlingshaften Bildkraft verrauchte, daß seine Opern von der Zeit ausgezehrt und zu ein paar traurigen und schulmeisterlichen, einer Geologieabhandlung entstiegenen Landschaften – Felsgestein, gigantische Flora, Saurier, wilde blonde Recken – wurden, damit die Menge den Augenblick für gekommen hielt, sich von ihr rühren zu lassen. Wird Debussy das gleiche Los zuteil werden?

Wahrscheinlich nicht. Wenn alles Neue unpopulär ist, so gibt es andererseits Dinge, die es bleiben, selbst wenn sie ein hohes Alter erreicht haben. Es gibt Musikarten, es gibt Verse, Bilder, wissenschaftliche Ideen und moralische Haltungen, die dazu verurteilt sind, vor der Menge eine unaufhebbare Jungfräulichkeit zu bewahren.

In gewisser Hinsicht kann man von ganzen Kulturen sprechen, die unpopulär sind.

Wenn man die asiatischen Kulturen mit den europäischen vergleicht, bemerkt man augenblicklich, daß es in jenen Kulturen kaum Motive und Prinzipien gibt, die der Menge und dem Gelehrten nicht gemeinsam sind. Die Philosophie des indischen Weisen ist im wesentlichen die gleiche wie die der ungebildeten Angehörigen seiner Rasse. Die chinesische Kunst spricht gleichermaßen das Gemüt des Mandarins wie das des umherziehenden Kulis an. Das traditionelle Bemühen, das sich bei den Asiaten feststellen läßt, die höhere Kultur von der der Menge zu trennen, als seien es zwei unterschiedliche Welten, bedeutet in den Augen eines unparteiischen Beobachters lediglich eine Bestätigung für deren grundsätzliche Übereinstimmung. In der europäischen Kultur war es niemals notwendig, diesen Abstand durch gewaltsame Abgrenzungen zu verdeutlichen, gerade weil er zu offenkundig war. Das Werk, mit dem die abendländische Literatur ihren Schicksalslauf beginnt, die *Ilias*, ist in einer konventionellen Sprache verfaßt, die kein Volk jemals gesprochen hat, und sie wurde innerhalb eines verhältnismäßig beschränkten Kreises von Fachleuten, den Rhapsoden, geschaffen; jahrhundertelang konnte das glanzvolle Epos nur bei den höfischen Festen des hellenischen Feudalismus vorgetragen werden. Die griechische Wissenschaft, die Stammutter allen abendländischen Wissens, beginnt sogleich mit derartigen Paradoxien, so daß die Menge *ipso facto* darauf verzichtete, deren geheimnisvollen Bereich zu betreten. Hierher rühren der Haß und die tiefverwurzelte Feindschaft der Menge, wie diese sie der schöpferischen Minderheit gegenüber empfindet und die in beißenden Rauchschwaden die ganze europäische Geschichte durchziehen, bei den großen Zivilisationen des Orients jedoch völlig fehlen.

Innerhalb unserer eigenen Kultur verändert sich, den einzelnen Epochen entsprechend, der Koeffizient der Popularität ihrer Schöpfungen. Heute zum Beispiel erleben wir eine Zeit, in der alles, was die gegenwärtig repräsentativen Gelehrten und Künstler schaffen, äußerst unpopulär ist. Wie könnten auch die Mathematik und Physik der Gegenwart populär sein? Die Ideen Einsteins zum Beispiel werden auf dem ganzen Erdenrund nur von ein paar Dutzend Köpfen gerade verstanden, noch nicht einmal beurteilt.

Ich meine, der Grund für dieses Unverständnis verdient höchstes Interesse. Man schreibt ihn im allgemeinen der Schwierigkeit heutiger Wissenschaft und Kunst zu. »Sie sind dermaßen schwierig«, sagt man. Wenn wir alles als schwierig bezeichnen, was wir nicht verstehen, so sind sie es ohne Zweifel; doch in einem solchen Fall haben wir nichts erklärt. In einem konkreteren Sinn sagen wir aus Gewohnheit, schwierig sei das Verwickelte und Komplizierte. Nun ist es aber in diesem Sinne falsch, der Wissenschaft oder der Kunst, die wir heute hervorbringen, eine besondere Schwierigkeit zuzuschreiben. Eigentlich sind Einsteins Theorien höchst einfach, zumindest einfacher als die Keplers oder Newtons.

Ich glaube, daß die Musik Debussys zu jener Art von Dingen gehört, die unaufhebbar unpopulär sind. Alles legt die Überzeugung nahe, daß sie das Schicksal der ihr in Lyrik und Malerei entsprechenden Stilarten teilen wird. Sie ist die jüngere Schwester der symbolistischen Lyrik – Verlaine, Laforgue – und des Impressionismus in der Malerei. Nun werden aber Verlaine oder bei uns Rubén Darío niemals so populär werden, wie es Lamartine oder Zorrilla waren, und Claude Monet wird stets weniger Sterblichen gefallen als Meissonier oder Bouguereau. Und trotzdem halte ich es für unbestreitbar, daß Verlaines Kunst weitaus einfacher ist als die Victor Hugos oder Núñez de Arces, wie auch die Impressionisten ungeheuer weniger kompliziert sind als Raffael oder Guido Reni.

Es handelt sich also um eine Schwierigkeit anderer Art, und die Musik Debussys eignet sich am besten, um vorzuführen, worin diese Schwierigkeit besteht. Denn niemand, denke ich, wird bestreiten, daß die populären Komponisten Beethoven und Wagner unvergleichlich komplizierter sind als der unpopuläre Autor von *Pelléas et Mélisande.* »C'est simple comme bonjour« (»Das ist kinderleicht«), hat Cocteau vor kurzem gesagt, als er über die neue Musik sprach. Beethoven und Wagner hingegen sind äußerst verschlungene Architekturen, und das breite Publikum beweist, indem es sie versteht, daß es vor dem Komplizierten nicht zurückschreckt, vorausgesetzt, der Künstler behält eine der Menge eigentümliche Haltung bei, die der des Publikums entspricht. Nach meiner Ansicht ist dies die ganze geheimnisvolle Schwierigkeit, die beim Hören der neuen Musik gewöhnlich auftritt: Sie ist überaus einfach in ihren Mitteln; sie bezieht ihre Inspiration jedoch aus einer geistigen Haltung, die der der Menge radikal widerspricht. So ist sie denn nicht unpopulär, weil sie schwierig ist, sondern sie ist schwierig, weil sie unpopulär ist.

Auf dem einen oder anderen Umweg, in dem einen oder anderen Sinn werden wir immer anerkennen, daß Kunst der Ausdruck von Gefühlen ist. Sie ist gewiß nicht allein das; doch es erscheint uns als das Wesentlichste, was es in ihr gibt. Was bleibt vor allem von der Musik, wenn wir von ihrer Fähigkeit absehen, Empfindungen auszudrücken?

Wenn man es daher etwas genauer beurteilt, so ist das Thema der Kunst, vor allem das der Musik, immer gefühlsbestimmt, und wenn ihr Stil sich ändert, so geht sie vom Ausdruck der Gefühle einer Art dazu über, Gefühle einer anderen Art auszudrücken.

Man stelle sich irgendein Stimmungsbild vor, zum Beispiel eine grünende Flur, die der Frühling mit seiner Blütenpracht beherrscht. Wenn der besonnene Geschäftsmann, der tugendhafte Lehrer oder der treuherzige Beamte ihrer ansichtig werden, fühlen sie, daß ein üppiger Schwall wohliger Empfindungen sie überströmt. Es sind Gefühle, wie sie jeder mittelmäßig veranlagte Mensch unter dem Einfluß des pflanzlichen Lebenshauchs und des Lichterfestes empfindet, die in einer solchen Jahreszeit die Natur mit ehrenhafter Pünktlichkeit spendet. Holt einen großen Komponisten und laßt ihn die philisterhaften und mittelmäßigen Gefühle der Menge vertonen. Das Ergebnis wird jener Satz der 6. Symphonie sein, dessen Titel *Erwachen heiterer Empfindungen bei der Ankunft auf dem Lande* lautet. Der Satz verdient Bewunderung: Unmöglich kann man vollkommener so vollkommen triviale Empfindungen ausdrücken.

Nun wird aber ein Mann von verfeinerter Empfindungskraft der grünenden Flur ansichtig, ein Künstler, der diesen Namen wahrhaftig verdient. Wenn der Zufall in ihm jene ursprünglichen, mittelmäßig gearteten Gefühle aufkeimen läßt, so wird es ihn drängen, sie voller Scham zu ersticken, und er wird nur den Regungen freien Lauf lassen, die ihren Ursprung in der künstlerischen Seite seines Geistes haben. Er wird seine Reaktionen als Dutzendmensch unterdrücken, ausschließlich seine Gefühle als Künstler auswählen und zurückbehalten. Wenn ein Komponist von geringerem Gewicht als Beethoven die ästhetischen Gefühle eines solchen Mannes, und nur sie, in Harmonien umsetzt, so wird als Ergebnis *L'Après-midi d'un faune* Debussys entstehen.

In der 6. Symphonie sehen der besonnene Geschäftsmann, der tugendhafte Lehrer, der treuherzige Beamte und das Ladenmädchen ihre eigenen Gefühlsregungen vorbeiziehen, und wenn sie diese wiedererkennen, sind sie dankbar bewegt. *L'Après-midi d'un faune* hingegen spricht zu ihnen in einer Ausdrucksweise der Gefühle, die sie niemals gebraucht haben und die sie nicht verstehen können. Nichts ist schwieriger für die Wesensart eines Nichtkünstlers, als jene Wendung, jenen einzigartigen Hang unseres Gemüts nachzuvollziehen, denen folgend es seine wunderreichen ästhetischen Abbilder hervorbringt.

Nach meiner Ansicht ist dies der wahre Grund für die Unpopularität, zu der die neue französische Musik verurteilt ist. Debussy hat in *L'Après-midi d'un faune* die grünende Flur geschildert, die ein Künstler sieht, nicht jene, die der brave Bürger sieht.

Die romantischen Komponisten und selbst Beethoven haben gewöhnlich ihr melodisches Talent dem Ausdruck der ursprünglichen Gefühle gewidmet, die den braven Bürger heimsuchen. Das gleiche machten in ihren Versen die Dichter bis 1850. Die Romantik gehört zu der zahlreichen Nachkommenschaft, die von den politischen und ideologischen Revolutionen des 18. Jahrhunderts in die Welt gesetzt wurde. Deren Ergebnis ist schließlich der Machtantritt des Bürgertums. Die Proklamation der Menschenrechte, die in der Theorie etwas Erhabenes hatte, wurde faktisch zum Sieg der Rechte des braven Bürgers. Wenn man den Menschen gleiche Bedingungen für den Kampf ums Dasein verschafft, so ist es sicher, daß die Schlechteren siegen werden, weil sie die Mehrheit sind. Durch die monomanische und gereizte Zurschaustellung der Rechte, die jeder einzelne besitzt, wurde bis heute der demokratische Geist geprägt. Ich nehme an, daß dieser erste Versuch einer Demokratie mißlingen wird, wenn man ihn nicht vervollständigt. Der Proklamation der Rechte muß man eine Proklamation der Pflichten hinzufügen. Die empfindsamsten Geister unserer Zeit beginnen, da sie es nicht mehr ertragen können, in ihrem Umkreis nur Leute zu sehen, die drohend ihre Rechte verfechten, eine gewisse Ruhe in der Betrachtung des Mittelalters zu suchen, das vor den Gedanken des Rechts den Gedanken der Pflicht setzte. *Noblesse oblige* war der bewundernswerte Wahlspruch einer inbrünstigen Epoche, die der edle Drang, emporzustreben und zu schaffen, ganz in seinem Bann hielt. Die Demokratie hat Rechte; der Adel hat Pflichten.

Da nun die Demokratie die politischen Rechte anerkennt, die jeder Mensch allein durch seine Geburt besitzt, proklamierte die Romantik die Kunstrechte jedes Gefühls lediglich durch die Tatsache, daß es empfunden wird. Stets bringt die Freiheit einige Vorteile: Das Recht auf die freie Entfaltung der Persönlichkeit ist in der Kunst außerordentlich fruchtbar, wenn die Persönlichkeit, die sich entfaltet, unser Interesse verdient. Doch wird eine solche Freiheit nicht verhängnisvoll sein, wenn die Gefühle, denen man freien Lauf läßt, albern oder gemein sind?

Musik und Dichtung der Romantik waren ein unablässiges Bekenntnis, in dem jeder Künstler uns mit beachtlicher Schamlosigkeit seine Gefühle eines einfachen Bürgers auseinandersetzte. Mitunter war der einfache Bürger, der im Künstler steckte, das vortreffliche Urbild eines Menschen, der eine edle, beseelende oder geniale Empfindungskraft besaß. Dann – und so ist es bei Chateaubriand, Stendhal und Heine – hat die Frucht der Romantik einen Wohlgeschmack, der den jedes anderen Kunststils in Vergessenheit geraten läßt. Da es jedoch weitaus leichter ist, ein großer Künstler als ein interessanter Mensch zu sein, hat es sich am häufigsten ereignet, daß man uns mit ausgezeichneten musikalischen und dichterischen Mitteln die Gefühle eines Ladengehilfen beschreibt, damit wir sie teilen sollen.

Da haben wir zum Beispiel einen Mann, der seine Geliebte verloren hat und einen See besucht, auf dem er ein Jahr zuvor gemeinsam mit ihr eine liebesbesessene und vermutlich sonntägliche Rundfahrt unternommen hatte. Es ist ungeheuer wahrscheinlich, daß die Gefühle jenes Mannes entsetzlich trivial sind. Selbst im besten Fall werden sie keine ästhetischen Gefühle sein. In einer derartigen Situation werden einen zeitgenössischen Künstler, wenn er ebenfalls ein kleines mitfühlendes Herz besitzt, Empfindungen heimsuchen, die denen ganz ähnlich sind, wie sie irgendein anderer Mensch, ein Nichtkünstler, erlebt. Da er jedoch versteht, daß die Kunst nicht nur eine schöne Verzierung ist, eine Art Aufputz, die man einem außerästhetischen Thema gibt, wird er mit dem heiligen Zorn eines Musenfreundes den Gedanken von sich weisen, solche Gefühlsregungen in Reime zu fassen. Lamartine hingegen wird sie, ohne eine einzige auszulassen, mit beispielhafter Unerschrokkenheit in Verse setzen, und da haben wir das berühmte und unerträgliche Gedicht *Le lac* (»Der See«):

»O lac!, l'année à peine a fini sa carrière,
Et, près des flots chéris qu'elle devait revoir,
Regarde!, je viens seul m'asseoir sur cette pierre
Où tu la vis s'asseoir!«

(»O See, kaum ist's ein Jahr, daß mir die Engelreine
Ein Wiedersehn verhieß an deiner theuren Flut;
Doch einsam rast' ich heut, sieh her, auf diesem Steine,
Auf dem einst sie geruht!«)*

Genau das ist die romantische Musik: der Ausdruck des Gemeinplatzes im Gefühlsbereich, eine unterwürfige Verbeugung vor dem besonnenen Geschäftsmann, dem Gemeindebeamten, dem tugendhaften Lehrer und allen Ladenmädchen.

* zit. nach: Alphonse de Lamartine, *Der See*, in der Übersetzung von Emanuel Geibel und Heinrich Leuthold, in: Poesie der Welt, Frankreich, Edition Stichnote im Propyläen Verlag Berlin 1979, S. 157.

II

Die Einwände, die ich gegen die allgemeine Richtung der romantischen Musik vorgebracht habe, bedeuten keine Geringschätzung der romantischen Gesinnung. Derart fern liegt mir, so etwas zu empfinden, daß ich jene glühende Revolution der Geister immer für eines der ruhmreichsten Abenteuer der Geschichte gehalten habe. Vor deren Eintreten nannte man die Gefühle vorzugsweise *Leidenschaften* und *Pathos*; das heißt, sie waren von vornherein der Pathologie, dem Krankenhaus, dem Beichtstuhl oder auch geradewegs der Hölle zugeteilt. In den zweiten Kreis seiner Hölle versetzt Dante die leidenschaftlichen Geschöpfe,

> *»che la ragion sommettono al talento«*
> *(»weil die Vernunft dem Trieb sie unterworfen«),**

das heißt: dem Gefühl. Ein schwarzer und unaufhörlicher Sturmwind reißt sie mit sich, und indem die gefühlsbeherrschten Seelen über dem leeren Raum schweben und lange dunkle Reihen »wie zur kalten Zeit die Stare«** bilden, führen sie ihren ewigen Sühneflug aus. Und ein ernstes Zeichen für unsere tiefverwurzelte romantische Gesinnung ist, wenn wir Paolo und Francesca eng umschlungen vorüberziehen, gleich schwarzen Vögeln den sturmgepeitschten Nebel durchschneiden sehen, daß ihre Verzückung sich auf uns überträgt und wir ihrem verhängnisvollen Flug folgen möchten, weil wir fühlen, wie die höllische Windsbraut unsere Lenden peitscht. Nichts anderes bedeutet es, daß die Knaben, wenn ein Regiment durchkommt, vom soldatischen Marschrhythmus mitgerissen werden und sich der vorbeiziehenden Heerschar anschließen.

Die Romantik hat die sich in uns regende Fauna der Empfindungen freigesetzt. Dank dieser feierlichen An-

* zit. nach: Dante Alighieri, *Die Göttliche Komödie*, aus dem Italienischen übertragen von Karl Witte, durchgesehen von Berthold Wiese, Verlag Philipp Reclam jun., Leipzig 1965, S. 23.
** ebd.

erkennung des Gefühls gibt es seit 1800 in der Literatur zum Beispiel zwei Genuß bereitende Eigenschaften, die zuvor stets gefehlt haben: Farbe und Wärme. Von erhabenen Ausnahmen abgesehen, erscheinen uns heute jeder Vers, alle Prosa, die vor der Romantik geschrieben wurden, als seelenlose Materie, als tote Körper mit bleichen Gliedern und Adern, in denen kein Blut pulsiert. Ein lateinischer oder griechischer Textabschnitt fühlt sich eisig an wie Bronze oder Marmor. Goethe und Chateaubriand haben die Empfindung in die literarische Kunst eingebracht: Heldenhaft schnitten sie sich die Pulsadern auf und ließen den lebenspendenden Fluß ihres Blutes durch den engen Graben des Verses und den gewundenen Mündungstrichter der Satzperiode rinnen.* Wir alle, die wir heute schreiben, sind mehr oder minder treue Enkel dieser beiden Halbgötter. Selbst Pío Baroja, der Chateaubriand verabscheut, tut im Grunde nichts anderes, als jene Haltung weiterzuführen, die der französische Vicomte im Wald von Combourg als erster einnahm. Was ist der Held seines letzten Romans – *La sensualidad pervertida* (Die entartete Sinnlichkeit) – denn anderes als ein gichtkranker René ohne stolzes Wappen, den die Frauen nicht beachten?

Doch die erste Stufe der feierlichen Anerkennung des Gefühls, die im strengen Sinne romantische Epoche, erwies sich als unzulänglich. Wie ich bereits gesagt habe, proklamiert sie ein Recht und vergißt die dazugehörige Pflicht, ohne die jegliches Recht unbegründet und fruchtlos ist. Ein jeder hat in der Kunst das Recht, auszudrücken, was er fühlt. Sehr gut – vorausgesetzt, er verpflichtet sich, das zu fühlen, was er muß.

* Goethe sagte in den letzten Tagen seines Lebens, als wollte er es damit kurz umreißen: »Wenn ich aber aussprechen soll, was ich den Deutschen überhaupt, besonders den jungen Dichtern geworden bin, so darf ich mich wohl ihren *Befreier* nennen; denn sie sind an mir gewahr geworden, daß, wie der Mensch von innen heraus leben, der Künstler von innen heraus wirken müsse, indem er, gebärde er sich, wie er will, immer nur sein Individuum zutage fördern wird.« (zit. nach: Goethe, *Ein Wort für junge Dichter*, Berliner Ausgabe, Band 17, Aufbau-Verlag 1970, S. 714.)

Die Befreiung hat in der Kunst oder in der Politik nur einen Wert als Übergang von einer unvollkommenen zu einer vollkommeneren Ordnung. Der politische Liberalismus befreit die Menschen vom *Ancien régime*, das eine ungerechte Ordnung war, und dafür erkennt er allen durch ihre Geburt gewisse Mindestrechte zu. Bleibt man bei diesem Übergangsstadium stehen, das nur als Negation der früheren Zwangsherrschaft einen Sinn hat, so macht man auf halbem Wege halt. Hieraus erklärt sich der provisorische und unbeständige Charakter, der allen Institutionen der heutigen Demokratie aufgeprägt ist. Es macht sich erforderlich, weiter vorzudringen und die neue Ordnung, das *Nouveau régime*, zu schaffen, die neue Gesellschaftsstruktur, die neue Rangfolge. Es genügt keine Gesetzgebung über allgemeine Mindestrechte, die alle Katzen grau macht: Notwendig sind die unterscheidenden und höchsten Rechte, ein System von Hierarchien. Alle Krisen, die gegenwärtig die Welt in Unruhe versetzen, sind unerläßlich, damit die Gesellschaft sich wieder zu einer neuen Aristokratie ordnen kann.

Ebenso beruht die innerste Bestimmung der Romantik auf dem Glauben, daß die Empfindungen einen tieferen Bereich der menschlichen Seele als Vernunft und Willen bilden, die einzigen Kräfte, die in der Vergangenheit beachtet wurden, und daß jener Bereich wie diese für eine Ordnung, ein Regelsystem, eine Hierarchie, kurzum, für eine Kultur geeignet ist. In diesem Sinn sind wir heute alle Romantiker, und ich bin es uneingeschränkt. Wenn Dante die *ragion* (Vernunft) dem Gefühl entgegensetzt, so meint er die intellektuelle Vernunft. Doch es verhält sich so, daß es außerdem eine Vernunft des Gefühls gibt, eine *raison du cœur* (Vernunft des Herzens), wie Pascal sagte, die, weil sie aus dem Herzen kommt, nicht weniger vernünftig ist als die andere. Ihr Hervortreten und ihre Ausbildung sind das große Thema unserer Epoche, das Comte bereits vorausahnte, als er eine *organisation des sentiments* (Ordnung der Gefühle) forderte.

Auf die erste Romantik der Befreiung folgt diese zweite, die vor Jahren in der Kunst begann und die Auslese und Hierarchie zu ihrem Wahlspruch gemacht hat. Daher ist es unserer Meinung nach durchaus nicht gleichgültig, was in der Musik gefällt und was nicht gefällt. Es macht sich erforderlich, aufs neue gegen die Anarchie der Geschmacksurteile zu wirken, die das Niveau der europäischen Empfindungsfähigkeit ernsthaft herabgedrückt hat.

Die Kunst entwickelt sich unbeirrbar auf eine fortschreitende Läuterung hin; das heißt, sie entfernt nach und nach alles aus ihrem Inneren, was nicht rein ästhetisch ist.

Die Braut Pedros stirbt, und er empfindet die dementsprechende Trauer. Diese Trauer ist ein ursprüngliches Gefühl, das aus unserem aktiven und lebensnotwendigen Umgang mit den Dingen erwächst – und gerade deshalb ist es nicht künstlerisch, ist es nicht ästhetisch. Wenn Pedro sich damit nicht zufriedengibt, seinen Schmerz wie jeder beliebige andere zu äußern, und obendrein eine Sonatine über seine Trauer komponiert, hat er etwas künstlerisch ausgedrückt, was nicht ästhetisch ist.

Pablo, der Mitfühlende, und Juan, der Künstler, sind Zeugen des Unglücks, das Pedro heimsucht. Der erste folgt seiner Veranlagung und läßt sich vom Kummer seines Freundes anstecken ... er spricht ihm sein Beileid aus, es zerreißt ihm das Herz, er erlebt den Schmerz seines Nächsten mit. Juan, der Künstler, widersteht dieser Ansteckungsgefahr, und indem er einen geistigen Abstand zwischen sich und der von ihm beobachteten Trauer legt, bleibt er ein reiner Zuschauer, wenn auch ein künstlerischer Zuschauer. Das Schauspiel der schmerzlichen Stimmung, das der kummervolle Liebende bietet, erweckt in ihm abgeleitete Gefühle, die nicht diejenigen eines Teilnehmenden, sondern die eines ästhetischen Betrachters sind. Wenn er hierauf diese seine Empfindungen in klare Töne überträgt, haben wir das Urbild einer Schöpfung vor uns, bei der nicht nur das Ausdrucksmittel, sondern auch das ausgedrückte Thema künstlerisch sind.

Klarer und eindeutiger könnte ich den Unterschied zwischen der romantischen Musik und der neuen Musik, zwischen Schumann und Mendelssohn einerseits und Debussy und Strawinsky andererseits, nicht formulieren. Pedro, der trauernde Bräutigam, ist Mendelssohn, Juan kann Debussy sein; was Pablo, den Mitfühlenden, betrifft, so erkenne ich ihn oft in dem Publikum wieder, das sich für die Melodienbögen des Erstgenannten begeistert.

Alle anderen Unterschiede zwischen der alten und der neuen Musik, vor allem auf technischem Gebiet, leiten sich von diesem grundlegenden her: Es handelt sich um zwei Stile, die weit voneinander entfernte Gefühlsschichten ausdrücken. Für den einen ist Kunst die schöne Hülle, mit der man das Gewöhnliche überdeckt. Für den anderen ist Kunst ein ungestümer Imperativ lauterer Schönheit. Damit nehmen sie automatisch zwei unterschiedliche Stufen in der ästhetischen Hierarchie ein. Das ist keine Frage des freien Willens. Wenn man Mendelssohn über Debussy stellt, so ist das ein subversiver Akt: Es bedeutet, das Niedrigere zu verherrlichen und das Höhere zu entweihen. Das ehrbare Publikum, das dem *Hochzeitsmarsch* applaudiert und die *Ibéria* des überragenden Modernen auspfeift, übt einen künstlerischen Terrorismus aus.

Den gleichen ästhetischen Rangunterschied finden wir zwischen Romantikern und Modernen, wenn wir von der Stilanalyse zu Betrachtungen übergehen, wie beide Musikarten genossen werden.

Denn das Kunstwerk ist wie eine Landschaft, die erst das Höchstmaß an Schönheit darbietet, wenn man sie von einem bestimmten Gesichtspunkt aus betrachtet. Mehr noch: Ich glaube, um Musik und Malerei vor dem sie bedrohenden Untergang zu retten, wäre es dringend notwendig, eine ganze Lehre des Genusses, ein Wissensfach und eine Technik der lustvollen Aneignung, eine Kunst der Kunst auszubilden.

Doch ich möchte ein derart bedeutsames Unternehmen jetzt nicht weiter verfolgen und hier lediglich bemerken, daß unsere Seele zwei antagonistische Haltungen besitzt, deren sie sich abwechselnd bedient, wenn sie sich auf den Genuß von Musik einstellt. Einige neuere Psychologen haben diese zwei Haltungen *Konzentration nach innen* und *Konzentration nach außen* genannt.

Zuweilen entspringt im innersten Grunde unseres Wesens eine Quelle lustvoller Erinnerungen. Dann scheint es, als schlössen wir uns von der Außenwelt ab, und während wir uns ganz in uns selbst zurückziehen, bleibt unsere Aufmerksamkeit dem inneren Quellgrund verhaftet, so daß wir uns selbstversenkt des tremolierenden Sprudelns der funkelnden Nachklänge erfreuen. Diese Haltung ist die Konzentration nach innen. Wenn auf einmal Pistolenschüsse von der Straße zu hören sind, tauchen wir aus unserer Selbstversenkung auf und öffnen uns zur Außenwelt, und während wir auf den Balkon hinaustreten, werden wir, wie man zu sagen pflegt, unserer fünf Sinne wieder mächtig und widmen unsere ganze Aufmerksamkeit dem Ereignis, das auf der Straße vor sich geht. Dies ist die Konzentration nach außen.

Wenn wir nun Beethovens *Romanze in F-dur* oder eine andere typisch romantische Musik hören, genießen wir sie gewöhnlich nach innen konzentriert. Sozusagen den Rücken dem zugekehrt, was da auf der Violine geschieht, achten wir auf den Fluß von Empfindungen, die sie in uns erregt. Uns interessiert nicht die Musik um ihrer selbst willen, sondern ihr unwillkürlicher Widerhall in uns, die regenbogenfarbene Staubwolke der Gefühle, die der vergängliche Klang in unserem Innern mit seinem flüchtigen Schritt aufwirbelt. In gewisser Hinsicht genießen wir also nicht die Musik, sondern uns selbst. In einem derartigen musikalischen Bereich wird die Musik zum bloßen Vorwand, zur Triebfeder, zum Anstoß, die den leichten Hauch unserer Empfindungen zum Verströmen bringen. Die ästhetischen Werte sind daher eher den Empfindungen verhaftet als der objektiven musikalischen Linie, der Heerschar von Klängen, die über die Brücke der goldgelben Violine stürmt. Ich würde sagen, daß wir die *Romanze in F-dur* hören, aber dem eigenen inneren Gesang lauschen.

Debussys oder Strawinskys Musik fordert uns zu einer entgegengesetzten Haltung heraus. Anstatt auf den Widerhall zu achten, den diese Musik in unseren Gefühlen hervorruft, schenken wir unser Gehör und unsere ganze beharrliche Aufmerksamkeit den Klängen selbst, dem bezaubernden Vorgang, der da gerade im Orchester wirklich stattfindet. Wir nehmen ein Klangereignis nach dem anderen auf, kosten es aus, beurteilen seine Farbe, ja, man könnte sogar sagen, seine Form. Diese Musik ist etwas, was nicht zu unserem Innern gehört: Sie ist ein entferntes Objekt, dessen Ort sich völlig klar außerhalb unseres Ichs ermitteln läßt und vor dem wir uns als reine Betrachter fühlen. Wir genießen die neue Musik in der Konzentration nach außen. Sie selbst interessiert uns, nicht ihr Nachhall in uns.

Zahlreich und vielfältig sind die Folgerungen, die sich aus dieser Beobachtung entnehmen ließen. Wenn ich auch nichts von Musik verstehe – darüber soll der Leser nicht den geringsten Zweifel hegen –, wage ich dennoch, sie den jungen Kritikern der musikalischen Kunst anzuempfehlen.

Davon möchte ich zum Schluß nur diese persönliche Bemerkung ableiten: Jeder Kunststil, der von den unwillkürlichen Wirkungen lebt, die er durch Widerhall und Übertragung in der Seele des Publikums erreicht, ist naturgemäß eine niedrige Kunstform. Melodrama, Feuilleton und pornographischer Roman sind extreme Beispiele für ein künstlerisches Schaffen, das seine Lebenskraft aus dem im Leser hervorgerufenen unwillkürlichen Widerhall bezieht. Man beachte, daß ihre Wirkungskraft, ihr Erregungsvermögen nichts anderem gleichzustellen ist. Dies verdeutlicht, wie falsch es ist, zu glauben, der Wert eines Kunstwerkes lasse sich an seiner

Fähigkeit messen, in Verzückung zu versetzen und das Innere der Menschen aufzuwühlen. Wenn es so wäre, müßten Juckreiz und Alkohol die höchsten Kunstgattungen sein.

Nein; jedes Vergnügen, das von einer unwillkürlichen Eingebung, einer Gefühlsübertragung hervorgerufen wird, steht niedrig, weil es unbewußt ist. Man genießt bei ihm nicht das Werk, das es herbeiführt, sondern dessen spontane Wirkung. Das Atom, das von einem anderen Atom angestoßen wird, spürt, daß es in den leeren Raum geschleudert ist, aber es weiß nicht, durch wen oder warum. Kunst ist Betrachtung und kein gewaltsamer Anstoß. Dies setzt einen Abstand zwischen dem Sehenden und dem Gesehenen voraus. Die Schönheit, die höchste Auszeichnung, beansprucht, daß man Abstand wahrt.

Angesichts des schwarzen, heulenden Fluges Paolos und Francescas müssen wir es also verstehen, unsere Verzückung zurückzuhalten; wenn jene uns mitreißen und wir an ihrer tragischen Höllenfahrt teilnehmen, werden wir nicht den reinsten Inbegriff ihrer leidvollen Raserei genießen, sondern nur, wenn wir sie vorüberziehen lassen, den beiden liebestrunkenen Flugwesen mit dem aufmerksamsten Blick folgen und hören,

»come i gru van cantando lor lai«
*(»wie die Kraniche wehklagend ziehn«).**

* Dante Alighieri, ebd.

Anregungen zu einer Topographie des spanischen Stolzes

Seit Jahren schon treibt mich der Hochsommer ins Land der Basken. Und stets aufs neue läßt die Berührung mit diesem kraftvollen Menschenschlag in mir dann die Absicht wach werden, etwas über den spanischen Stolz zu schreiben. An der Straße, die von Kastilien nach dem Baskenlande führt, begegnet man in Castil de Peones kurz vor Briviesca dem ersten baskischen Haus. Es ist ein Steinwürfel, an dem es keine weitere Verzierung gibt als ein vorspringendes Dach und ein Wappenschild. Das vorspringende Dach scheint ausschließlich dazu ausersehen, das Wappenschild zu schützen. Was für einen Grund mag es haben, daß angesichts dieser Architektur meine Gedanken jedesmal wieder das Thema *spanischer Stolz* aufgreifen?

Es handelt sich hier keineswegs um eine zufällige Ideenassoziation, die irgendeiner persönlichen Laune entspringen würde. Nein, zwischen dem Begriff des spanischen Stolzes und dem plastischen Bild des Baskenhauses bestehen klare und sinnvolle Zusammenhänge, die zu untersuchen und zu beschreiben nicht ohne Reiz ist.

Der Stolz ist unsere Nationalleidenschaft, unsere Hauptsünde. Der spanische Mensch ist nicht geizig wie der Franzose, nicht trunken und schwerfällig wie der Angelsachse, nicht sinnlich und komödiantenhaft wie der Italiener. Er ist stolz, unendlich stolz. Dieser Stolz nimmt in einigen Gegenden unserer Halbinsel, vor allem im Baskenlande, extreme Formen an, denen es durchaus nicht an transzendenter Größe fehlt. Die nachfolgende kurze Untersuchung mag als Baustein zu einer Topographie des spanischen Stolzes dienen, die irgendwann einmal zu schreiben wäre. Dieses Nationallaster ist in den verschiedensten Abwandlungen über unser gesamtes Gebiet verbreitet, liegt in manchen Gegenden durchweg offen zutage, während es in anderen wiederum nur unterirdisch vorhanden ist. Jedenfalls glaube ich, daß es beim baskischen Volke seine klarste und geradezu klassische Ausprägung findet. Wer den baskischen Stolz richtig beobachtet hat, dem ist ein Schlüssel zu den übrigen Formen iberischen Stolzes gegeben, und er vermag das Tor zu öffnen, das die unterirdischen Gewölbe der spanischen Geschichte verschließt.

Aber was ist Stolz denn eigentlich?

Zur anatomischen Struktur des Stolzes erhält man am leichtesten Zugang, wenn man von einer Erscheinung ausgeht, die – mehr oder minder häufig – im Seelenleben sämtlicher Menschen auftritt. Der Künstler A bemerkt, daß der Künstler B sich für bedeutender hält oder für bedeutender gehalten wird. Diese Erkenntnis wird A unter Umständen ohne jede leidenschaftliche Aufwallung quittieren. Denn die Überlegenheit, die B sich selber zuerkennt oder von anderen zuerkannt bekommt, hat A innerlich gleichsam vorausgeschaut; er hatte von vornherein das mehr oder minder deutliche Gefühl, dem Fachgenossen B unterlegen zu sein. Und wenn A wahrnimmt, daß B nun auch in aller Öffentlichkeit für überlegen erklärt wird, so stimmt diese Bewertung mit derjenigen überein, die im Inneren von A – vielleicht uneingestanden – bereits vorlag. A begnügt sich damit, von dieser Einstufung Notiz zu nehmen und den ihm selber eingeräumten niedrigeren Rang zu akzeptieren, weil er ihn für angemessen hält.

Es gibt indessen auch Fälle, in denen die Reaktion des A ganz anders ist. Die Tatsache, daß B sich höher einschätzt oder so eingeschätzt wird, ruft in den geistigen Untergründen des A einen wahren Aufruhr hervor. Denn damit, daß B Überlegenheit beanspruchen würde, hätte A niemals gerechnet. Im Gegenteil: A war immer derjenige, der sich innerlich für den Überlegenen hielt. Vielleicht allerdings hat A dieses Werturteil bezüglich des B sich selbst gegenüber niemals klar ausgesprochen.

An dem Schlag aber, den ihm die neue Situation versetzt, zeigt es sich, daß in seinem Inneren eben doch der entschiedene Glaube an die eigene Überlegenheit vorhanden war. A erlebt nämlich eine nicht mehr zu überbietende Bestürzung; es ist ihm, als sei die ganze wirkliche Welt verfälscht und durch eine Pseudowirklichkeit ersetzt worden. Zwischen der Rangstufung, die A für richtig erachtet, und jener anderen, die von den übrigen für richtig erachtet wird, besteht ein solch krasser Widerspruch, daß A, wenn er sich der Meinung der übrigen anschlösse, damit gleichsam der eigenen Vernichtung zustimmen würde. Denn A hat seinen künstlerischen Fähigkeiten im Verhältnis zu B eine bestimmte Wertstufe zugewiesen. Sehen müssen, daß B sich für bedeutender hält, heißt für A, daß er sich in seiner eigenen Substanz geschmälert fühlt. Daher wird seine Individualität an ihrer Wurzel getroffen, und von dieser Wunde geht eine Erschütterung der gesamten Persönlichkeit aus. Die geistige Energie des Künstlers A schließt sich zusammen wie eine Kampftruppe, protestiert gegen die verfälschte Wirklichkeit, pocht auf den eigenen Wert und macht ihr Recht auf den ihr abgestrittenen Rang geltend. Und da die Gebärden, in denen sich seelische Regungen ausdrücken, stets symbolischer Natur und eine Art lyrischer Pantomime sind, geschieht es, daß das Individuum, wenn es innerlich seine Mehrwertigkeit betont, sich äußerlich aufrichtet. Zum Gefühl der Überlegenheit gehört es, daß man Hals und Kopf emporreckt (oder daß die Muskeln sich wenigstens dazu anschicken), wodurch man sich schon rein physisch größer machen will, als der andere ist. Die seelische Regung, die in dieser Gebärde sich ausdrückt, bezeichnet unsere Sprache in feinsinniger Weise als *altanería* (Hochnäsigkeit).

Sicher hat man aus dieser Beschreibung unschwer das herauslesen können, was gemeinhin als die Seelenregung des Stolzes bezeichnet wird. Mit ihr begehren wir gegen eine Wirklichkeit auf, durch die unsere Selbsteinschätzung zunichte wird. Diese Wirklichkeit scheint uns erlogen, unsinnig, und unsere seelische Reaktion zielt darauf ab, sie wenigstens innerhalb der Grenzen unseres Bewußtseins auszulöschen oder zu korrigieren.

Doch ist dieser seelische Vorgang noch kein Stolz im eigentlichen Sinn. Das zu beweisen fällt nicht schwer. Nehmen wir einmal an, jenes Aufbegehren des Individuums gegen die Mehrwertigkeit, die ein anderes ihm gegenüber beansprucht, sei gerecht und habe seinen guten Grund. Niemand wird dann von Stolz sprechen; denn es handelt sich ja um nichts weiter als um eine ganz natürliche Entrüstung, hervorgerufen durch den oder die anderen Menschen, die eine plausible Rangordnung auf den Kopf stellen. Gewiß, solche Reaktionen sind beim stolzen Menschen von abnormer Häufigkeit, aber sie allein machen noch nicht den Stolz aus.

Ihre Beschreibung ist jedoch insofern von Nutzen, als wir dabei in die unmittelbare Nachbarschaft der Seelengegend kommen, darin der Stolz seinen Ursprung hat. Jene innere Auflehnung der Eigenliebe nämlich verrät uns, daß wir, ohne es zu ahnen, im tiefsten Grund unserer Persönlichkeit einen sehr komplizierten Wertmesser haben.* In der uns umgebenden menschlichen Gesellschaft gibt es niemanden, der dort nicht registriert wäre samt dem Logarithmus des Wertverhältnisses, in dem er zu uns steht. Dieser Apparat tritt allem Anschein nach sofort in Tätigkeit, wenn wir von irgendeinem Mitmenschen Notiz genommen haben; er wägt dessen Wert ab und entscheidet, ob er unseren eigenen übertrifft, ihm gleichkommt oder hinter ihm zurückbleibt.

Werfen wir Gegenstände von verschiedener Dichte in eine Flüssigkeit, so wird sich bald zeigen, daß sie darin teils höher, teils tiefer zu liegen kommen. Diese

* Im spanischen Original *balance estimativo*. Der Verfasser bemerkt hierzu: *estimativo* nenne ich alles, was auf Werte und Wertung Bezug hat. Ich knüpfe damit an eine treffliche Tradition an, die von unserem Landsmann Seneca begründet wurde und der die *Stoiker* des 16. Jahrhunderts sich angeschlossen haben.

Platzverteilung ist das Ergebnis dynamischer Wechselwirkung. Man stelle sich vor, den Gegenständen wäre die Gabe des Gefühls verliehen. Dann würden sie die eigene Anstrengung verspüren, dank deren sie sich auf größerer oder geringerer Höhe halten, und sie besäßen etwas, das wir *Niveauempfinden* nennen könnten.

Dieses Gefühl aber ist nun gerade beim Menschen einer der entscheidendsten Wesensbestandteile. Unser Verhalten, allein und im Kreise der Mitmenschen, richtet sich nach der Höhe des menschlichen Niveaus, die wir uns zumessen, wenn wir restlos aufrichtig sind. Und ganz besonders der Charakter einer menschlichen Gesellschaft wird davon abhängen, wie die Individuen, aus denen diese Gesellschaft besteht, sich selber einschätzen. Deshalb könnte von dieser Grundlage, besser als von jeder anderen, eine Charakterkunde der Völker und Rassen ihren Ausgang nehmen.

Es gibt zwei grundverschiedene Arten menschlicher Selbstbewertung. Nietzsche mit seinem genialen Blick für alle Wertphänomene hat dies gesehen. Man trifft Menschen, die nur auf sich selber schauen und nur nach ihrem Selbstgefühl gehen, wenn sie sich einen bestimmten – größeren oder geringeren – Wert zuschreiben. Wir wollen dies als spontane Selbstbewertung bezeichnen. Andere hingegen blicken, wenn sie sich eintaxieren, erst auf die Mitmenschen und auf die Beurteilung, die sie bei diesen gefunden haben. Diese Wertung wollen wir die reflektierende nennen. Im Seelenleben des Individuums dürfte es schwerlich eine wichtigere Grundtatsache geben als die jeweilige Bewertungsart. Es handelt sich hier um eine elementare Veranlagung, in welcher der ganze übrige Charakter wurzelt. Man zählt *a nativitate* zum einen oder zum anderen Typ: zu denen, für die es ausschlaggebend ist, wie sie sich selbst einschätzen; oder zu denen, für die es entscheidend ist, wie sie eingeschätzt werden. Der Stolz findet sich nur bei Individuen des ersten Typs, bei denen des zweiten tritt an seine Stelle die Eitelkeit.

Diesen beiden Wesenstendenzen entsprechen zwei entgegengesetzte Richtungen seelischer Gravitation. Die Seele mit der reflektierenden Selbstbewertung gravitiert nach den Mitmenschen hin und lebt aus ihrer gesellschaftlichen Umgebung. Die Seele mit der spontanen Selbstbewertung hingegen trägt ihren Schwerpunkt in sich selbst, und die Meinung der anderen vermag sie niemals entscheidend zu beeinflussen. Aus diesem Grund kann man sich kaum zwei gegensätzlichere Leidenschaften vorstellen als Stolz und Eitelkeit. Sie entspringen konträren Wurzeln und nehmen innerhalb der Seele zwei verschiedene Plätze ein. Eitelkeit ist eine peripherische Leidenschaft, die an der Außenseite der Seele wohnt, während der Stolze den Stolz im tiefsten Grunde seines Inneren trägt.

Hier jedoch gilt es, einem Mißverständnis vorzubeugen. Der Mensch der spontanen Selbstbewertung wird sich zwar nicht darum kümmern, welche Beurteilung er bei den anderen gefunden hat; aber das hat keineswegs zu bedeuten, daß er bei der Eintaxierung der eigenen Person nicht darauf achten würde, was die anderen wert sind. Spontane Selbstbewertung braucht nicht unbescheiden zu sein, es ist durchaus möglich, daß sie gerecht, feinfühlig und treffend ist. Das Individuum hat, wenn es sich auf eine bestimmte Wertstufe stellt, dabei diejenige im Auge, die seines Erachtens dem Mitmenschen angemessen ist.

An diesem Punkte unserer Untersuchung nun erkennen wir ganz klar, was der Stolz ist: er ist ein auf Übertreibung beruhender Irrtum des Niveauempfindens. Bleibt dieser Irrtum in bestimmten Grenzen und betrifft er nur unser Wertverhältnis zu dem einen oder anderen Mitmenschen, so wird er die Färbung unseres Charakters nicht beeinflussen können. Es wird zwar hier und dort ein Fleckchen Stolz zu sehen sein, aber der Mensch als Ganzer wird sich nicht in einen stolzen Menschen verwandeln. Ist der Irrtum aber chronisch und allgemein, so lebt das Individuum in einer fortwährenden Unausgeglichenheit des Niveaus: die oben beschriebenen psychischen Vorgänge vollziehen sich dann unausgesetzt, und da das Gemüt infolge seines Ausdrucksvermögens auf den Körper gestaltend einwirkt wie der Meißel eines Bildhauers, wird die Gebärde des Dünkels zu einem festen Bestandteil der Person und verleiht ihr einen hoffärtigen Habitus.

Der Stolz ist also eine Krankheit des Bewertungsorgans. Die ständige Fehlbewertung der eigenen Person setzt eine kongenitale Blindheit für den Wert der Mitmenschen voraus. Infolge angeborener Mißbildung ist die seelische Pupille, der die Aufgabe zukommt, die auf der Welt vorhandenen Werte wahrzunehmen, nur auf das Subjekt gerichtet, und weil sie unfähig ist, sich zu drehen, sieht sie nicht die Qualitäten des Mitmenschen. Nicht, daß der Stolze sich über seine eigenen Vorzüge Illusionen machen würde. Keineswegs. Aber seinem wertenden Blick sind nur immer die eigenen Werte zugänglich, nicht jedoch die der anderen. Man kann also den Stolz nur dann kurieren, wenn man ihn als Illusion, als Sinnestäuschung behandelt. Denn was man dem Stolzen auch immer sagen mag, alles wird ihm weniger einleuchten als das, was er mit vollständiger Klarheit in sich selber erblickt. So kann man denn nur mittelbare Methoden anwenden. Man muß mit ihm umgehen wie mit einem Blinden.

Das Gegenteil des Stolzes ist weniger die Demut als die Würdelosigkeit; der Würdelose hat keine Achtung vor sich selbst; seine Wertpupille erkennt noch nicht einmal jene kleinen und kleinsten Werte, wie man sie an jedem menschlichen Wesen finden kann. So würde man von ihm vergeblich ein würdiges Benehmen verlangen; würdiges Handeln erschiene ihm wie ein Betrug, wie eine plumpe Eitelkeit; denn er wäre dadurch ja aufgefordert, sich selbst zu achten, sich selbst, den er so gänzlich verachtet.

Hervorgegangen aus einer seelischen Blindheit für menschliche Werte, die nicht im Subjekt selber liegen, ist der Stolz ein Symptom allgemeiner geistiger Abschließung. Er setzt eine psychische Lage voraus, in der die Seele die übertriebene Neigung zeigt, in sich selbst ihren Schwerpunkt zu suchen, sich selbst zu genügen. Wenn der Stolz im Alltagsspanischen *suficiencia* (Süffisanz, das heißt eigentlich Genügsamkeit) genannt wird, so ist damit der wirkliche Sachverhalt ganz richtig durchschaut. Der wahrhaft Stolze genügt sich selbst, einfach deshalb, weil er das außerhalb seiner Person Gelegene nicht erkennt. Darum sind die stolzen Seelen durchweg so unzugänglich, so verschlossen, so bar jener Wißbegier, die eine Art aktiver geistiger Durchlässigkeit ist. Es fehlt ihnen die angenehme Ungezwungenheit, und sie haben eine krankhafte Furcht vor dem Lächerlichwerden. Ihr Leben ist gekennzeichnet durch eine erstarrte Haltung: durch jenes Grandseigneurgehaben, jene *grandeza*, über die der Ausländer beim Kastilier und beim Araber immer so sehr erstaunt ist.

Die stolzen Menschenrassen sind also würdevoll, aber auch engstirnig und unfähig, am Leben Freude zu finden. Ihr Auftreten jedoch wird stets elegant sein. Das Grandseigneurgehaben besteht einfach darin, daß man sich keiner Sache bedürftig zeigt. *Bedürftig* ist der Plebejer, der Bürger: der Edle hat sein Genügen. Die kindliche Selbstvergessenheit, womit der alte Engländer sich dem Spiel ergibt, das sinnliche Vergnügen, womit der Franzose der reiferen Jahre den Genüssen der Tafel und der Venus huldigt, werden dem Spanier stets als etwas nicht sehr Würdiges vorkommen. Der treffliche Spanier braucht nichts, und weniger als irgend etwas braucht er irgend jemanden.

Aus diesem Grund verhält sich unser Volk dem Neuen gegenüber derart ablehnend. Eine Neuheit ohne weiteres zu akzeptieren, das käme für uns einer Demütigung gleich; denn damit würden wir ja zugeben, daß wir zuvor noch nicht vollkommen waren und daß es außerhalb von uns noch etwas Gutes zu entdecken gab. Dem echten Spanier kommt jede Neuerung glattweg wie ein Affront vor. Das müssen vor allem wir, die wir bemüht sind, den in den spanischen Köpfen eingelagerten Ideenvorrat ein wenig aufzufrischen, stündlich erfahren. Einsteins Theorie wurde von vielen unserer Gelehrten nicht etwa als ein Irrtum (sie haben sich gar nicht die Zeit genommen, sie zu studieren), sondern als eine Vermessenheit betrachtet. Wenn ich die Ansicht äußere, daß das 20. Jahrhundert bereits über einen gewissen Reichtum neuer Ideen und Empfindungen verfügt, so weiß ich, daß sich kaum jemand die Mühe machen wird, den konkreten Inhalt dieser meiner Behauptung auch nur mit einiger Gewissenhaftigkeit durchzudenken; dafür aber findet rings um meine Worte ein allgemeines Aufbäumen verletzter Stolzgefühle statt, das zu beobachten für mich höchst vergnüglich ist.

Mit dem bisher Gesagten aber ist die spezifisch spanische Form des Stolzes noch nicht definiert. Der Stolze praktiziert einen Wertsolipsismus: Werte, schätzbare Qualitäten, Trefflichkeit vermag er nur bei sich selbst zu entdecken. Beim Mitmenschen sieht er sie nie. Dieser Egoismus der Wertwahrnehmung aber kann nun seinerseits wieder das unterschiedlichste Aussehen haben, je nach der Gattung von Werten, der er – stets in den Grenzen des eigenen Ich – den Vorzug gibt. Zum Beispiel ist ein Stolz möglich, der darauf beruht, daß man sich für den gescheitesten, den gerechtesten, den tapfersten oder den kunstverständigsten aller Menschen hält. Begabung, Rechtsgefühl, Mut, erlesener Geschmack sind zweifelsohne Werte ersten Ranges, die im Kulturschaffen des Menschen Verwirklichung finden, aber sie sind bald in stärkerem, bald in geringerem Maße vorhanden; denn sie zählen nicht zu jenen Gaben, die ein jeder Mensch dank seines Geborenseins in sich trägt, sondern stellen seltene, mehr oder minder ungewöhnliche Qualitäten dar, die durch Pflege und Ausbildung, durch Willen und Arbeit vervollkommnet und geläutert werden.

Man stelle sich nun einen Menschen vor, der nicht nur sämtlichen fremden Werten gegenüber mit Blindheit geschlagen ist, sondern darüber hinaus noch (wenn auch nur in seinem eigenen Innern) jenen Höchstwerten, von denen wir soeben sprachen, die Ehrerbietung versagt und ausschließlich den elementaren Qualitäten, wie sie jedem Menschen als einem Vertreter seiner Gattung verliehen sind, Bedeutung beimißt. Erkennt der Leser, welch eine merkwürdige Umkehrung der moralischen und gesellschaftlichen Perspektive sich hieraus ergibt? Was ich beschreibe, ist der baskische Stolz.

Der Baske wähnt, schon dadurch, daß er geboren wurde und ein menschliches Einzelwesen ist, besitze er den höchstmöglichen Wert dieser Welt. Die Unterschiede zwischen schlau und dumm, gescheit und unwissend, schön und häßlich, kunstfertig und ungeschickt fallen sehr wenig ins Gewicht, verdienen kaum Beachtung, gemessen an der so bedeutungsvollen Tatsache, daß man Individuum, lebendiger Mensch ist. Ich glaube, das Meeresniveau muß den Gebirgen gegenüber ein ähnliches Gefühl der Geringschätzung verspüren. Denn was sind schon Höhen von acht- oder neuntausend Metern über dem Meer, verglichen mit der Entfernung zwischen dem Meeresniveau und dem Erdmittelpunkt? Alle Trefflichkeiten und Vollkommenheiten, die über die Fläche des Elementarmenschlichen, des bloßen Existierens und Atmens, hinausragen, sind jämmerliche Auswüchse und keiner Beachtung wert. Das Große und Wertvolle am Menschen ist das Primitive und Urtümliche, das Untergründige, das Stück, mit dem er auf der Erde aufruht. Da aber nun die menschliche Geschichte ein Wettstreit ist, ein Kampf um die Erlangung jener überflüssigen und *oberflächlichen* Vorzüge, die sich Wissen, Kunst, politische Herrschaft und so weiter nennen, kann es einen nicht wundern, daß das baskische Volk am historischen Geschehen so wenig Anteil genommen hat.

Seltsam, daß eine ganz ähnliche Empfindungsweise zu allen Zeiten auch in Rußland zutage trat. Tolstois Religion zum Beispiel besteht in nichts anderem. Das beste Teil am Menschen ist das Elementare; und darum gibt es im Bereich der verschiedenen Gesellschaftsschichten nichts Vollkommeneres, nichts Biblischeres als den Mužik. Wissen ist nur dann würdig, wenn auch der Mužik es zu besitzen vermag. In einem Roman von Andrejew schämt sich ein junger Mann angesichts einer Dirne seiner Anständigkeit und glaubt sich verpflichtet, auf die Ebene jenes Geschöpfes hinabzusteigen, nur um dadurch eine wirkliche Erhebung zu erfahren.

Zu dieser Verkehrung der Wertperspektive aber gelangt die russische Seele nicht aus Stolz, sondern dank eines eigentümlichen kosmischen und religiösen Empfindens, an dem sich die asiatische Herkunft der slawischen Welt erweist.

Beim Basken dagegen entbehrt die auf die untersten menschlichen Werte gegründete Selbstbestätigung des Individuums jeglicher ideologischen oder religiösen Begründung und Atmosphäre. Es ist eine Selbstbestätigung, die ausschließlich von der individuellen Energie gespeist wird, ganz auf sich selbst gestellt lebt und der kühnen Proklamation einer metaphysischen Demokratie, eines transzendenten Egalitarismus gleichkommt. Wer möchte bezweifeln, daß diese Haltung dem Leben gegenüber etwas von wilder, aber auch satanischer Größe an sich hat? Denn es handelt sich ja um keine Gleichheit, die auf Liebe beruhen würde, wie ich überhaupt daran zweifle, daß es auf unserer Welt einen der Liebe entsprossenen Egalitarismus geben kann; denn die Liebe ist ihrem Wesen nach eine große Baumeisterin von Hierarchien, eine große Organisatorin von Annäherungen und Distanzen. Da sich ein jedes Individuum der untersten menschlichen Qualitäten, vor allem des Daseins als solchen und mit ihm des höchsten Wertes in diesem System, erfreut, kann es nicht zugeben, daß ein anderes ihm überlegen sein soll. Innerhalb seiner hermetisch abgesperrten, solipsistischen Welt – jeder Baske lebt in sich selbst eingeschlossen wie ein geistiges Schalentier – ist es ja auch strenggenommen das höchste und einzige. Dadurch aber wird jede individuelle Rangstufung unmöglich, und betreffs der sozialen

Beziehungen, die beim Basken sehr wenig ausgeprägt sind, entscheidet man sich dann mit einigem Grollen für das geringste Übel, willigt in jenes schreckliche, negative, zerstörerische *Alle sind gleich*, das wir, sofern wir mit feinem soziologischem Gehör begabt sind, durch die ganze spanische Geschichte hindurchzuhören vermögen.

Diese negative Demokratie ist das natürliche Ergebnis eines auf die untersten Werte gegründeten Stolzes. Ich hielt es für richtig, ihn am baskischen Beispiel zu erläutern, weil er dort am klarsten, unverfälschtesten und vollständigsten auftritt. Von sämtlichen Volksgruppen der Pyrenäenhalbinsel hat sich meines Erachtens nur der Baske die innere Strenge eines noch unverdorbenen Menschenschlages in voller Kraft bewahrt. Seine Heimat ist der einzige Winkel unserer Halbinsel, in dem man noch eine gesunde und spontane Sittlichkeit antrifft. Die Seelen des Baskenlandes sind rein und stark. Im übrigen Spanien finden wir den nämlichen Stolz, aber entartet und verkommen.

Diese Art Stolz ist eine gesellschaftsfeindliche Macht. Mit ihr kann man kein großes Volk aufbauen, sie führt unrettbar zu einer Degeneration des betreffenden Menschentyps, wie sie beim spanischen Volke ja auch eingetreten ist. Durch die mit ihm verbundene Unfähigkeit, die Vorzüge des anderen zu erkennen, verhindert dieser Stolz die Vervollkommnung der Individuen und die Verfeinerung des Menschenschlags im ganzen. Um selbst besser zu werden, muß man fremde Vollkommenheit bewundern. Die eitlen Völker, wie etwa die Franzosen, haben den ungeheuren Vorzug, daß sie stets zum Bewundern fremder Trefflichkeit bereit sind, was dann den Wunsch erzeugt, auch selber dieser neuentdeckten Qualität und somit der Bewunderung teilhaftig zu werden. Aus diesem Grund hat Frankreich weniger Verfallszeiten erlebt als jedes andere Volk und war stets wohltrainiert und tatbereit.

Der baskische Stolz (und der spanische überhaupt) wird im allgemeinen nur ein paar kleine Landedelleute hervorbringen, die einsam in ihren Steinklötzen hausen, wie der Erbauer jenes Hauses in Castil de Peones, das, weder Hütte noch Palast, uns als erstes Gebäude baskischen Stiles entgegentritt, wenn wir von Kastilien zum Golf von Biskaya reisen.*

* Im folgenden das begriffliche Gerippe der psychologischen Sachverhalte, die im vorliegenden Aufsatz skizzenhaft-summarisch analysiert wurden:

- Selbstbewertung
  - reflektierend
    - normal
    - abnorm = Eitelkeit
  - spontan
    - normal
    - abnorm = Stolz
      - auf höhere Werte gegründet
      - auf niedrigste Werte gegründet = spanischer Stolz

Mallarmé

Am 11. September 1923 fand sich eine Gruppe spanischer Mallarmé-Freunde im Madrider Botanischen Garten ein, um dem Dichter an seinem fünfundzwanzigsten Todestag fünf Minuten schweigenden Gedenkens zu weihen. Anwesend waren: José Ortega y Gasset, Eugenio d'Ors, Enrique Díez-Canedo, José Moreno Villa, José María Chacón, Antonio Marichalar, José Bergamín, Mauricio Bacarisse und Alfonso Reyes.

Das stille Gedenken ist eine Zeremonie unserer Zeit, und man weiß nicht allzuviel vom inneren Gehalt dieses stummen Rituals. Darum richtete der Sekretär der *Revista de Occidente* an jeden der Versammelten die Frage: »Was haben Sie während der fünf Mallarmé-Gedenkminuten gedacht?«

Die Antwort des José Ortega y Gasset lautete wie folgt:

Unser Sekretär von der *Revista* bittet uns, die wir zu Ehren Mallarmés geschwiegen haben, dieses Schweigen zu annullieren und auf den vorliegenden Blättern mitzuteilen, was wir in den bewußten fünf Minuten gedacht haben. Wenn es nicht sehr pedantisch wäre, hätte ich die Gegenfrage gestellt: Herr Sekretär Vela, ich weiß nicht so recht, was Sie von mir wünschen. Was stellen Sie sich denn unter Denken vor? Würden Sie das Bild des Schiefen Turms von Pisa, das in diesem Augenblick zufällig über die Fläche meines Bewußtseins huscht, als Gedanken bezeichnen? Oder verstehen Sie unter Denken jenen Strom von Assoziationen, in dem die Vorstellungen dichtgedrängt dahinziehen wie eine Schafherde durch einen Engpaß? Dann freilich wäre der einzige Vorgang, der wirklich den Namen Denken verdiente, kein solches: ich meine jenen geordneten, planmäßigen, geistigen Prozeß, bei dem wir einem Problem in voller Absicht nachspüren und allem, was nur Assoziation ist, aus dem Wege gehen. Bei der Assoziation läßt die Seele sich untätig flußabwärts treiben, der Willkür des psychischen Passatwindes preisgegeben. Beim verstandlichen Erfassen hingegen üben wir regelrechte Tätigkeiten aus: wir vergleichen, zergliedern, folgern, leiten ab, verleihen Attribute, ordnen usw. Jahrhundertelang hat man geglaubt, Denken und Assoziieren von Ideen sei dasselbe. Heute aber wissen wir, daß die reine Ideenassoziation nur bei Geisteskranken vorkommt: sie ist eine Erscheinung, die man *Ideenflucht* nennt. Ich weiß also nicht recht, worauf Ihre Bitte abzielt. Und eben weil ich nicht ganz klarsehe, andererseits aber keines von den Dingen beiseitelassen möchte, auf die es Ihnen vielleicht ankommt, werde ich mich also auf eine rückschauende Wiedergabe der Vorgänge beschränken, die sich während eines Teils jener fünf Schweigeminuten auf meiner geistigen Bühne abgespielt haben: wollte ich alles erzählen, so wären viele Seiten nötig. So wird denn meine Mitteilung den Charakter eines jener Protokolle haben, wie man sie in der *Experimentalpsychologie des Denkens* anwendet.

Fünf Minuten Schweigen sind viel. Es bangt einem davor, sie wortlos durchschwimmen zu müssen. Sich ablenken zu lassen und zu sprechen aber würde Schiffbruch bedeuten ... »Die Masten, die sich dem Schiffbrüchigen entgegenneigen« (Mallarmé) ... Es ist, als überquerte man einen großen Platz, der menschenleer unter der Sonne liegt: Platzangst ... Die Idee unserer Schweigeminuten stammt von Alfonso Reyes ... Ein Spanier wäre sicher nicht auf diesen Einfall gekommen. Wir Spanier haben eine Scheu vor dem Feierlichen. Es läßt uns erröten. Weshalb? Wir sind ein altes Volk, das ganze Jahrhunderte der Feierlichkeit in seiner Seele trägt: so hat das Feierliche für uns seine ursprüngliche Bedeutung verloren, und wir haben uns daran gewöhnt, es als unecht und entwertet anzusehen. Alfonso Reyes ist Amerikaner. Alfonso ... Reyes ... Alfonso mit dem königlichen Namen ist Amerikaner. Ein junges Volk. Und Jugend gleicht bei Völkern und Individuen einem System kräftig gespannter, gut funktionierender Federn, die mit aller Macht losschnellen. Der junge Mensch ist in allen seinen Empfindungen heroisch, mythisch, bedingungs- und vorbehaltlos. Die Völker, die noch in der ersten Jugend stehen, leben wie die Kinder in fortwährender Premierenstimmung. Alles ist bei ihnen Uraufführung. Ich überfliege in der Erinnerung meine Theorie über die Kleidungssitten der argentinischen Männer ... In diese Theorie blendet sich nun als Vergleichsstück das berühmte amarantfarbene Atlaswams von Leonardo da Vinci ein und steht mir äußerst lebhaft vor Augen ... Soll ich an Mallarmé denken? Versündige ich mich an meinen Freunden, wenn meine Gedanken überall weilen, nur nicht bei ihm? Wahrscheinlich denken jetzt bloß die jungen Völker – Alfonso Reyes aus Mexiko und Chacón aus Kuba – an Mallarmé. Und die übrigen? Ich möchte fast glauben, es geht ihnen wie mir: sie denken, daß sie sich etwas verlegen fühlen. Warum macht einen gemeinsames Schweigen verlegen? Ich resümiere in der Erinnerung meine Theorie des Sich-verlegen-Fühlens.* An welchem Punkt mögen wir nun in unserer Fahrt durch das Meer des Schweigens angekommen sein? Mallarmé spricht einmal über das

* Zur Information des Lesers gebe ich eine kurze Zusammenfassung dieser Theorie. Das Seelische (die Gedanken, die Gefühle usw.) ist seinem Wesen nach eine verborgene, innerliche Realität. Das Gefühl der Verlegenheit entwickelt sich dann, wenn wir glauben, es könnte jemand Einblick nehmen in dieses unser Innenleben, das wir ganz besonders sorgsam verborgen halten möchten. So erklärt es sich zum Beispiel, daß der Lügner verlegen ist. Dies alles aber bildet erst den Anfang der betreffenden Erscheinung. Auf einer weiteren Stufe ergibt es sich, daß wir nun eben diese Verlegenheit verbergen wollen. Wir machen ablenkende Gebärden, husten, fahren mit der Hand durch den Schnurrbart, streichen Falten aus unserm Anzug, um damit zum Ausdruck zu bringen, daß wir *an etwas anderes denken*. Dann aber wollen wir auch verheimlichen, daß wir überhaupt den Wunsch haben, etwas zu verheimlichen, und so fort. Die Verlegenheit bezieht ihre Nahrung aus sich selbst, ihre Entwicklung ist eine fortschreitende Selbstverwirklichung. Wer schon verlegen ist, der wird es immer mehr.

Schweigen. Wo? Bei der Beschreibung der Tänzerin Loie Fuller. Da sagt er: »Sie ist ein Schweigen, umbebt von chinesischem Seidenkrepp ...« Und als er Tanz und Pantomime vergleicht, weist er darauf hin, »daß jedes von diesen beiden auf das andere um seines Schweigens willen eifersüchtig ist«. Sicher spricht er noch an verschiedenen anderen Stellen über das Schweigen, aber sie sind mir nicht im Gedächtnis geblieben. In welchem Sinn kann man Mallarmés Dichtung eine Art beredten Schweigens nennen? Sie besteht im Verschweigen des unmittelbaren Namens der Dinge, der dadurch zu einem köstlichen Rätsel wird. Und gerade dies ist das Wesen der Dichtung, dies und nichts weiter; wenn Dichtung dies nicht ist, so ist sie weder Dichtung noch sonst etwas. Der direkte Name bezeichnet eine Realität; Dichtung aber ist vor allem eine entschlossene Flucht, ein mühsames Ausweichen vor dem Wirklichen, wie der Kunstfahrer im Zirkus sein Rad zwischen Flaschen hindurchsteuert, mit denen er nicht in Berührung kommen darf. Auf der totemistischen und magischen Stufe der Kultur hatte das Individuum zwei Namen: einen, der im geselligen Umgang gebraucht wurde, einen zweiten, geheimen, den nur Vater und Mutter kannten, der aber der eigentliche war ... Mallarmé ist ein Experte jener Sprache, die nur aus geheimen und magischen Namen besteht. Das war übrigens auch Dante. Erinnerung an Dante-Verse, in denen der eigentliche Name der Dinge vermieden wird und der Dichter diese eben kraft einer erstmals angewandten Bezeichnung gleichsam neu ins Leben ruft, sie sich im *status nascendi* vorstellt. Statt Mediterraneo – Mittelmeer – sagt er:

»La maggior valle in che l'acqua si spanda ...«
(»Das größte Tal, darin sich Wasser breitet«).

Statt Beatrice:

»Quel sol che pria d'amor mi scaldò il petto ...«
(»Die Sonne, die mein Herz mit Lieb erwärmte«).

Statt zu sagen, daß er zur Linken Virgils steht, sagt er, er befinde sich

»Da quella parte onde il cor ha la gente«
(»Auf jener Seite, da der Mensch sein Herz hat«).

Spanien nennt er nicht Spanien, sondern umschreibt es mit den Worten:

»Quella parte onde surge ad aprire
Zeffiro dolce le novelle fronde
Di che si vede Europa rivestire.«

(»In jenem Strich, wo lieblich der Zephir
Den Anfang macht, die Blumen aufzuschließen,
Wann sich Europa schmückt mit neuer Zier.«)

Dante ist sich dieses Verfahrens voll bewußt; als er es einmal im Purgatorio nicht über sich bringen kann, den heimatlichen Arno bei seinem Namen zu nennen, geschieht es, daß ein poesiefeindlicher Schatten sich ereifert und ihn fragt:

»Perchè nascose
Questi il vocabol di quella riviera,
Pur com'uom fa dell'orribili cose?«

(»Warum vermied
Er, jenes Flusses Namen zu verkünden,
Wie's sonst nur mit Abscheulichem geschieht?«)

Die ganze Poetik liegt eben darin beschlossen, daß man den Ausdruck verschleiert, weil so die Dinge, die als solche immer abscheulich sind, verborgen, umgangen werden. Als Mallarmé einmal vor der haarsträubenden Entscheidung steht, ganz wie in einer notariellen Urkunde zu schreiben: »Ich, Mallarmé ...«, da weicht er lieber vor sich selber aus und sagt: »Der Herr, den meine Freunde mit meinem Namen anzureden pflegen ...« Verschwommene Empfindung verdienstvoller Müdigkeit wie nach der Erfüllung einer Pflicht; in diesem Fall der Pflicht, an Mallarmé zu denken ... Sind die fünf Minuten nun vorüber? Canedo, unser Chronometermann, bewegt seine

Hand. Will er die Uhr aus der Tasche holen? Ein Fußgänger kommt auf uns zu. Wird er zwischen uns hindurchgehen? Was tun? Sollen wir ihm bedeuten, er möge stehenbleiben und nicht mitten durch unser Schweigen hindurchschreiten und es zerbrechen wie einen Kristall? Vage Beklommenheit ... Und eine unbändige Lust, zu sprechen, zu sagen, daß Mallarmé ein Bankrotteur war, ein Vogel ohne Flügel, ein genialer Poet ohne alle Dichtergabe, dürftig, ungeschickt, stammelnd ... Dichtung? Ich bin schon seit geraumer Zeit der Überzeugung, daß die Poesie sich erschöpft hat. Was heute noch zustande kommt, ist nichts als das Röcheln einer sterbenden Kunst. Nun aber tut sich in mir auf einmal ein geistiges Vakuum auf. Ich finde gar nichts mehr in mir vor: keine Idee, kein Bild – nur die Empfindung dieses geistigen Hohlraums. Es stehen jetzt die Sinneseindrücke aus dem Bercich des Körperinnern und der Außenwelt im Vordergrund: das Summen des Blutes in den Adern, der Schuh des neben mir sitzenden Moreno Villa und der rissige Stamm eines japanischen Holzgewächses mir gegenüber ...

Ich glaube, all das Geschilderte ging im Verlauf von etwa zwei Minuten in mir vor. Zum Lesen braucht man viel länger. Weshalb? Die Beantwortung dieser Frage könnte zu aufschlußreichen psychologischen Untersuchungen Anlaß geben: über das ausgesprochene und unausgesprochene Denken, über gedankliche Abkürzungsverfahren, über die merkwürdige Erscheinung, daß man eine komplizierte Theorie bereits als Ganzes vor Augen haben kann, noch bevor einem ihre einzelnen Teile in vollem Umfang gegenwärtig sind (was man als *potentielles Wissen* bezeichnet), usw.

Hegel und Amerika

I

Es war beschämend, daß es von Hegels *Philosophie der Geschichte* weder eine französische noch eine spanische Übersetzung gab. Nun zwei italienische Fassungen liegen vor, die beide ungenau und überholt sind. Dies und der Umstand, daß jüngst in Deutschland ein weit vollständigerer Text des Werkes als der bisher bekannte zusammengestellt worden ist, hat mich veranlaßt, eine spanische Ausgabe zu besorgen, die jetzt der Leserschaft zugänglich gemacht werden soll. Bei diesem Vorhaben bin ich noch einmal sorgfältig den ungeheuerlichen Text dieses imperatorischen Buches durchgegangen. Imperatorisch ist es in der Tat. Hegel war ein Imperator des Gedankens – ein alberner Satz, wenn du, mein Leser, dich darauf versteifst, ihn so zu verstehen, wie heute die Leser spanischer Zunge gemeinhin Schriftsteller verstehen, das heißt, sie in Wahrheit nicht verstehen, da sie sich von vornherein und unfehlbar für klüger halten als den Schriftsteller, den sie lesen. (In einigen Ländern Südamerikas kann sich diese Leserkrankheit leicht zu einem öffentlichen Notstand auswachsen.)

In Hegel haben wir den seltenen Fall eines Erz-Intellektuellen, der gleichwohl mit den seelischen Eigenschaften eines Staatsmannes begabt ist. Autorität, zwingend, hart, konstruktiv. In der seelischen Veranlagung hat er weder mit Platon noch mit Descartes, weder mit Spinoza noch mit Kant das geringste gemein. Dem Charakterformat nach gehört er vielmehr in die Reihe: Cäsar, Diokletian, Dschingis-Khan, Barbarossa. Und zu diesen Persönlichkeiten zählt er nicht trotz, sondern gerade wegen seines Denkertums. Seine Philosophie ist imperatorisch, cäsarisch, dschingis-khanisch. Und so kam es denn auch, daß er am Ende von seinem Katheder aus den preußischen Staat politisch, ja geradezu diktatorisch beherrschte.

Ich möchte fast sagen, es ist ein einzigartiger Fall in der Geschichte der Philosophie. Gewöhnlich ist es einem Philosophen, der Politiker sein wollte, wie Platon ergangen. Er machte sich in aller Harmlosigkeit auf, das Staatswesen des Dionys zu reformieren. Doch ein paar Monate später mußte man sich auf den Sklavenmarkt begeben, um seine göttliche Person loszukaufen, die in solche äußerste Not geraten war.

Hegel ist ein Imperator des Gedankens in einem durchaus bestimmten und weit gediegeneren Sinne, als der gewitzte Leser sich vorgestellt haben mag. In keinem seiner Werke tritt dieser Charakter so deutlich zutage – der Charakter eines Lenkers großer Massen, den das Kanonenfutter kaltläßt – wie in dieser *Philosophie der Weltgeschichte.* Darüber habe ich in meinem Vorwort zur spanischen Ausgabe ausführlich geschrieben; heute jedoch möchte ich ein Sonderthema streifen. Wie sieht dieser große Geschichtsphilosoph das aufkommende Amerika?

Hegel war einer der letzten Philosophen, für die das Weltganze etwas Reales darstellte. Nach ihm kam die Sintflut des Phänomenalismus in allen nur möglichen Formen, Formaten und Abwandlungen. Uns, die wir heute den Drang verspüren – und zwar nicht nur verspüren –, hinter den reinen Phänomenen und jenseits aller Relativität aufs neue die Wirklichkeit zu entdecken, vermag die Berührung mit Hegel nicht zu bezwingen, kann uns aber doch ein Rückhalt sein. Die universale Wirklichkeit, die er entdeckt, trägt bei ihm den Namen *Geist.* Dieser ist nichts anderes als das, was sich selbst erkennt. Und da, was sich selbst erkennt, nichts außerdem ist, läßt es sich auch nicht von anderem unterscheiden, wenn dieses derselben Bedingung unterliegt. Das Wissen um das eine ist identisch mit dem Wissen um das andere; somit gibt es nur einen Geist, eine einzige absolute Wirklichkeit. Alles übrige ist nur real, soweit es ein Teil oder Element jenes Geistes ist, und dieser besteht in Selbsterkenntnis und somit in einer Aktivität, einer Bewegung, einer ihm wesenseigenen Behendigkeit, die ihn aus der Unwissenheit um sich selbst zum Wissen emporführt. So gelangt er von Idee zu Idee bis zu einer vollständigen Idee seiner selbst, indem er wie der Falke zur Faust zu sich selber zurückkehrt, angenommen die Faust wäre ein Falke. Dieser Flug von Idee zu Idee ist nicht launenhaft; er besteht vielmehr aus einem starren zwangsläufigen Stufengang und ist ein logischer Prozeß. Die Logik Hegels entrollt diesen idealen Prozeß, der von Stufe zu Stufe den Geist über sich selber aufklärt, ihn entschleiert und offenbart. Der Gedanke, mit dem wir einsetzen, wird vollkommener in einem anderen, dieser wiederum in einem anderen, und immer so fort, in einer Kette aus diamantenen Gliedern, in dialektischer Zucht, die uns Fesseln anlegt, uns aber zuletzt mit der höchsten Freiheit beschenkt. Da der Geist auf nichts anderem beruht als darauf, sich selber zu erkennen, und dies in solch logischem Prozeß auf ideale Weise erreicht, läßt sich sagen, daß er mit diesem Prozeß identisch und somit Erkenntnisentwicklung ist, eine Erkenntnis, die sich wandelt und ständig anreichert, so wie durch innere Entfaltung sich aus dem Samen ein Baum entwikkelt.

Daraus geht hervor, daß für Hegel die Wirklichkeit des Weltganzen im Letzten Entwicklung und Fortschritt an sich ist, daß mithin das Kosmische historisch ist. Nur daß der eigentliche Ausdruck dieser absoluten Entwicklung die Kette der Logik ist, die einer zeitlosen Geschichte angehört. Die tatsächliche Geschichte ist die Projektion dieser reinen Ideenfolge, dieses logischen Prozesses in die Zeit. Jedes einzelne Stadium gewinnt, indem es sich befestigt und in einem Augenblick der Zeit sich ereignet, ein bestimmtes Sonderdasein. Und die zeitliche Folge dieser in der Entwicklung fortschreitenden Ereignisse des Geistes ist die Weltgeschichte. Jedes logische Stadium wird von irgendeinem großen Volk – Ägypten, Persien, Griechenland, Rom usw. – gelebt, repräsentiert und verwirklicht. Und somit gewinnt das jeweilige Volk als notwendiges Moment in der

Selbsterkenntnis des universalen Geistes einen absoluten Wert und Sinn.

Hegel hat in seiner *Geschichtsphilosophie* den Ehrgeiz, jede menschliche Entwicklungsstufe zu rechtfertigen, und entgeht dadurch der Kritiklosigkeit des vulgären Fortschrittglaubens, dem alles Vergangene im Grunde als Barbarei gilt. So dachten das 17. und 18. Jahrhundert, für die Vernunft und Geschichte Gegensätze sind, weil eben die Geschichte, das heißt alles, was vor dem Aufgang der *raison* geschehen ist, die reine Unvernunft sei. Im Gegensatz dazu will Hegel zeigen, daß das Geschichtliche Ausfluß der Vernunft ist, daß das Vergangene seinen guten Sinn hat oder, anders gesagt, daß die Weltgeschichte keine Aneinanderreihung von Torheiten ist, sondern daß in ihrem gigantischen Ablauf etwas Ernsthaftes stattgefunden hat, etwas, das Realität, Struktur und vernünftigen Sinn hat. Und zu diesem Behuf will er zeigen, daß alle Epochen im Recht gewesen sind, eben weil sie verschieden oder geradezu gegensätzlich waren.

Aber diese Einteilung der Zeitalter und Völker in Stufenfolgen des Geistes während seiner weitgespannten Grundaufgabe, sich selbst zu erkennen, läßt sich nur als Wahrheit einsehen, wenn der Geist am Ende dazu gelangt, diese Entdeckung seiner selbst abzuschließen. Dies konnte natürlich erst in unseren Tagen geschehen, das heißt, es geschieht oder geschah in der Zeit Hegels. Erst von der Gegenwart aus und in Anbetracht dessen, was für uns unser Leben ist, können nach Hegel die vergangenen Zeitalter gerechtfertigt werden; erst vom Geist unseres Volkes her vermögen wir die Geister der alten Völker zu würdigen. Wie das? Indem man zeigt, daß ohne sie unsere Gegenwart nicht bestünde, daß sie die Stufen waren, auf daß wir zu dieser herrlichen Gipfelhöhe gelangen konnten, auf der wir uns befinden und die wir sind. (Der rückhaltlose Optimismus, der sich in dieser Einstellung Hegels zeigt, ist ein guter Ansatzpunkt, um den Stimmungsumschwung zu bezeichnen, den in den letzten Jahren die moderne Seele, namentlich die europäische, durchgemacht hat. Die Moderne hält sich bereits nicht mehr so unbedenklich für das endgültige Zeitalter.) In der Hegelschen *Geschichtsphilosophie* sind alle Einschätzungen und Wertungen der Vergangenheit hinbezogen auf die Gegenwart als das Endziel der Entwicklung. Das Historische ist einzig und allein das Vergangene. Wir sind sein glänzendes Resultat. »Der Geist der gegenwärtigen Welt ist die Auffassung, die der Geist am Ende von sich selber gewonnen hat; er ist es, der die Welt besitzt und regiert, und ist das Resultat der Anstrengungen von sechstausend Jahren.« Mich erdrückt die Dankesschuld, die ich auf meinen Schultern fühle, wenn ich mir vorstelle, daß sechs Jahrtausende und Millionen und aber Millionen Menschen sich bemüht haben, mich hervorzubringen. Aber dies ist die naive Seite des Hegelianismus – seine Naivität und seine imperatorische Grausamkeit. Es ist der Gedanke eines Pharao, der auf das Ameisengewimmel von Arbeitern hinsieht, die am Bau einer Pyramide schuften. Dieser Gedanke macht aus Hegels System ein geschlossenes System, das über sich selbst hinaus keinerlei Entwicklung hat, kein Morgen kennt. Das Gegenwärtige ist für Hegel nicht irgendeine Zeit unter anderen, es ist diese und nur diese Zeit. Und darum wird diese unsere Gegenwart keinerlei grundsätzliche Wandlung erfahren, sondern identisch mit sich selbst fortdauern, ohne je zu vergehen. (Die Geisteshaltung eines Trajan bei der Errichtung seiner ewigen Denkmäler.) Der Geschichtsschreiber, der mit seiner Person den künftigen Gang der Weltgeschichte abschließt und zustopft, wird, anstatt ihn zu beherrschen, in ihn hineingerissen und verwandelt sich selber in vollendete Vergangenheit. Und die Verteidigung, die im Namen der Hegelschen Philosophie vorgebracht wurde, daß nämlich in ihr selber der Ort, den sie als Wahrheit *ihrer* Epoche einnimmt, vorgesehen sei (wie der König, der in einem Monument für sein künftiges Grab Vorsorge getroffen hat) – enthält ein derartiges Zugeständnis an den Relativismus, daß der imperatorische, der absolute Hegel darüber außer sich geraten wäre. Ein solcher Relativismus wäre Skeptizismus. Diese Wahrheit für *eine* Zeit ist nicht *die* Wahrheit. Jedenfalls ist die Aufgabe unserer Zeit – die Verbindung des Zeitlichen mit dem Ewigen – bei Hegel nicht gelöst.

Der Fall Hegel zeigt augenfällig, wie irrig es ist, das Geschichtliche als das Vergangene zu definieren. Eine umsichtige Auffassung echter Geschichtlichkeit muß mit der Zukunft rechnen, mit unserer Zukunft, nicht nur mit uns als der Zukünftigkeit von Vergangenem. So kommt es dazu, daß diese Geschichtsphilosophie kein Schlupfloch ins Künftige offenläßt. Deshalb ist von besonderem Interesse, nachzuprüfen, wie Hegel mit Amerika fertig wird, das doch in erster Linie etwas Zukünftiges ist.

Doch zunächst müssen wir ein paar Worte verlieren über das, was Hegel als historische Vergangenheit ansieht. Denn man bilde sich nicht ein, daß ein Imperator geneigt ist, ohne weiteres alles gutzuheißen, was vor ihn kommt. Zur Vergangenheit zählen bei Hegel nur jene Völker, die auf deutlich erkennbare Weise einen Staat ausgebildet haben. Das vorstaatliche Leben ist irrational, und Hegel bei seiner Rationalisierung der Geschichte bringt nicht die Großzügigkeit auf, sie in ihrem gesamten Umfang zu bestätigen und zu rechtfertigen. Er ist noch zu sehr *Rationalist.* Vor dem Auftreten des Staates gibt es keine Geschichte, sondern nur Vorgeschichte, die sich mit dem Naturmenschen befaßt, der so wenig eine rechtmäßige Vergangenheit hat wie die Atome. Die primitiven Völker, ganze Kontinente, treten nicht in die Geschichte ein. Es sind Völker mit getrübtem Bewußtsein, sagt er. »Der philosophischen Betrachtung ist es nur angemessen und würdig, die Geschichte da aufzunehmen, wo die Vernünftigkeit in weltliche Existenz zu treten beginnt.«

Hinaus also mit den wilden Völkern! Erst nach ihnen beginnt die eigentliche Geschichte, auf diese folgt die Gegenwart, die Kultur in ihrer Fülle und Beständigkeit, die bereits nicht mehr Geschichte ist. Wie sollen diejenigen sich einrichten, die später kommen? Hegel gerät einen Augenblick in Unruhe, als ihn die Wirklichkeit vor diese Frage stellt. Denn es ist das Klopfzeichen am Tor der Zukunft. Und zwar stellt ihm diese Frage Amerika. Sehen wir zu, wie sich Hegel verhält.

II

Amerika versetzt das historische Denken Hegels in eine dramatische – oder besser gesagt – eine paradoxe Lage. Wenn eine Idee an sich selber leidet und in ihrem schmerzerfüllten Innern ein logisches Drama birgt, greift sie zur Maske des Paradoxons. In diesem Falle besteht das Paradoxon darin, daß Hegel Amerika – eben weil es ein Zukünftiges ist – nicht in das Corpus seiner Weltgeschichte aufnehmen kann. Wir haben bereits gesehen, daß für Hegel das Geschichtliche in einem sehr tiefgreifenden Sinne das Vergangene ist. Es endet mit der Gegenwart, die in ihrer Bildung bereits endgültigen, unwandelbaren Charakter hat und nicht vergehen kann. Als Gefangene ihrer eigenen Vollendung, hieratisch in sich selbst erstarrt, verdammt sich die Gegenwart zu einer Dauerhaftigkeit, die mich zur Verzweiflung brächte. Die heutige Geschichtsetappe wäre endlich das erreichte Ziel, der angestrebte Ort, den aufzufinden sich die gesamte Vergangenheit gemüht und in Bewegung gesetzt hat und eben darum vergangen ist. Wenn ich von dieser Idee Hegels überzeugt wäre, wenn ich mich dieser ewigen Gegenwart verschrieben wüßte, ginge meine Seele voll Heimweh zurück in die Vergangenheit, die noch ein Weg und ein Gehen war, nicht, wie die Gegenwart, ein Angelangtsein und Ausruhen. Der Weg – sagte Cervantes – ist der Herberge vorzuziehen.

Aber das Paradoxon besteht nicht darin, daß Hegel Amerika als ein – ich wiederhole – Zukünftiges aus dem eigentlich historischen Gesamtbild ausscheidet, sondern daß er, weil er es weder in der Gegenwart noch in der eigentlichen Vergangenheit unterbringen kann, ihm einen Ort anweisen muß ... Wo aber, werden Sie fragen. Nun denn: in der Vorgeschichte.

Die Vorgeschichte erfreut sich im Hegelschen Denken eines selbständigen Wertes. Sie ist nicht bloß der graue Morgenaufgang der Geschichte, ihr erstes düsteres oder nebelumflortes Kapitel. Sie ist, freiheraus gesagt, Nicht-Geschichte, Vor-Geschichte. Die Geschichte beginnt, wie wir sahen, nicht eher, als bis der geistige Mensch die Bühne betritt, das heißt der seiner selbst bewußte Geist, der erst in sehr grober Form um sich weiß, doch bereits auf sich selber aufmerksam ist. Symptom dafür ist für Hegel das Vorhandensein eines Staates. Dieses Vorrecht, das Hegel dem Politischen einräumt, hat nichts Überraschendes. Selbsterkenntnis des Geistes heißt: er wird inne, daß er frei ist, daß es eine von fremder Befehlsgewalt unabhängige Wirklichkeit gibt, dic Herrin ihrer selbst, autonom ist. Frei ist das, was sich selber bestimmt, was sich wesenseigene Gesetze gibt. Nun denn: daß es in der Welt etwas gibt, das den Namen Staat verdient, ist das Dasein von etwas, das Gesetze gibt und sie nicht von woandersher empfängt, das heißt, das sich seine Gesetze selber gibt. In der Natur gibt es nichts dergleichen: hier ist jedwedes Ding einem anderen und andersartigen unterworfen; es ist seinem Wesen nach Sklave. Mit dem Auftreten des Staates setzt eine neue übernatürliche Wirklichkeit ein; er kündigt die Geburt eines Weltbereichs an, dessen Wesensgehalt Freiheit ist. Es ist der historische oder übernatürliche Weltbereich, dessen Leben und Entwicklung in nichts anderem besteht als im *Fortschritt des Freiheitsbewußtseins*.

In der Natur als solcher geschieht nichts, aus dem einfachen Grunde, weil immer dasselbe geschieht. Das Lamm, das morgen zur Welt kommt, ist dasselbe, das heute oder gestern oder vor tausend Jahren geboren ward. Das Leben des Baumes bewegt sich von dem Augenblick an, da er Same war, bis zu dem Augenblick, da er selber Samenträger wird, in einem immer gleichen Kreis. Das natürliche Leben geht immer auf ein Individuum aus, das dem vorigen gleich ist: der Vater kehrt wieder im Sohn, der nur ein weiteres Exemplar seiner selbst ist. In der Natur ist Variation bloße Wiederholung. Deshalb – sagt Hegel – ist die Natur stumpfsinnig. »Nichts Neues geschieht unter der natürlichen Sonne.« (Überraschend ist, daß Hegel als der große Erfinder des Evolutionsgedankens ihn nicht bei den lebenden Arten zu entdecken vermocht hat.) Entwicklung gibt es erst, wenn der Geist anhebt. Dann aber gibt es nur noch Entwicklung, und es geschehen immer neue Dinge. Im geistigen Zeitraum der Geschichte sind nicht zwei Tage einander gleich. Das Gestern ist ein rechtmäßiges Gestern, ein endgültig Vergangenes, das sich nie wiederholen wird. Sein Gewesensein genügt, damit sich das Morgen von ihm abhebt, es überwindet und sich von ihm befreit. Die Geschichte ist das Sichbefreien von der Wiederholung und der Langeweile. Die Geschichte ist das Unterhaltsame.

Die Vorgeschichte dagegen berichtet uns vom natürlichen Menschen (im Deutschen heißt der Wilde oder Primitive *Naturmensch*), von jenem Menschen, der von seinem verborgenen Geistesvermögen noch nichts ahnt und wie Tier oder Pflanze in einem Dämmerzustand dahinlebt.

Vor Hegel hatte bereits Schelling den Begriff der Vorgeschichte in die Debatte geworfen. In der *Einleitung in die Philosophie der Mythologie*, die an seine frühesten Gedanken anknüpft, heißt es: »Mit dem bloßen Begriff der schlechthin vorgeschichtlichen Zeit ist jedes *Vor* und *Nach*, das man in ihr selbst denken möchte, aufgehoben. Denn könnte auch in ihr noch etwas sich ereignen –... so *wäre* sie eben nicht die schlechthin vorgeschichtliche, sondern gehörte selbst zur geschichtlichen Zeit ... Die schlechthin vorgeschichtliche Zeit ist die *ihrer Natur nach* unteilbare, absolut identische Zeit«, sie läßt keine Unterscheidung innerer Zeitabläufe zu. In summa: eine Zeit ist prähistorisch, nicht etwa weil wir nicht wüßten, was in ihr vorgegangen ist, sondern umgekehrt, weil in ihr nie etwas vorging, weil sie in ihrem Ablauf sich immer gleich blieb und die Vergangenheit, anstatt zu vergehen, sich hartnäckig wiederholte.

Es gibt ganze Teile der Menschheit, die bis auf den heutigen Tag in dieser prähistorischen Situation verharren. Die wilden Völker haben keine Geschichte, so wenig wie die Bienen oder die Termiten. Man hat das Studium dieser Lebewesen Naturgeschichte genannt: ein absurder Begriff. Die einzige Naturgeschichte ist die Prähistorie, wo unser Studium einem Wesen gilt, das historisch sein kann, wenn es auch vorerst nur ein Naturwesen ist. Unkundig seiner selbst, lebt der Mensch als Gefangener der Natur dahin, sich selber und seinem eigentlichen Wesen fremd. So brütet er ein künftiges Sein aus. Dies ist im großen und ganzen für Hegel die Natur: jene Wirklichkeit, die dem Geist vorangeht und ihn vorbereitet. In ihr gärt, mit Getier und Landschaft vermischt, das Menschliche. Hier müssen wir es aufsuchen; das heißt: die Vorgeschichte ist Geographie. In dem geographischen Kapitel seiner *Vorlesungen über die Philosophie der Geschichte* ist Amerika paradoxerweise ein Platz vorbehalten. Doch ist dies nach allem nicht weiter verwunderlich. Wenn wir von Amerika sagen, daß es ein Künftiges ist, so sagen wir damit, daß es noch nicht das ist, was es sein wird oder sein kann. Nun wohl: genau ebenso verhält es sich mit der Natur. Da für Hegel nur der Geist wahrhaft *ist*, besteht die Wirklichkeit der Natur in etwas, das Geist werden will, es aber noch nicht *ist*. So wird klar, warum wir das Zukünftige in die absolute Vergangenheit, nämlich die natürliche Vorgeschichte, die Geographie, versetzt finden.

Und tatsächlich erblickt Hegel in allem Amerikanischen den Charakter der Unreife. Von der Bodenbeschaffenheit angefangen. Für ihn ist Amerika die Neue Welt, die folglich auch Ozeanien mit umfaßt. »Diese Welt ist nicht nur relativ, sondern überhaupt neu, in Ansehung ihrer ganzen eigentümlichen Beschaffenheit, physikalisch und politisch.« »Ich will ihr die Ehre nicht absprechen, daß sie nicht auch gleich bei Erschaffung der Welt, wie man es nennen will, dem Meere enthoben worden sei. Doch zeigt das Inselmeer zwischen Südamerika und Asien eine physische Unreife auch dem Ursprunge nach; der größte Teil der Inseln ruht auf Korallen und ist so beschaffen, daß sie gleichsam nur eine Erdbedeckung für Felsen sind, die aus der bodenlosen Tiefe heraustauchen und den Charakter eines spät Entstandenen tragen.«

Zu der Unreife oder als eine ihrer Erscheinungsformen gesellt sich nach Hegels Feststellung die Unzulänglichkeit und Schwäche. »Mit dem atlantischen Land ist es in der neuen Zeit so gegangen, daß es wohl eine Kultur gehabt hat, als es von den Europäern entdeckt wurde, diese aber durch den Zusammenhang mit ihnen zunichte wurde; die Unterwerfung des Landes war ihr Untergang. Von Amerika und seiner Kultur, wie sie namentlich in Mexiko und Peru sich ausgebildet hatte, haben wir zwar Nachrichten, aber bloß die, daß dieselbe eine ganz natürliche Kultur war, die untergehen mußte, sowie der Geist sich ihr näherte. Physisch und geistig ohnmächtig hat sich Amerika immer gezeigt und zeigt sich noch jetzt so. Denn die Eingeborenen sind, nachdem die Europäer in Amerika landeten, allmählich an dem Hauche der europäischen Tüchtigkeit untergegangen. Auch an den Tieren zeigt sich dieselbe Untergeordnetheit wie bei den Menschen. Die Tierwelt weist Tiger, Löwen, Krokodile auf; aber diese haben zwar die Ähnlichkeit mit den Gestaltungen der Alten Welt, sind aber in jeder Rücksicht kleiner, schwächer, unmächtiger. Wie man versichert, sind die Tiere selbst nicht so nahrhaft wie die Lebensmittel, die aus der Alten Welt gezogen werden. Es gibt dort unermeßliche Mengen von Hornvieh; europäisches Rindfleisch aber gilt für einen Lekkerbissen.«

Während der siebzig Jahre, da Hegel so gut wie nicht gelesen wurde, hat man ihm vorgeworfen, daß er seine Meinung über historische wie über natürliche Dinge mit der größten Willkür abgebe. Und wenn dies geäußert wurde, so wollte man damit nicht zu verstehen geben, daß er aufgrund reiner Deduktionen oder einer abstrakten Ideengeometrie so verfahren sei – was sich bei einem, der nichts anderes beabsichtigte, von selber verstand –, sondern daß er leichtfertige Behauptungen aufgestellt habe, ohne sich zuvor in das gewissenhafte Studium von Einzeltatsachen vertieft zu haben. Aber wenn man Hegel wieder liest, wird man zu seiner Überraschung gewahr, daß genau das Gegenteil der Fall ist. Man ist erstaunt über die ungeheure Fülle von Einzelwissen, die in diesem Mann aufgespeichert war. Namentlich aus dieser *Philosophie der Geschichte* geht hervor, daß er das gesamte seiner Epoche zugängliche Erfahrungswissen in sich aufgenommen hat. Und wir sehen, daß die größten Fehlschlüsse seines Werkes nicht in seiner spekulativen Methode ihren Ursprung haben, sondern in der Beschränktheit, an der jedes empirische Wissen krankt.

Aber da es nicht darum geht, Hegel einem Schulexamen zu unterwerfen, sondern vielmehr darum, innigster Bewunderung voll in seinen Riesengeist einzudringen, um in diesem beispiellosen Medium den flüchtigen Widerschein des Universums zu erhaschen, bereiten uns diese Beschränktheiten eher Vernügen, weil sie dem Schauspiel historische und lebendige Echtheit verleihen. Gleicherweise ist die linkische Steifheit alter Photographien ihr größter Reiz. Sie, und nicht was korrekt und wie heute aufgenommen anmutet, löst uns von der Gegenwart ab und versetzt uns durch historische Magie zu unserer größten Wonne in jene vergangene Zeit. So meinen wir auch heute Hegel zu sehen, wie er, angetan mit seiner großen Russenmütze, in seinem Studiergemach einen Reisebericht über Amerika liest, in dem vermerkt steht, daß drüben das europäische Beefsteak dem einheimischen vorgezogen wird.

Kindlich, junggeboren, korallen und zart ist die Erde der Neuen Welt; schwächlich sind ihre Tiere, ihre Menschen und ihre bodenständigen Kulturen. Der Scharfblick, mit dem dies alles im Jahr 1820 aufgefaßt wurde, ist nicht zu verkennen. Denn in der Tat hat sich späterhin im Licht wissenschaftlicher Forschung dieser ungewöhnliche Charakter der amerikanischen Fauna und der eingeborenen Bevölkerung nur verstärkt. Wie kommt Hegel dazu, von vornherein und ohne Zaudern diese ausgesprochene Schwächlichkeit der Indios und ihre Anfälligkeit, sich zu verflüchtigen oder zu verschwinden, so zutreffend herauszustellen? Immer wieder betont er nachdrücklich, wie leicht und rasch diese Rassen Amerikas und der Südsee beim Eintreffen der starken Europäer ins Nichts geflohen sind, sich ins Nicht-Sein geflüchtet haben. »Die Schwäche des amerikanischen Naturells war ein Hauptgrund dazu, die Neger nach Amerika zu bringen, um durch deren Kräfte die Arbeiten verrichten zu lassen; denn die Neger sind weit empfänglicher für europäische Kultur als die Indianer. Einige Künste haben die Eingeborenen allerdings von den Europäern angenommen, unter andern die des Branntweintrinkens, die eine zerstörende Wirkung auf sie hervorbrachte. In Südamerika und Mexiko sind die Einwohner, die das Bedürfnis der Unabhängigkeit empfinden, die Kreolen, aus der Vermischung mit Spaniern und Portugiesen entstanden. Nur sie sind zu dem höheren Selbstgefühl, dem Emporstreben nach Selbständigkeit, Unabhängigkeit (das heißt: nach Freiheit) gekommen. Sie geben daselbst den Ton an. Es gibt, wie es scheint, nur wenige einheimische Stämme von gleichem Sinne.«

Was die Fauna betrifft, so habe ich dieser Tage die interessante Studie eines Biogeographen gelesen, der auf scharfsinnige Weise das Zustandekommen jener höchst merkwürdigen Tierarten erklärt, die für Südamerika und Ozeanien typisch sind. Ihre Schwäche und Unreife, von Hegel mit scharfem Blick erfaßt, rührt daher, weil sie, wie jedermann weiß, die Erstentstandenen sind. Doch bleibt zu erklären, warum sie sich gerade in diesem Teil des Erdballs erhalten haben, während sie in den übrigen Ländern ausgestorben sind. Ein andermal werde ich von dieser jüngsten Erklärung sprechen. Doch zweifellos hätte Hegel das Attribut des Archaischen, das die Wissenschaft in der Nachfolge Darwins diesen Arten beilegt, als Unterstützung seiner Ansicht aufgefaßt. Die älteste Spezies ist als Spezies – und solange sie fortdauert – unentwickelt im Vergleich mit den neueren und vollkommeneren Arten. Folglich hätten wir es mit einer biologischen Welt zu tun, die sich ständig im Kindheitsstadium befindet, und es ist nicht übertrieben, wenn man behauptet, daß Hegel ganz Amerika – seine geologische Beschaffenheit, seine Fauna, seine Indianer und, wie wir sehen werden, seine wachsenden Kolonien – als einen anhaltenden Kindheitszustand der bewohnten Welt betrachtet.

III

Wir haben gesehen, daß für Hegel die indianischen Kulturen vorgeschichtliche Lebensformen waren, die der Prähistorie und der Geographie zugehören wie die Pflanzen- und Tierwelt. Aus diesem Grund erscheint ihm der ganze Kontinent als ein *Noch-nicht*, als Morgenfrühe der Menschheit. Auch wo Hegel die neuen Staaten, die aus der europäischen Einwanderung hervorgegangen sind, einer Betrachtung unterzieht, hält er an diesem Gesichtspunkt fest. Er läßt sich nicht von der primären Gegebenheit blenden, daß diese Staaten von einem aus Europa stammenden Menschenmaterial leben und mithin – sollte man denken – durchaus auf der Höhe der Zeit stehen.

Zunächst unterscheidet er zwischen Nord- und Südamerika. Hegel litt an einer Art protestantischem Patriotismus und hatte einen Abscheu vor dem Katholizismus. Deshalb ist er den Freistaaten des Nordens durchaus gewogen, während er die katholischen Völker im Süden mit wenig Sympathie schildert. Dennoch treibt ihn der Unterschied in der Behandlung nicht so weit, Geschick und historische Bedeutung der beiden Kontinente voneinander zu trennen. Letzten Endes beurteilt er sie gleichartig. Südamerika – sagt er – ist erobert worden; hier sind die Militärmacht, der Klerikalismus, die Anhäufung von Reichtümern und die Eitelkeit auf Titel und Ehrenämter in der Vorherrschaft. Nordamerika hingegen ist kolonisiert worden, es richtet sich nach dem Grundsatz von Gewerbefleiß und Protestantismus, es tritt für die Freiheit des Individuums ein.

»Vergleichen wir Nordamerika noch mit Europa, so finden wir dort das perennierende Beispiel einer republikanischen Verfassung. Die subjektive Einheit ist vorhanden; denn es steht ein Präsident an der Spitze des Staates, der zur Sicherheit gegen etwaigen monarchischen Ehrgeiz nur auf vier Jahre gewählt wird. Allgemeiner Schutz des Eigentums und beinahe Abgabenlosigkeit sind Tatsachen, die beständig angepriesen werden. Damit ist zugleich der Grundcharakter gegeben: er besteht in der Richtung des Privatmanns auf Erwerb und Gewinn, in dem Überwiegen des partikulären Interesses, das sich dem Allgemeinen nur zum Behufe des eigenen Genusses zuwendet. Es finden allerdings rechtliche Zustände, ein formelles Rechtsgesetz statt; aber diese Rechtlichkeit ist ohne Rechtschaffenheit, und so stehen denn die amerikanischen Kaufleute in dem üblen Rufe, durch das Recht geschützt zu betrügen.«

Was das Politische in Nordamerika betrifft, so könne man noch nicht von einem verfassungsmäßigen und reifen Staat sprechen. Den Amerikanern, die als jüngste Nation an der Spitze aller verfassungsmäßigen Vollkommenheit zu stehen glauben, muß das absurd in den Ohren klingen. Hegel legt ihnen etwas zur Last, was sie gerade am höchsten schätzen: ihren föderativen und republikanischen Charakter. Für den Philosophen sind beides Formen der Mehrherrschaft ohne wirkliche höhere Einheit und stellen insofern unbeständige politische Gebilde dar. »Föderativstaaten«, sagt er, »sind in Betracht auf das Verhältnis nach außen die schlechtesten Staaten. Nur seine eigentümliche Lage verhindert, daß ihm [Nordamerika] dieser Umstand nicht zum gänzlichen Untergang gereicht hat.« Und vor allem äußert Hegel folgenden Gedanken, der uns heute besonders überrascht: »Nordamerika ist noch nicht als ein gebildeter und ausgereifter Staat, sondern als ein Staat zu betrachten, der noch im Werden ist: er ist noch nicht so weit vorgerückt, um das Bedürfnis des Königtums zu haben.« Der Gedanke, daß Preußen im Laufe der Zeit dahin gelangen würde, seine Monarchie abzuschütteln, wie jemand einen Alpdruck abschüttelt, ist Hegel wohl nie in den Sinn gekommen. Hier stoßen wir an einem konkreten Punkt auf die ungeheure Beschränkung des Hegelschen Denkens: auf seine Blindheit der Zukunft gegenüber. Das Künftige verstimmte ihn, weil es das wahrhaft Irrationale ist, und also das, was der Philosoph am höchsten schätzen muß, wenn er den quälenden Hunger nach Wahrheit dem imperialistischen Streben nach einem System voranstellt. Hegel verschließt sich hermetisch vor dem Morgen, er wirft sich beunruhigt hin und her, wenn ihn nur ein Strählchen trifft, er verliert seine heitere Gelassenheit und schließt dogmatisch die Fenster, damit nicht zugleich mit neuen leuchtendhellen Möglichkeiten die Einwände hereinfliegen.

Und dennoch – Hegel geht nie leer aus. Auch wenn er irrt, trägt er wie der zupackende Löwe stets einen guten Brocken zuckender Wahrheit in den Zähnen mit fort.

Hier zum Beispiel die Stelle, wo er sich – in mancherlei Formulierungen – über den Grund ausspricht, warum Amerika noch nicht begonnen hat, als Staat im vollen Sinne zu leben.

»Ein wirklicher Staat und eine wirkliche Staatsregierung entstehen nur, wenn bereits ein Unterschied der Stände da ist, wenn Reichtum und Armut sehr groß werden und ein solches Verhältnis eintritt, daß eine große Menge ihre Bedürfnisse nicht mehr auf eine Weise, wie sie es gewohnt ist, befriedigen kann. Aber Amerika geht dieser Spannung noch nicht entgegen; denn es hat unaufhörlich den Ausweg der Kolonisation in hohem Grade offen, und es strömen beständig eine Menge Menschen in die Ebenen des Mississippi. Durch diese Mittel ist die Hauptquelle der Unzufriedenheit geschwunden, und das Fortbestehen des jetzigen bürgerlichen Zustandes wird verbürgt.«

Und weiter: »Die ackerbauende Klasse hat sich noch nicht in sich geschlossen; sie fühlt sich nicht gedrängt, und wenn dies Gefühl eintritt, so macht sie sich Luft, indem sie neues Land urbar macht. Diesseits der Allegheniesgebirge wälzen sich jährlich Wellen auf Wellen neuer Ackerbauer und besetzen neue Stellen. Daß ein Staat die Existenz eines Staates bekommen könne, dazu gehört, daß er nicht auf fortwährende Auswanderung bedacht sein, sondern daß sich die ackerbauende Klasse nicht mehr nach außen drängen kann, vielmehr sich in sich zurückdrängt, sich zu Städten und städtischen Gewerben zusammenfaßt. Erst so kann ein bürgerliches System entstehen, und das ist die Bedingung für das Bestehen eines organisierten Staates. Nordamerika ist noch auf dem Standpunkte, das Land anzubauen. Erst wenn, wie in Europa, die bloße Vermehrung der Ackerbauer gehemmt ist, werden sich die Bewohner, statt hinaus nach Äckern zu drängen, zu städtischen Gewerben und Verkehr in sich hineindrängen, ein kompaktes System bürgerlicher Gesellschaft bilden und zu dem Bedürfnis eines organischen Staates kommen. Eine Vergleichung der nordamerikanischen Freistaaten mit europäischen Ländern ist daher unmöglich; denn in Europa ist ein solcher natürlicher Abfluß der Bevölkerung, trotz aller Auswanderungen, nicht vorhanden: hätten die Wälder Germaniens noch existiert, so wäre freilich die Französische Revolution nicht ins Leben getreten. Mit Europa könnte Nordamerika erst verglichen werden, wenn der unermeßliche Raum, den dieser Staat darbietet, ausgefüllt und die bürgerliche Gesellschaft in sich zurückgedrängt wäre.«

Ich habe diese Abschnitte von Hegel so ausführlich zitiert, nicht nur des unmittelbaren Interesses wegen, das wir stets am Klang seiner Worte haben – es sind fast stenographisch aufgenommene Brocken seiner mündlichen Improvisationen auf dem Katheder –, sondern weil ich mir, indem ich sie dem Leser unterbreite, eine Auslegung ihres Sinnes erlauben darf, die strenger und – wie ich glaube – Hegelscher ist als ihr eigentlicher Klang und Wortlaut. Hinter dieser konkreten Definition der amerikanischen Wirklichkeit ist eine allgemeine Theorie rege, die Hegel zwar nie in Worte gefaßt hat, die aber aus dem Zusammenhang leicht abzuleiten ist.

Vergessen wir nicht, daß laut Hegel die Geschichte erst da anhebt, wo der Geist sich selber entdeckt und sich als solcher, das heißt als Geist, erkennt. Die Natur oder Vorgeschichte ist ebensowohl Geist, doch nur insofern, als der Geist sich selber entwischt ist, sich verfremdet und außerhalb seiner selbst verloren hat, kurzum, nicht mehr um sich weiß und sich nicht mehr kennt. Grob gesagt: die Landschaft, die wir sehen, ist in Wahrheit nur ein Bild, das der Geist malt oder vor sich herwirft. Wenn wir es gesondert auffassen, ganz unbefangen, wie es uns erscheint, werden wir glauben, es existiere an sich und entstamme nicht dem Geist. Aber jedes Bild ist Ausstrahlung eines Malers, der sein geistiges Wesen darin niedergelegt hat. Seine Wirklichkeit ist somit nicht unabhängig vom Schöpfer, sondern der Schöpfer selber wird gleichsam verwandelt, in eine Sphäre entrückt, die ihm scheinbar in nichts ähnlich ist.

Nun wohl: diese Definition Amerikas läßt auf ein Grundgesetz der Geschichte schließen, das Hegel nie ausdrücklich formuliert hat. Damit der Geist sich auf sich selber zurückziehen und den Anschein von Natur, den er zuerst annahm, ablegen kann, ist es offenbar unerläßlich, daß die Menschen nicht mehr große freie Räume vor sich haben, sondern im Gegenteil eingeengt leben. Darum ist die Geschichte oder die Vergeistigung des Weltganzen abhängig von der Bevölkerungsdichte. Die weit verstreute Menschheit gibt keinen Geist ab; sie muß vielmehr in besonderem Maße kompakt werden, die einzelnen müssen sich aneinander reiben. Unter Druck gesetzt, beginnt die Menschheit geistig aufzuschäumen, und das eigentlich historische Abenteuer nimmt seinen Anfang. Steht sie dagegen nur *natürlichen* Schwierigkeiten gegenüber, wie sie jeweils der freie Siedlungsraum bietet, so geht der kulturelle Prozeß in die Brüche.

Nun weiter: man nehme ein Menschenmaterial, das wie das europäische aus sehr dicht bevölkerten Gegenden stammt und aufgrund dessen zur höchsten Anspannung des Geistes gelangt ist; man versetze es in ein Territorium weitesten Umfangs, wo jedem Individuum ein Ausmaß an freiem Raum zur Verfügung steht, das etwa dem des Europäers vor zweitausend Jahren entspricht *(die Wälder Germaniens)*: was wird geschehen? Der Gedanke Hegels ist klar und läßt an seiner Meinung keinen Zweifel. Seine Antwort würde etwa so lauten: Diese Menge heutiger Europäer, die in weiten Räumen lebt, wird in ihrer geistigen Entwicklung zurückgehen und einem primitiven Volk sehr ähnlich werden.

Wenn Raum im Überfluß vorhanden ist, gewinnt die Natur über den Menschen die Oberhand. Der Raum ist eine geographische, keine historische Kategorie.

Man vergegenwärtige sich noch einmal, wie Hegel angesichts der neuen amerikanischen Staaten auf seiner Ausdeutung der Neuen Welt als einer im Grunde primitiven Welt beharrt. Wenn er heute zum zweitenmal zur Welt käme und Zeuge des großartigen Schauspiels würde, wie es das Leben des Yankees mit all seinen Wundern an Technik und Organisation bietet: was würde er sagen? Würde er sein Kriterium richtigstellen? Vermutlich nicht. Der ultramoderne Aspekt amerikanischer Zivilisation erschiene ihm einfach als das mechanische Resultat europäischer Kultur, versetzt in ein hemmungsfreieres Medium; doch würde er dahinter im amerikanischen Seelenleben einen Typus primitiver Geistigkeit gewahr, den Ansatz von etwas Ursprünglichem, Nicht-Europäischem. Kurzum: was er an Amerika zu schätzen wüßte, wäre gerade das, was es an neuer und heilsamer Barbarei zu geben hat. Davon und nicht von seiner europäischen Technik, die nichts weiter ist als eine Rückwirkung der Alten Welt, hinge seiner Meinung nach das neue Stadium geistiger Entwicklung ab, das Amerika darzustellen berufen ist. Welcher Art wird das sein? Was sind seine hervorstechenden Züge? Hegel wendet mit Bangen den Blick von einem derartigen Problem ab und sagt: »Amerika ist somit das Land der Zukunft, in welchem sich in vor uns liegenden Zeiten, etwa im Streite von Nord- und Südamerika, die weltgeschichtliche Wichtigkeit offenbaren soll; es ist ein Land der Sehnsucht für alle die, welche die historische Rüstkammer des alten Europa langweilt. Napoleon soll gesagt haben: ›Cette vieille Europe m'ennuie.‹ (›Dies alte Europa langweilt mich.‹) Amerika hat von dem Boden auszuscheiden, auf welchem sich bis heute die Weltgeschichte begab. Was bis jetzt sich hier ereignet, ist nur der Widerhall der Alten Welt und der Ausdruck fremder Lebendigkeit; und als ein Land der Zukunft geht es uns hier überhaupt nichts an. Der Philosoph hat es nicht mit dem Prophezeien zu tun. Wir haben es nach der Seite der Geschichte vielmehr mit dem zu tun, was gewesen ist, und mit dem, was ist; in der Philosophie aber mit dem, was weder nur gewesen ist, noch erst nur sein wird, sondern mit dem, was *ist* und ewig ist: mit der Vernunft, und damit haben wir zur Genüge zu tun.«

Um einen Goethe von innen bittend

Sie bitten mich, mein Freund, um eine Äußerung über Goethe gelegentlich der hundertsten Wiederkehr seines Todestages; und ich habe mir Mühe gegeben und Sie zu befriedigen versucht. Es ist lange her, daß ich Goethe las – warum? –; so habe ich wieder einmal in den dicht gedrängten Bänden seiner gesammelten Werke geblättert. Aber dabei sah ich ein, daß mein guter Wille scheitern müßte, daß ich Ihren Wunsch nicht erfüllen könnte. Und das aus vielen Gründen. Der erste ist, daß ich nicht für Zentenarfeste tauge. Aber taugen Sie dafür? Gibt es heute einen Europäer, der in der rechten Stimmung ist, um Jahrhundertfeiern zu begehen? Uns beschäftigt mit allzu strenger Ausschließlichkeit dieses Jahr 1932, als daß wir ihm jenes 1832 an irgendeiner Stelle einfügen könnten. Doch ist das nicht das schlimmste. Das schlimmste ist, daß es an diesem so fragwürdigen Leben von 1932 nichts Fragwürdigeres gibt als gerade seine Beziehungen zur Vergangenheit. Man ist sich dessen nicht deutlich bewußt geworden, weil das Gegenwärtige und Zukünftige immer eine offenkundigere Dramatik zeigen als das Gewesene. Gegenwart und Zukunft jedoch haben dem Menschen oft ebenso große oder größere Schwierigkeiten und Sorgen gemacht wie uns. Was unserer augenblicklichen Lage den Zug unerhörten Ernstes in den Annalen der Menschheit gibt, hängt nicht so sehr mit diesen beiden wie mit jener anderen Dimension der Zeit zusammen. Wenn der Europäer mit einiger Klarsicht das Fazit seiner Lage zieht, wird er merken, daß es nicht die Gegenwart noch die Zukunft, sondern die Vergangenheit ist, an der er verzweifelt.

Leben ist eine Tätigkeit, die nach vorwärts zielt. Man lebt von der Zukunft her; denn Leben besteht ohne Gnade in einem Machen, dem Sich-selbst-Machen eines jeden einzelnen Lebens. Man verwischt die furchtbare Wirklichkeit, um die es sich hier handelt, wenn man dieses Machen Tat nennt. Die Tat ist nur der Anfang des Machens. Sie ist der Augenblick, in dem man entscheidet, was gemacht werden soll, in dem man sich entscheidet. Zu Recht heißt es daher: Im Anfang war die Tat. Aber das Leben ist nicht allein Anfang. Der Anfang ist nur das Jetzt, und das Leben ist Dauer, Fortbestehen im nächsten Augenblick, der auf das Jetzt folgt. Darum fühlt es sich beklommen unter dem unausweichlichen Gebot der Verwirklichung. Es ist nicht genug an der Tat, die ein bloßes Sichentschließen ist; das Beschlossene muß hergestellt, ausgeführt, erreicht werden. Diese Notwendigkeit einer tatsächlichen Realisierung in der Welt, über unsere bloße subjektive Absicht hinaus, findet im Machen ihren Ausdruck. Es nötigt uns, Mittel zum Fortgang des Lebens, zur Gestaltung der Zukunft zu suchen, und so entdecken wir die Vergangenheit als ein Arsenal von Werkzeugen, Hilfsmitteln, Vorschriften, Normen. Der Mensch, der noch an die Vergangenheit glaubt, fürchtet die Zukunft nicht, denn er ist gewiß, daß ihm das Gestern die Taktik, die Wege und Verfahren liefern wird, mit denen er sich in dem problematischen Morgen behaupten kann. Die Zukunft ist der Horizont der Probleme, die Vergangenheit die feste Erde der Methoden, der Wege, auf der wir zu stehen glauben. Versetzen Sie sich, mein Freund, in die furchtbare Lage eines Menschen, dem plötzlich die Vergangenheit, das Feste, zum Problem, zum Abgrund wird. Sonst sah er Gefahren nur vor sich, jetzt findet er sie auch im Rücken und unter seinen Füßen.

Geschieht uns nicht jetzt etwas Ähnliches? Wir glaubten uns Erben einer herrlichen Vergangenheit, von deren Zinsen wir leben wollten. Da uns die Zukunft nun etwas heftiger bedrängt, als sie es in den letzten Generationen tat, blicken wir zurück und suchen, nach unserer

Gewohnheit, die überlieferten Waffen; aber wie wir sie zur Hand nehmen, finden wir, daß es hölzerne Schwerter und hohle Gebärden sind, Theatertand, der am harten Eisen unserer Zukunft und unserer Probleme zerbricht. Und plötzlich fühlen wir uns enterbt, ohne Tradition, mittellos, Neulinge im Leben und ohne Vorgänger. Patrizier nannten die Römer die Söhne derjenigen, die ein Testament machen konnten und eine Erbschaft hinterließen. Die anderen waren Proletarier; Nachkommen, aber keine Erben. Unsere Erbschaft waren die Methoden, das heißt die Klassiker. Der Mensch war ein Tier mit Klassikern. Aber die europäische Krise, die eine Weltkrise ist, könnte geradezu als eine Krise jedes Klassizismus definiert werden. Wir haben den Eindruck, daß uns die herkömmlichen Wege zur Lösung unserer Probleme nichts nützen. Gewiß bleibt es uns unbenommen, endlos weiter Bücher über Klassiker zu schreiben, denn was kann man leichter mit einer Sache tun, als ein Buch über sie schreiben? Aber die Schwierigkeit ist, von ihr zu leben. Können wir heute von unseren Klassikern leben? Leidet nicht Europa augenblicklich an einer sonderbaren *Proletarisierung*?

Das Versagen der Universitäten vor den Bedürfnissen des gegenwärtigen Menschen, die ungeheuerliche Tatsache, daß die Universität in Europa aufgehört hat, eine geistige Macht zu sein, ist nur eine Folge dieser Krisis, denn die Universität ist Klassizismus.

Umstände von solcher Art sind aber dem Geist von Zentenarfeiern im höchsten Grade entgegengesetzt. Bei einer Zentenarfeier betrachtet der reiche Erbe wohlgefällig den Schatz, der sich im Lauf der Jahrhunderte angehäuft hat. Aber einen Schatz entwerteter Münzen zu betrachten ist traurig und beklemmend und dient einzig dazu, uns die Unzulänglichkeit des Klassikers zu bestätigen. In dem harten, anspruchsvollen, unerbittlichen Licht der gegenwärtigen Lebensnot bleibt von dem Bild des Klassikers nichts übrig als ein leeres Gerede und Getue. In den letzten Monaten haben wir die Jahrhundertfeier zweier Giganten begangen – Augustins und Hegels; das Ergebnis war kläglich. Über keinen von beiden ist bei diesem Anlaß auch nur eine einzige fruchtbare und befeuernde Seite geschrieben worden.

Unsere augenblickliche Seelenverfassung ist für jede Zelebrierung kultischer Bräuche so ungeeignet wie möglich. In der Stunde der Gefahr schüttelt das Leben alles ab, was unwesentlich, Auswuchs, Fettgewebe ist, und sucht sich schmal zu machen und auf die Teile zu beschränken, die reiner Nerv, reiner Muskel sind. Darin liegt die Rettung Europas: daß es sich auf das Wesentliche zusammenzieht.

Das Leben ist seinem inneren Wesen nach ein ständiger Schiffbruch. Aber schiffbrüchig sein heißt nicht ertrinken. Der arme Sterbliche, über dem die Wellen zusammenschlagen, rudert mit den Armen, um sich oben zu halten. Diese Reaktion auf die Gefahr seines eigenen Untergangs, diese Bewegung der Arme ist die Kultur – eine Schwimmbewegung. Solange die Kultur nichts ist als dies, erfüllt sie ihren Sinn, und der Mensch steigt auf über seinem eigenen Abgrund. Aber zehn Jahrhunderte kontinuierlicher Kulturarbeit haben neben nicht geringen Vorteilen die große Unzuträglichkeit mit sich gebracht, daß der Mensch sich in Sicherheit glaubt, die Erschütterungen des Ertrinkens vergißt und seine Kultur mit überflüssigem Wucherwerk belastet. Darum muß irgendeine Unstetigkeit eintreten, welche in dem Menschen das Gefühl des Verlorenseins, die Substanz seines Lebens, erneuert. Es ist nötig, daß alle Rettungsringe um ihn her versagen, daß er nichts findet, woran er sich klammern kann. Dann werden seine Arme sich wieder rettend regen.

Das Gefühl des Schiffbruchs, da es die Wahrheit des Lebens ist, bedeutet schon die Rettung. Darum glaube ich einzig an die Gedanken Scheiternder. Man sollte die Klassiker vor ein Tribunal von Schiffbrüchigen stellen und sie gewisse Urfragen des echten Lebens beantworten lassen.

Wie würde Goethe vor diesem Gerichtshof bestehen? Vermutlich wäre er der Fragwürdigste aller Klassiker, weil er ein Klassiker zweiter Ordnung ist, ein Klassiker, der einerseits von den Klassikern gelebt hat, der Prototyp des geistigen Erben – von welchem Umstand er selbst sich so klare Rechenschaft gab –, kurz, ein Patrizier unter den Klassikern. Er hat sich von den Zinsen der ganzen Vergangenheit genährt. Sein Schaffen hat manches von einer bloßen Verwaltung überkommener Reichtümer, und darum fehlt in seinem Werk wie in seinem Leben niemals ein gewisser philiströser Zug, wie er allen Verwaltern eignet. Wenn überdies alle anderen Klassiker letzten Endes Klassiker für das Leben sind, beanspruchte Goethe, ein Künstler des Lebens, ein Klassiker des Lebens zu sein. Er muß sich also peinlicher als irgendein anderer vor dem Leben verantworten.

Sie sehen, mein Freund, anstatt daß ich Ihnen meine Gedanken zur Jahrhundertfeier Goethes mitteile, bin ich vielmehr genötigt, Sie um die Ihren zu bitten. Denn das Verfahren, dem man Goethe unterwerfen müßte, ist zu schwer und tiefgreifend, als daß ein Nicht-Deutscher es versuchen könnte. Wagen Sie es! Deutschland schuldet uns ein gutes Buch über Goethe. Das einzig lesbare ist bis jetzt das von Simmel, wenn es auch, wie alle Simmelschen Bücher, unzureichend ist, weil dieser scharfe Geist – eine Art philosophischen Eichhörnchens – den Gegenstand, den er wählte, niemals selbst zum Problem machte, sondern ihn als eine Plattform hinnahm, um darauf das wundervolle Spiel seiner Analysen zu exekutieren. Übrigens war dies der Hauptfehler aller deutschen Bücher über Goethe: Der Verfasser arbeitete *über* Goethe, aber Goethe wurde ihm nicht zum Problem, er stellte ihn nicht in Frage, er arbeitete nicht *hinein* in Goethe. Schon aus der Häufigkeit, mit der darin die Worte Genius, Titan und ähnliche unbestimmte Vokabeln gebraucht werden, geht hervor, daß dies alles nur eine unfruchtbare Goethefrömmelei ist. Versuchen Sie das Gegenteil, lieber Freund! Tun Sie, was uns Schiller riet, behandeln Sie Goethe »wie eine stolze Prüde, der man ein Kind machen muß, um sie vor der Welt zu demütigen«. Schreiben Sie einen Goethe für Ertrinkende.

Auch glaube ich nicht, daß Goethe diese Vorladung vor den Richterstuhl der Lebensnot gescheut hätte. Es ist vielleicht das Goethischste, was man mit Goethe tun kann. Verfuhr er denn anders mit der Welt, mit der ganzen Welt? *Hic Rhodus, hic salta.* Hier ist das Leben, hier gilt es zu tanzen. Wer Goethe retten will, muß ihn von hier aus ergreifen.

Ich sehe keine andere Möglichkeit, sein Werk für uns fruchtbar zu machen, als daß wir in einer von der gewöhnlichen abweichenden Form das Problem seines Lebens aufrollen. Die Goethe-Biographien wurden im Sinn einer monumentalen Optik geschrieben. Es sieht aus, als hätten ihre Verfasser Auftrag erhalten, eine Statue für einen öffentlichen Platz zu schaffen oder einen Baedeker für die Goethetouristik zusammenzustellen. Ihr Ziel ist jedenfalls, um Goethe herumzuführen. Darum liegt ihnen daran, eine Gestalt von klarerer äußerer Form zu bilden, probenlos für das Auge und groß in den Linien. Der monumentalen Optik haften von vornherein folgende vier Übelstände an: sie liefert ein feierliches Bild, von außen, aus der Ferne und ohne die Dynamik des Werdens. Dieser Monumentalismus springt um so mehr ins Auge, je zahlreicher die Anekdoten und Einzelheiten sind, die der Biograph uns mitteilt; denn die makroskopische, auf Entfernung berechnete Perspektive, in der die Gestalt entworfen ist, erlaubt uns nicht, dies Beiwerk in sie hineinzusehen, sie damit zu durchweben, und daher können wir nichts damit anfangen. Der Goethe, den ich von Ihnen verlange, muß unter den entgegengesetzten optischen Bedingungen gemacht werden: Ich bitte Sie um einen Goethe von innen.

Von innen in bezug auf wen? Auf Goethe? Aber ... wer ist Goethe? Ich weiß nicht, ob Sie meine Frage recht verstehen. Ich will versuchen, sie klarzumachen. Wenn Sie sich selbst ernst und eindringlich fragen: wer bin ich? – nicht: was bin ich?, sondern: wer ist dieser Ich, von dem ich in jedem Augenblick meines täglichen Lebens spreche? –, werden Sie sich des Irrweges bewußt werden, auf dem die Philosophie sich immer befunden hat, wenn sie unter *ich* die abgelegensten Dinge, aber niemals eben das verstand, was Sie in Ihrem täglichen Leben *ich* nennen. Dieses Ich, das Sie sind, mein Freund, ist nicht Ihr Körper, aber auch nicht Ihre Seele, Ihr Bewußtsein oder ihr Charakter. Sie finden sich selbst im Besitz eines bestimmten Körpers, einer bestimmten Seele, eines bestimmten Charakters vor, nicht anders als Sie sich im Besitz eines von Ihren Eltern ererbten Vermögens vorfinden, in einem Land, in dem Sie geboren sind, und in der menschlichen Gesellschaft, in welcher Sie sich bewegen. Ebenso wie Sie nicht identisch sind mit Ihrer gesunden oder kranken Leber, sind Sie es auch nicht mit Ihrem guten oder schlechten Gedächtnis, Ihrem festen oder schwachen Willen, Ihrem scharfen oder stumpfen Verstand. Das Ich, das Sie sind, fand an sich diese körperlichen und psychischen *Dinge* vor, als es sich lebend vorfand. Sie sind es, der mit diesen Dingen, *vermittels* ihrer, leben soll; und vielleicht hadern Sie Ihr Leben lang mit der Seele, die Ihnen zugeteilt ist – mit Ihrer Willensschwäche etwa –, ganz ähnlich, wie Sie mit Ihrem schlechten Magen oder dem rauhen Klima Ihres Landes hadern mögen. Die Seele bleibt also genau so außerhalb des Ich, das Sie sind, wie die Welt um Ihren Körper her. Wenn Sie darauf bestehen, will ich zugeben, daß die Seele zu den Dingen gehört, die Ihrem Ich am nächsten sind; aber sie ist nicht Sie selbst. Wir müssen uns von der Suggestion der Überlieferung frei zu machen suchen, nach welcher das Wirkliche immer aus irgendeinem *Ding*, sei es nun körperlich oder geistig, bestehen soll. Sie sind kein *Ding* – Sie sind ganz einfach derjenige, der mit den Dingen, *unter* den Dingen zu leben hat, und nicht irgendein beliebiges, sondern ein ganz bestimmtes Leben. Es gibt kein abstraktes Leben. Leben bedeutet die unerbittliche Notwendigkeit, den Daseinsentwurf, den ein jedes Individuum darstellt, zu verwirklichen. Dieser Entwurf, aus dem das Ich besteht, ist keine Idee und kein von dem betreffenden Menschen erdachter und frei gewählter Plan. Er geht allen Ideen, welche die Vernunft sich bilden mag, und allen Willensentscheidungen voraus. Mehr noch: wir haben gewöhnlich von ihm nur eine undeutliche Kenntnis. Dennoch ist er unser echtes *Sein*, unser Schicksal. Mein Wille ist frei, diesen Lebensentwurf, der ich eigentlich bin, zu verwirklichen oder nicht; aber ihn verbessern, verändern, von ihm absehen oder ihn ersetzen kann er nicht. Ich bin unausweichlich diese einmalige geplante Person, die sich realisieren muß. Die Welt umher und unser eigener Charakter erleichtern oder erschweren uns die Realisierung mehr oder weniger. Das Leben ist seiner innersten Beschaffenheit nach ein Drama, denn es besteht aus einem leidenschaftlichen Kampf mit den Dingen und überdies mit unserer Anlage, dem Kampf, durch den wir in Wirklichkeit zu werden suchen, was wir im Entwurf sind.

Diese Betrachtung erlaubt uns, der Biographic eine von der gewohnten abweichende Struktur zu geben. Bis jetzt war der Biograph, wenn er am scharfsichtigsten war, Psychologe. Er besaß die Gabe, in den Menschen einzudringen und das ganze Uhrwerk aufzudecken, das den Charakter und, allgemein, die Seele des Subjekts bildet. Es liegt mir fern, Untersuchungen solcher Art geringzuachten. Die Biographie bedarf der Psychologie wie der Physiologie. Aber das alles ist rein informatorisch.

Wir müssen den Irrtum überwinden, daß sich das Leben eines Menschen in seinem Innern abspielt und folglich auf bloße Psychologie zurückführbar ist. Wie gut hätten wir es, wenn unser Leben in unserem Innern vor sich ginge! Leben wäre dann das Leichteste von der Welt; es hieße, im eigenen Element schwimmen. Aber das Leben ist nichts weniger als ein subjektiver Vorgang. Es ist die objektivste aller Realitäten. Es besteht darin, daß sich das Ich des Menschen eingebettet vorfindet in etwas, was gerade nicht es selbst ist, in dem reinen anderen, das heißt in seinen *Umständen*. Leben heißt aus sich herausgreifen – sich verwirklichen. Das vitale Programm, mit dem ein jedes Ich unabänderlich identisch ist, drückt und drängt die Umstände, um sich in ihnen

Platz zu schaffen. Diese Einheit von dramatischer Dynamik zwischen den beiden Elementen, Ich und Welt, ist das Leben. Es stellt also einen Bezirk dar, innerhalb dessen sich die Person befindet, die Welt und ... der Biograph. Denn dies ist das wahrhafte Innen, von dem her ich Sie auffordere, Goethe zu betrachten. Nicht das Innen Goethes, sondern das Innen seines Lebens, des Dramas Goethe. Es handelt sich nicht darum, das Leben Goethes zu sehen, wie Goethe es sah, mit seinem subjektiven Blick, sondern indem man als Biograph in den magischen Kreis seines Daseins eintritt, um dem ungeheuren objektiven Ereignis dieses Lebens beizuwohnen, von dem auch Goethe nur ein Bestandteil war.

Nichts verdient mehr, im eigentlichen Sinn *ich* genannt zu werden, als diese entworfene Persönlichkeit, denn von ihrer Eigenart hängt der Wertcharakter ab, den alle *unsere* Dinge – unser Körper, unsere Seele, unser Charakter, unsere Umstände – in unserem Leben empfangen. Sie sind *unser* vermöge ihrer förderlichen oder hinderlichen Beziehung zu jener Person, die sich verwirklichen soll. Darum können sich zwei verschiedene Menschen nie in der gleichen Lage befinden. Die Anordnung der Welt um beide her, die abstrakt genommen die gleiche sein mag, antwortet in verschiedener Weise auf das verschiedene innere Schicksal, das jeder von ihnen darstellt. Ich bin ein gewisser äußerst individueller Druck auf die Welt: die Welt ist der nicht weniger bestimmte und individuelle Widerstand gegen diesen Druck.

Der Mensch – das heißt seine Seele, seine Gaben, sein Charakter, sein Körper – ist der Inbegriff der Mittel, mit denen er lebt, er gleicht darum einem Schauspieler; seine Aufgabe besteht in der Darstellung jener Person, die sein wahrhaftes Ich ist. Und hier enthüllt sich uns die überraschendste Seite des Lebensdramas: der Mensch besitzt in bezug auf sein Ich und sein Schicksal einen weiten Spielraum der Freiheit. Er kann sich seiner Verwirklichung entziehen, er kann sich selbst untreu sein. Dann ist sein Leben unecht. Wenn man nicht, wie es gewöhnlich geschieht, unter *Berufung* nur die Eignung für eine generelle Form beruflicher Beschäftigung und des bürgerlichen Curriculum verstünde, wenn sie sich vielmehr auf ein integrales und individuelles Programm des Lebens bezöge, wäre es das klarste, wenn wir sagten, daß unser Ich unsere Berufung ist. Nun wohl, wir können unserer Berufung mehr oder weniger treu, und es kann infolgedessen unser Leben mehr oder weniger echt sein.

Wenn man die Struktur des menschlichen Lebens auf diese Weise betrachtet, stellen sich für eine Biographie zwei Hauptfragen, mit welchen sich die Biographen bisher nicht zu beschäftigen pflegten. Die erste sucht die vitale Berufung des dargestellten Menschen zu bestimmen, um die er selbst vielleicht niemals wußte. Jedes Leben ist mehr oder weniger eine Ruine, unter deren Trümmern wir die eigentliche Bestimmung des Menschen entdecken müssen. Wie der Physiker seine *Modelle* müssen wir uns zu diesem Zweck ein imaginäres Leben des Individuums konstruieren, den Umriß seines vollkommenen Daseins, auf welchem wir dann die manchmal sehr beträchtlichen Verbiegungen einzeichnen können, die durch das äußere Schicksal entstanden sind. Wir alle wissen, daß unser wirkliches Leben seinem Wesen nach eine bald größere, bald geringere Deformation unseres möglichen Lebens ist. – In der zweiten Frage handelt es sich darum, die Treue des Menschen gegen sein zugewiesenes Schicksal, gegen sein mögliches Leben zu prüfen. Das erlaubt uns, den Echtheitsgrad seines tatsächlichen Lebens zu bestimmen.

Das Fesselndste ist nicht der Kampf des Menschen mit der Welt, mit seinem äußeren Schicksal, sondern sein Kampf mit seiner Berufung. Wie verhält er sich gegenüber seiner unerbittlichen Berufung? Folgt er ihr ganz und gar, oder ist er im Gegenteil fahnenflüchtig und erfüllt sein Dasein mit den Surrogaten dessen, was sein echtes Leben gewesen wäre? Das ist vielleicht das Tragischste am Menschentum, daß der Mensch versuchen kann, sich selbst einen Wechselbalg unterzuschieben, sein Leben zu verfälschen. Gibt es in der ganzen Welt irgendeine andere Realität, welche das sein kann, was sie gerade nicht ist, die Verneinung ihrer selbst, die Hohlform ihrer selbst? Glauben Sie nicht, daß es der Mühe lohnt, von diesem Gesichtspunkt aus, welcher der wahrhaft *innere* ist, ein Leben Goethes zu entwerfen? So dringt der Biograph in das einzigartige Drama ein, welches ein jedes Leben darstellt; er fühlt sich ergriffen von den bewegenden Kräften, den leid- und lustvollen, welche die tatsächliche Wirklichkeit eines Menschendaseins aufbauen. Ein Leben, das auf diese Weise, von seinem Innern her, betrachtet wird, hat keine *Form*. Kein Ding hat, von innen gesehen, Form. Form ist die äußere Erscheinung, welche eine Wirklichkeit dem Auge darbietet, wenn es sie von außen, als einen bloßen Gegenstand, betrachtet. Wenn etwas nur Objekt ist, ist es nur Erscheinung für etwas anderes und nicht Wirklichkeit für sich. Das Leben kann kein bloßes Objekt sein, denn es besteht gerade darin, daß es ausgeführt, daß es, in Tat und Wirklichkeit, gelebt wird und immer einen Horizont der Offenheit und Unbestimmtheit hat. Es duldet keine Betrachtung von außen; das Auge muß sich in es hineinversetzen und *aus der Wirklichkeit selbst seinen Blickpunkt machen.*

Wir sind der Statue Goethes ein wenig überdrüssig. Dringen Sie in sein Drama ein – unter Verzicht auf die herkömmliche und unfruchtbare Schönheit seiner Gestalt. Unser Körper, von innen gesehen, besitzt nicht das, was man gewöhnlich Form nennt und was, genaugenommen, nur äußere, makroskopische Form ist; in dieser Einstellung stoßen wir auf seine *Feinstruktur*, die mikroskopische Struktur der Gewebe, und, im letzten Grund, auf das reine chemische Kräftespiel. Zeigen Sie uns einen Goethe, der schiffbrüchig und verloren ist in seiner eigenen Existenz, der keinen Augenblick weiß, was aus ihm werden wird – jenen Goethe, der sich selber fühlte »wie eine magische Auster, über die seltsame Wellen weggehen«.

Aber es gibt noch einen anderen Grund, der dafür spricht, den Versuch gerade mit Goethe zu machen. Er ist der Mensch, in dem zum erstenmal das Bewußtsein dämmert, daß das menschliche Leben der Kampf des Menschen mit seinem inneren und individuellen Schicksal ist, das heißt, daß das menschliche Leben aus seinem eigenen Problem besteht, daß seine Substanz nichts Seiendes ist – wie die Substanz der griechischen Philosophie und, auf feinere, aber letzten Endes gleiche Art, die Substanz des modernen Idealismus –, sondern etwas, das sich selber machen muß, das daher nicht ein *Ding* ist, sondern durch und durch problematisch und *Aufgabe*. Darum sehen wir ihn unablässig über sein eigenes Leben gebeugt. Es ist ebenso trivial, diese Besessenheit der Selbstsucht zuzuschreiben wie sie *künstlerisch* zu deuten und uns einen Goethe hinzustellen, der seine eigene Statue schafft. Dic Kunst, jede Kunst, ist sicherlich eine durchaus zu respektierende Erscheinung, aber sie ist oberflächlich und verantwortungslos neben dem furchtbaren Ernst des Lebens. Wir sollten daher besser nicht so leichthin von einer Kunst zu leben sprechen. Goethe beschäftigt sich unaufhörlich mit seinem eigenen Leben, weil das Leben Beschäftigung mit sich selbst ist.* Weil er das ahnt, wird er zum ersten Bürger unserer Zeit, wenn Sie wollen, zum ersten Romantiker. Denn dies ist, literarhistorisch gesehen, das Charakteristikum der Romantik: die vorbegriffliche Entdeckung, daß das Leben nicht eine Realität ist, die auf mehr oder weniger zahlreiche Probleme stößt, sondern daß es ausschließlich aus seinem eigenen Problem besteht.

* In seinem ausgezeichneten Buch *Sein und Zeit* (1927) gelangt Heidegger zu einer Definition des Lebens, welche der hier gegebenen nahesteht. Ich könnte nicht sagen, worin die Beziehung zwischen der Philosophie Heideggers und der philosophischen Grundhaltung besteht, aus der alle meine Schriften erwachsen sind, unter anderem deshalb, weil Heideggers Werk noch nicht abgeschlossen ist und meine eigenen Gedanken noch keinen angemessenen Ausdruck in gedruckter Form gefunden haben; aber ich muß erklären, daß ich diesem Autor zu sehr wenig Dank verpflichtet bin. Es gibt kaum einen oder zwei Begriffe bei Heidegger, die nicht auch in meinen Büchern, zuweilen mit einer Priorität

von dreizehn Jahren, vorkämen. Zum Beispiel die Idee des Lebens als *Unruhe, Sorge, Unsicherheit* und der Kultur als *Sicherheit und Sorge um Sicherheit* findet sich wörtlich in meinem ersten, 1914 erschienenen Buch *Meditaciones del Don Quijote* in dem Kapitel mit der Überschrift Kultur – Sicherheit, S. 116–117. Mehr noch, dort steht auch schon die erste Anwendung dieses Gedankens auf die Geschichte der Philosophie und der Kultur in dem speziellen, für den Fragenkreis so bedeutungsvollen Fall Platos. Ebenso spreche ich seit vielen Jahren in meinen Vorlesungen über die *Befreiung der Idee des Seins von allem Substantiellen und Gegenständlichen*; der Gedanke ist bereits in der Vorrede zu meinem ersten Buch, S. 42, geäußert und seitdem in den verschiedenen Darstellungen des Perspektivismus behandelt worden (allerdings würde ich diesem Terminus heute andere, mehr dynamische und weniger intellektuelle vorziehen). Das Leben als das *Miteinander des Ich und seiner Umstände* (vgl. S. 43), als der *dynamische Dialog zwischen Individuum und Welt* findet sich an zahlreichen Orten. Die Struktur des Lebens als etwas *in die Zukunft Weisendes* ist das beharrlichste Leitmotiv meiner Schriften, wenn sein Ursprung auch dem Lebensproblem, worauf ich es anwende, sehr fern, nämlich in einem durch die Cohensche Logik angeregten Fragenkomplex, liegt. Weiter zitiere ich: *Kurz, die Umstände in sich aufzunehmen ist das konkrete Schicksal des Menschen* (S. 43) und die Theorie von dem *unbestechlichen Grunde*, den ich später das *echte Ich* genannt habe. Selbst die Deutung der Wahrheit als *ἀλήθεια* in dem etymologischen Sinn von Entdeckung, Enthüllung, Entschleierung steht daselbst auf S. 80, ja, was dem noch mehr Nachdruck verleiht, in diesem Buch erscheint schon die Erkenntnis unter dem – heute so sehr aktuellen – Namen des *Lichtes* und der *Klarheit* als der *Imperativ und die Aufgabe*, welche in der *Wurzel menschlicher Verfassung* beschlossen liegen. Ich begnüge mich damit, dies einmal hier zu sagen, da es mich manchmal überrascht, daß selbst die mir Zunächststehenden auch keine entfernte Ahnung von dem besitzen, was ich gedacht und geschrieben habe. Von meinen Bildern abgelenkt, sind sie über meine Gedanken fortgeglitten. Ich verdanke der deutschen Philosophie unendlich viel, und ich hoffe, man wird mir die Anerkennung nicht versagen, daß es einer der wichtigsten Inhalte meiner Bemühungen gewesen ist, Spanien mit dem Strom deutscher Geistesarbeit bekannt zu machen. Aber vielleicht habe ich diese Geste übertrieben und meine eigenen grundlegenden Funde allzusehr verborgen. Zum Beispiel: *»Leben heißt mit der Welt umgehen, sich ihr zuwenden, in ihr wirken, sich mit ihr beschäftigen«* – wer sagt das? Heidegger im Jahr 1927 oder ich im Dezember 1924 in der *Nación* von Buenos Aires und später im VII. Band des *Espectador (El origen deportivo del estado* – Der sportliche Ursprung des Staates)? Und das Entscheidende ist, daß diese Formel nicht zufällig dasteht, sondern zum Ausgangspunkt des Gedankens wird, daß die Philosophie wesensgleich mit dem menschlichen Leben ist, weil dieses hinausgehen muß in die *Welt*, welche für mich damals schon nicht mehr die Summe der Dinge bedeutete, sondern den *Horizont (sic) der Totalität*, der über den

Allerdings führt Goethe selbst uns irre, denn seine Auffassung des Lebens ist biologisch, botanisch. Er sieht das Leben von außen, wie es die ganze Vergangenheit tat. Aber darin äußert sich nur die allgemeine Tatsache, daß die Gedanken, die ein Mensch sich macht, oberflächlich sind, verglichen mit seiner präintellektuellen, gelebten Wahrheit. Goethe *denkt* sein Leben unter dem Bild einer Pflanze, aber er fühlt, *er lebt* es als spannungsvolle Sorge um sein eigenes Sein.

Ich fürchte, durch diese botanische Neigung verliert der Denker Goethe an Bedeutung für die Nöte des gegenwärtigen Menschen. Wir könnten uns sonst einer Reihe von Ausdrücken bedienen, die er benutzt. Wenn sich etwa Goethe auf jene Frage, die ich zu Anfang stellte, auf das angstvolle: Wer bin ich? die Antwort gibt: eine *Entelechie*, so verwendet er wohl das beste Wort, um diesen vitalen Entwurf, diese Berufung zu bezeichnen, woraus unser wahrhaftes Ich besteht. Jeder ist, *was er werden muß*, wenn er es auch vielleicht niemals wird.

Dingen hängt und von ihnen verschieden ist. Ausführungen solcherart in jenem Aufsatz zu finden beschämt vielleicht die jungen Leute ein wenig, die davon *bona fide* nichts wußten. Wäre es *mala fide* geschehen, so würde ich der Sache keine Bedeutung beimessen; das Schlimme für sie ist, daß sie es *bona fide* nicht wußten; ihre *bona fides* sollte ihnen darum ein wenig fragwürdig erscheinen. Genau besehen kommen alle diese Bemerkungen auf eine hinaus, die ich bis jetzt unterdrückt habe und nun kurz aussprechen will. Ich habe 1923 ein Buch veröffentlicht, das sich mit einer gewissen Feierlichkeit *Die Aufgabe unserer Zeit* nennt – vielleicht würde mein reifes Alter mich heute veranlassen, den Titel zu ändern –; in diesem Buch wird mit nicht geringerer Feierlichkeit erklärt, daß die Aufgabe unserer Zeit darin besteht, die reine Vernunft auf die *lebendige Vernunft* zurückzuführen. Gibt es jemanden, der sich bemüht hat, die unmittelbaren Folgerungen aus diesem Satz zu ziehen, ja auch nur einfach seine Bedeutung zu verstehen? Man hat immer, trotz meiner Verwahrungen, von meinem Vitalismus gesprochen; aber niemand hat unternommen – wozu diese Formel auffordert –, die beiden Worte *Vernunft* und *lebendig* zusammenzudenken. Und wie viele werden selbst jetzt, da ich darauf hinweise, imstande sein, die *Kritik der lebendigen Vernunft* zu verstehen, die sich in diesem Buche ankündigt? Da ich viele Jahre geschwiegen habe, werde ich weiter schweigen nach der Unterbrechung dieser knappen Äußerung, die nur dazu da ist, allem verirrten guten Glauben auf die Spur zu helfen.

Kann man das besser in einem einzigen Wort sagen, als indem man *Entelechie* sagt? Aber das alte Wort schleppt eine tausendjährige biologische Tradition nach sich, die ihm einen täppischen Nebensinn von *Zoo*, von einer dem Tier und der Pflanze magisch eingeborenen organischen Kraft gibt. So schwächt auch Goethe die Frage: wer bin ich? zu dem traditionellen: was bin ich? ab. Aber hinter den Kulissen seiner offiziellen Gedanken ertappen wir Goethe, wie er begierig das Geheimnis jenes echten Ich betastet, das still im Rücken unseres tatsächlichen Lebens steht wie seine geheimnisvolle Wurzel, wie die Hand hinter dem geschleuderten Speer und sich unter keiner der äußeren und kosmischen Kategorien begreifen läßt. So sagt er in *Dichtung und Wahrheit*: »Alle Menschen guter Art empfinden bei zunehmender Bildung, daß sie auf der Welt eine doppelte Rolle zu spielen haben, eine wirkliche und eine ideelle, und in diesem Gefühl ist der Grund alles Edlen aufzusuchen. Was uns für eine wirkliche zugeteilt sei, erfahren wir nur allzu deutlich; was die zweite betrifft, darüber können wir selten ins klare kommen. Der Mensch mag seine höhere Bestimmung auf Erden oder im Himmel, in der Gegenwart oder in der Zukunft suchen, so bleibt er deshalb doch innerlich einem ewigen Schwanken, von außen einer immer störenden Einwirkung ausgesetzt, bis er ein für allemal den Entschluß faßt, zu erklären, das Rechte sei das, was ihm gemäß ist.«

Dieses Ich, welches der Entwurf unseres Lebens ist, das, *Was-wir-werden-müssen*, heißt hier *Bestimmung*. Aber das Wort leidet an der gleichen Zweideutigkeit wie das Wort *Schicksal*. Welches ist unser Schicksal, das innere oder das äußere, das, was wir sein müssen, oder das, was Anlage und Welt uns zu sein zwingen? Darum unterscheidet Goethe zwischen dem realen oder tatsächlichen Schicksal und dem ideellen oder höheren, welches offenbar das wahrhafte ist. Das erste kommt zustande durch den Zwang, welchen die Welt uns auferlegt mit *ihrer immer störenden Einwirkung*, die uns unsicher macht über unser wahres Schicksal.

Doch bleibt Goethe hier in der überlieferten Anschauung befangen und verwechselt das Ich, das jeder *sein muß*, ob er will oder nicht, mit einem normativen, generellen Ich, das *sein soll*, das unausweichliche individuelle Schicksal mit dem *sittlichen* Schicksal des Menschen, das nur eine Idee ist, wodurch der Mensch sein Dasein zu rechtfertigen sucht. Diese Doppeldeutigkeit und Begriffsverwirrung, in die ihn die Tradition stürzt, ist der Grund jenes *ewigen Schwankens*; denn über unsere *sittliche Bestimmung* wird sich, wie über alles Geistige, immer streiten lassen. Er fühlte, daß die ursprüngliche ethische Norm nicht etwas dem Leben Beigeordnetes ist, wovon es schließlich auch absehen kann. Er ahnte, daß das Leben an sich ethisch ist, in einem radikaleren Sinn des Wortes; daß in dem Menschen der Imperativ Teil seiner eigenen Wirklichkeit ist. Der Mensch, dessen Entelechie es ist, ein Schurke zu sein, *muß* ein Schurke sein, auch wenn sich seine Moralideen dem widersetzen, seinem unvertauschbaren Schicksal Einhalt gebieten und es erreichen, daß sein wirkliches Leben in einwandfreier Bürgerlichkeit verläuft. Die Tatsache ist schrecklich, aber unleugbar; der Mensch, der ein Schurke sein mußte und durch seinen guten Willen dazu gelangte, es nicht zu sein, verfälscht sein Leben.* Man verwechsle deshalb das Soll-Sein der Moral, das in der geistigen Sphäre beheimatet ist, nicht mit dem vitalen Imperativ, mit dem Muß-Sein der persönlichen Bestimmung, die ihren Sitz im tiefsten und ursprünglichsten Kern unseres Wesens hat. Alles Geistige und Willensmäßige ist zweiter Ordnung und schon eine Antwort, die von unserem Grundwesen hervorgerufen wird. Wenn der menschliche Geist arbeitet, geschieht es bereits, um die Probleme zu lösen, die ihm sein inneres Schicksal stellt.

Darum gelangt Goethe am Ende der Betrachtung zur Klarheit: »Das Rechte ist, was dem Menschen gemäß ist.« Der Imperativ der geistigen und abstrakten Ethik

* Das entscheidende Problem ist, ob ein Schurke zu sein in der Tat eine echte Form von Menschlichkeit ist, das heißt, ob es, in einem viel radikaleren Sinn als dem Lombrosos, einen geborenen Schurken gibt.

wird ersetzt durch den inneren, konkreten Imperativ des Lebens.

Der Mensch erkennt sein Ich, seine eigenste Bestimmung, nur an dem Behagen oder Mißbehagen, das er in seiner jeweiligen Lage empfindet. Seine Stimmung meldet ihm, wie der Zeiger auf einem Registrierapparat, wann seine tatsächliche Existenz das Programm seines Lebens, seine Entelechie, verwirklicht, wann sie davon abweicht. So heißt es in den Gesprächen mit Eckermann 1829: »Der Mensch ist mit allem seinem Sinnen und Trachten aufs Äußere angewiesen, auf die Welt um ihn her, und er hat zu tun, diese insoweit zu kennen und sich insoweit dienstbar zu machen, als er es zu seinen Zwecken bedarf. Von sich selber weiß er bloß, wenn er genießt oder leidet, und so wird er auch bloß durch Leiden und Freuden über sich belehrt, was er zu suchen oder zu meiden hat. Übrigens aber ist der Mensch ein dunkles Wesen, er weiß nicht, woher er kommt noch wohin er geht, er weiß wenig von der Welt und am wenigsten von sich selber.«

»So wird er bloß durch Leiden und Freuden über sich belehrt!« Wer ist dieses Selbst, das sich nur *a posteriori* erklärt durch die Reaktion auf das, was ihm geschieht? Offenbar ist es unser entworfenes Leben, das im Falle des Leidens nicht mit unserem tatsächlichen Leben zusammenstimmt, so daß der Mensch zerrissen wird – in das, was er sein mußte, und das, was er geworden ist. Die Gespaltenheit äußert sich als Schmerz, Angst, Ärger, Verdruß, Leere; die Übereinstimmung dagegen erzeugt das wunderbare Phänomen des Glücks. Es ist erstaunlich, daß man nie auf den beständigen Widerspruch hingewiesen hat zwischen den Ideen des Denkers Goethe über die Welt, dem wenigst Wertvollen an Goethe (seinem spinozistischen Optimismus, seiner Naturfrömmigkeit, seinem botanischen Weltbild, wonach alles ohne Angst und schmerzliche Verirrungen nach einer sanften kosmischen Notwendigkeit geschehen sollte), und seinem eigenen Leben, einschließlich seiner Dichtung. Pflanze, Tier und Stern leben in unbeirrbarer Gewißheit über ihr eigenes Sein. Keiner von ihnen braucht jetzt zu entscheiden, was er im nächsten Augenblick sein wird. Darum ist ihr Leben nicht Drama, sondern – Entwicklung. Aber das Leben des Menschen ist das genaue Gegenteil: er muß in jedem Augenblick entscheiden, was er im nächsten tun wird, und darum den Plan, den Entwurf seines Daseins entdecken. Es ist fast lächerlich, wie Goethe mißverstanden wurde. Dieser Mann hat sein Leben damit verbracht, sich selbst zu suchen oder zu meiden – eine Haltung, die von der Sorge um die vollkommene Verwirklichung seiner selbst so verschieden wie möglich ist. Denn das letzte setzt voraus, daß kein Zweifel darüber besteht, wer man ist, oder daß, wenn dies einmal ermittelt ist, das Individuum zu seiner Selbstverwirklichung entschlossen ist; dann mag die Aufmerksamkeit sich mit Ruhe den Einzelheiten der Ausführung zuwenden.

Ein gewaltiger Teil des Goetheschen Werkes – sein *Werther*, sein *Faust*, sein *Meister* – zeigt uns Geschöpfe, welche die Welt durchstreifen, um ihr inneres Schicksal zu suchen oder – ihm zu entfliehen.

Ich möchte nicht auf Einzelheiten eingehen, denn das schlösse den Anspruch auf eine genauere Kenntnis Goethes in sich, und Sie dürfen nicht vergessen, daß diese Seiten unter der entgegengesetzten Voraussetzung geschrieben werden; es sind Fragen, die ich Ihnen stelle, Probleme, über die ich von Ihnen Aufklärung erbitte. Unter diesem Gesichtspunkt geschieht es, wenn ich Ihnen meine Verwunderung angesichts der Tatsache nicht verberge, daß man es für das Natürlichste von der Welt ansieht, wenn ein Mann von solcher Frühreife wie Goethe, der vor dem dreißigsten Jahr schon seine großen Werke geschaffen, wenn auch nicht vollendet hat, sich noch in den Vierzigern auf den Landstraßen Italiens die Frage stellt, ob er Dichter, Maler oder Gelehrter sei, und am 14. März 1788 aus Rom schreibt.: »In Rom habe ich mich selbst zuerst gefunden, ich bin zuerst übereinstimmend mit mir selbst glücklich.« Das bedenklichste daran ist, daß es sich auch hierbei um einen Irrtum handelt und er noch Jahrzehnte weiterwandern wird auf der Suche nach diesem *Selbst*, dem er irrtümlich in Rom begegnet zu sein glaubt.

In der klassischen Tragödie bricht ein furchtbares äußeres Geschick so eindeutig und unausweichlich über den Menschen herein, daß der Arme ihm erliegt. Aber die Tragödie Fausts und die Geschichte Wilhelm Meisters sind von Grund auf anders: hier besteht das Drama darin, daß ein Mensch sich aufmacht, sein inneres Schicksal zu suchen, und die Welt durchirrt, ohne sich selbst zu finden. Bei den Alten stößt das Leben auf Probleme; bei Goethe ist es selbst problematisch.

Werther, Faust und *Meister* haben das Schicksal des Homunkulus: sie möchten sein und wissen nicht wie, das heißt, sie wissen nicht, wer sie sein sollen. Die Erfüllung, die Goethe dem Leben Wilhelm Meisters gibt, indem er ihn plötzlich zum Wundarzt macht, ist des Verfassers unwürdig; sie ist so willkürlich und oberflächlich, als wenn Goethe selbst für immer in Rom geblieben wäre, um Fragmente antiker Plastiken zu kopieren. Das Schicksal ist gerade das, was man nicht wählt.

Die deutschen Professoren haben herkulische Anstrengungen gemacht, um diese Werke Goethes mit seinen Ideen über das Leben in Einklang zu bringen, natürlich ohne das vorgesteckte Ziel zu erreichen. Weit fruchtbarer wäre das Gegenteil: auszugehen von dem offenbaren Widerspruch zwischen jener optimistischen Naturauffassung, jenem Vertrauen auf die Weltordnung, das alle Beziehungen Goethes zum Universum durchdringt, und der beständigen rastlosen Beschäftigung mit seinem eigenen Leben, mit sich selbst, dank derer er sich keinen Augenblick aus den Augen verliert. Erst wenn man diesen Widerspruch einmal erkannt hat, erhebt sich die fruchtbare Aufgabe, ihn aufzulösen, indem man ihn systematisch erklärt. Denn das ist die Biographie: ein System, in dem die Widersprüche eines Daseins versöhnt erscheinen.

Sie sehen schon, mein Freund, daß ich eine recht naive Vorstellung von Goethe habe. Alles an ihm, bis zu seinen Liebesabenteuern und den geringsten Einzelheiten seiner Person, erscheint mir problematisch – vielleicht weil ich ihn nicht gut kenne. Zum Beispiel ist es mir unbegreiflich, daß seine Biographen nie zu erklären versuchten, warum dieser Mann, dem im Leben scheinbar alles so gut gelungen war, mehr als irgendein anderer unter Verstimmungen litt, wie wir dokumentarisch nachweisen können. Die äußeren Umstände seines Lebens *scheinen* günstig – wenigstens versichern uns das seine Biographen. Er war wirklich eine *Frohnatur*. Warum dann dieser häufige Mißmut?

»›So still und so sinnig!
Es fehlt dir was, gesteh es frei.‹
Zufrieden bin ich,
Aber mir ist nicht wohl dabei.«

Hartnäckige Übellaunigkeit ist ein allzu klares Symptom dafür, daß ein Mensch gegen seine Bestimmung lebt.

Dasselbe möchte ich von seiner Steifheit, von seinem *Perpendikulargang* sagen. Goethes Charakter besitzt eine wunderbare Geschmeidigkeit, die ihn unbegrenzt anpassungsfähig macht. Seine Beweglichkeit, sein Nuancenreichtum, sein Scharfblick für seine Umgebung sind erstaunlich. Warum dennoch diese Steifheit, diese Starrheit? Warum ging er unter den Menschen umher und trug seinen Körper, wie man Standarten in einer Prozession trägt? Sagen Sie nicht, daß dies unwichtig ist! »Die Gestalt ist der beste Text zu allem, was sich über ihn empfinden und sagen läßt« (Stella). Ich denke, es ist nichts Schlimmes dabei, wenn ich Ihnen empfehle, Goethe ein physiognomisches Fragment zu widmen. Ich verweise Sie besonders auf eine Stelle aus dem Tagebuch Friederike Brions – 7. bis 12. Juli 1795 –: »Eine bittere Apathie ruht wie eine Wolke auf seiner Stirn.« Und vor allem auf die unmittelbar darauffolgenden Zeilen, die ich nicht hierhersetze, um Ihnen nicht sagen zu müssen, was ich darüber denke. Vergessen Sie auch nicht »einige unangenehme Züge um den Mund«, von denen Leisewitz in seinem Tagebuch schreibt – 14. August 1780 –

und die man gut auf fast allen Jugendbildnissen erkennen kann.

Fast fürchte ich, Sie werden, wenn Sie meinen Anregungen folgen, in Deutschland heftigen Unwillen erwekken; denn der Goethe, der auf diese Weise zustande käme, hätte mit dem Bild, wie es in den Heiligen Schriften Germaniens entworfen wird, so gut wie nichts mehr zu tun. In der Tat, es gibt keine größere Ketzerei, als wenn man erklärt, daß Goethe verschwenderisch begabt, von unerschöpflicher Begeisterungsfähigkeit und einem ausgezeichneten Charakter – tätig, rein, großmütig, heiter –, aber ... beständig seinem Schicksal untreu war. Daher seine dauernde Verstimmung, seine Geheimrätlichkeit, die Distanz zu seiner eigenen Umwelt, der Zug von Bitterkeit. Er lebt ein Leben *à rebours*. Dem Biographen genügt es, diesen Charakter, diese Gaben spielen zu sehen, die in der Tat bewundernswert sind und ein bezauberndes Schauspiel bieten, solange man nur die Oberfläche des Goetheschen Daseins betrachtet. Aber das Leben eines Menschen ist nicht gleichbedeutend mit dem Spiel der wunderbaren Mechanismen, welche die Vorsehung in ihn hineingelegt hat. Wir müssen vor allem fragen, in *wessen* Dienst sie sich regen; stand der Mensch Goethe im Dienst seiner Berufung, oder war er vielmehr ein ständiger Deserteur seines inneren Schicksals? Diese Frage zu entscheiden ist nicht meine Aufgabe. Ihre Beantwortung ist gleichbedeutend mit dem wesentlichen und einschneidenden Verfahren, von dem ich vorhin sprach und das nur ein Deutscher mit Goethe vornehmen kann.

Doch will ich Ihnen nicht verhehlen, daß ich selbst den – vielleicht unbegründeten, wahrscheinlich naiven – Eindruck habe, als käme im Leben Goethes allzuoft eine Flucht vor. Es beginnt damit, daß er vor jeder wahrhaften Liebe, das heißt vor seinen Jugendlieben, flieht. Er flieht vor seiner dichterischen Berufung, um Weimar in die Arme zu fallen – Weimar, das vielleicht das größte Mißverständnis in der deutschen Literaturgeschichte und, wer weiß, die Ursache dafür war, daß die deutsche Literatur nicht die erste der Welt wurde. Glauben Sie mir, auch wenn dies zunächst wie ein Irrtum, und ein abscheulich paradoxer, erscheint, ja wenn es das letzten Endes selbst wäre – es fehlt mir nicht an Gründen, ihn zu begehen! – Aber dann flieht Goethe auch aus Weimar, das selbst schon eine erste Flucht war, und diesmal sogar unter allen äußeren, sozusagen polizeilichen Merkmalen einer Flucht; er flieht vor dem Hofrat Goethe in den Kaufmann Johann Philipp Möller, der sich in der Folge als ein vierzigjähriger Malschüler in Rom entpuppt.

Die Biographen, die wie der Vogel Strauß entschlossen alle Steine der Goetheschen Lebenslandschaft verschlucken, als wären es Rosen, möchten uns glauben machen, daß Goethe, wenn er vor Liebesbindungen flieht, nur das meidet, was nicht sein Schicksal ist, um sich desto treuer für seine wahrhafte Berufung zu bewahren. Aber welches ist seine wahrhafte Berufung?

Ich will Ihre Geduld hier nicht auf die Probe stellen durch eine erschöpfende Darstellung der Theorie der Berufung, die eine ganze Philosophie einschließt. Ich möchte nur darauf hinweisen, daß die Berufung, obgleich sie immer an die singuläre Person ergeht, natürlich nicht wenige gattungsmäßige Momente enthält. So individuell Sie immer sein mögen, mein Freund, Sie müssen doch ein Mensch, ein Deutscher, ein Kind Ihrer Zeit sein, und jeder dieser Titel zieht eine ganze Liste von Schicksalsbestimmungen nach sich. Nur ist dies alles nicht im eigentlichen Sinn Schicksal, solange es nicht ins Individuelle abgewandelt ist. Das Schicksal ist niemals abstrakt und generell, wenn auch nicht alle Schicksale den gleichen Grad der Konkretion besitzen. Es mag einen Menschen geben, der zur Welt kam, um eine bestimmte Frau zu lieben, auf die er wahrscheinlich nicht stoßen wird; aber den meisten Menschen wurde zum Glück ein weniger differenziertes Liebesschicksal, sie können ihr Gefühl an Legionen einander typisch ähnlicher Frauen heften. Wenn man vom Leben spricht, muß jedes Wort, das man benutzt, durch den geeigneten Index der Individuation ergänzt werden. Diese beklagenswerte Notwendigkeit gehört bereits zum Schicksal des Menschen, insofern er Mensch ist: um als *einzelner* zu leben, muß er *allgemein* sprechen.

Goethes Berufung ... Wenn etwas auf der Welt klar ist, so ist es die Sendung Goethes. Allerdings wäre es ein fundamentaler Irrtum, anzunehmen, daß die Sendung eines Menschen mit seinen ausgeprägtesten Talenten zusammenfällt. Schlegel sagte: Wozu man Begabung hat, hat man Lust. Das ist, so allgemein behauptet, sehr anfechtbar. Die Ausübung eines hervorragenden Talentes wird zweifellos für gewöhnlich von selbst ein Gefühl der Beglückung hervorrufen. Aber diese Lust, diese automatische Beglückung ist nicht die Seligkeit des erfüllten Schicksals. Zuweilen liegt die Berufung nicht in der Richtung der Veranlagung, zuweilen läuft sie ihr geradezu entgegen. Es kann geschehen, wie im Falle Goethes, daß die Vielheit der Gaben die Berufung irreführt und stört oder wenigstens von ihrer Hauptrichtung ablenkt.

Aber lassen wir alle Haarspaltereien! ... es springt in die Augen, daß Goethe das Schicksal eines morgendlichen Rufers, ein Lerchenschicksal, zugeteilt war. Er erschien auf der Erde mit der Sendung, ein deutscher Dichter zu sein, die Dichtkunst seines Landes und, durch sie hindurch, die Dichtung der Welt aufzurütteln. Bei mehr Ruhe und Raum könnten wir diese Definition in allen Einzelheiten durchführen. Wenn wir Goethes Werke kräftig sieben, bleiben uns davon einige fragmentarische Stücke, die wir in der Phantasie ergänzen können wie einen zerbrochenen Bogen, dessen Stümpfe in den Himmel ragen. Das gibt uns eine Vorstellung von dem wahrhaften Umriß seiner dichterischen Sendung.

Von dem Goethe der Straßburger, der Wetzlarer, der Frankfurter Zeit können wir noch sagen: »Wie wahr, wie seiend«* – trotz seiner Jugend und obgleich Jugend immer *noch-nicht-sein* bedeutet.

* Ein Ausruf Goethes beim Anblick eines sich sonnenden Esels.

Aber Goethe nimmt die Einladung des Großherzogs Karl August an. Und nun möchte ich Sie bitten, sich ein Leben Goethes ohne Weimar vorzustellen – einen Goethe, eingesenkt in das Dasein des damaligen Deutschlands, das ganz Gärung, brodelndes Element, geöffnete Poren war; einen Goethe, allen Unbilden preisgegeben, ohne die Basis materieller – wirtschaftlicher und gesellschaftlicher – Sicherheit, ohne wohlgeordnete Schubladen voller Mappen mit Radierungen, über die vielleicht nie ein interessantes Wort gesagt wurde –, kurz das Gegenteil jenes Goethe, der mit fünfundzwanzig Jahren unter die sterile Glasglocke von Weimar gesetzt und durch Zauberkünste zum *Geheimrat* präpariert wird. Das Leben ist die Antwort des Menschen auf die radikale Unsicherheit, aus welcher es seinem Wesen nach besteht. Darum ist es höchst bedenklich für einen Menschen, wenn ihn ein Übermaß scheinbarer Sicherheit umgibt. Das Bewußtsein des Geborgenseins tötet das Leben. Daher der sich immer wiederholende Verfall der Aristokratien. Wie beglückend wäre für die Menschheit ein Goethe gewesen, der in *Unsicherheit*, von der Umwelt bedrängt und unter dem Zwang gelebt hätte, die wunderbaren, in ihm schlummernden Kräfte auszuströmen.

In dem Augenblick, da in dieser königlichen Seele der heroische Frühling einer echten deutschen Poesie erblüht, schneidet ihn Weimar von Deutschland ab, reißt seine Wurzeln aus dem deutschen Boden und verpflanzt ihn in den humusarmen Topf eines Liliputhofes. Eine Saison in Weimar – Weimar als Badeort – wäre heilsam für ihn gewesen. Jene deutsche Literatur, die nur Goethe hätte schaffen können, ist gekennzeichnet durch die Vereinigung von *Sturm und Maß* – dem Sturm des Gefühls und der Phantasie, zweier Dinge, die den übrigen europäischen Literaturen abgehen; dem Maß, das, in verschiedener Form, Frankreich und Italien im Übermaß besitzen. Das Moment des Sturms hätte zwischen 1770 und 1830 jeder bedeutende Deutsche zu liefern vermocht. Was anders als ein einziger wunderbarer Sturm ist die romantische Philosophie! Aber der Deutsche ist nur Sturm; er ist maßlos. Seine Art, zu sein, das, was er ist, wird immer übersteigert durch den *furor teutonicus*. Stellen Sie sich einen Augenblick vor, daß Fichte, Schelling, Hegel – um von den Dichtern zu schweigen – zu allem andern noch eine Dosis *bon sens* besessen hätten! Goethe jedoch vereinigte dank einem seltenen Zufall beide Kräfte in sich. Seine Jugend war stürmisch genug gewesen. Nun handelte es sich darum, die andere Seite auszubilden. Goethe weiß das, und darum geht er nach Weimar, um einige Semester Iphigenismus zu absolvieren. So lange geht alles gut. Aber warum bleibt dieser Mann, dessen Fuß so behende zur Flucht war, in Weimar? Mehr noch: warum flieht er zehn Jahre später und kehrt dann zurück? Seine vorübergehende Flucht ist gleichsam ein glaubwürdiges Dokument dafür, daß er den Hof Karl Augusts hätte verlassen *müssen*. Wir können fast von Tag zu Tag die versteinernde Wirkung verfolgen, die Weimar auf ihn ausübt. Der Mensch erstarrt zur Statue. Statuen sind Menschen, die nicht atmen und nicht ausdünsten können, weil sie keine Atmosphäre haben – eine Mondfauna. Goethe beginnt, gegen den Sinn seiner Sendung zu leben, sich zu *entleben*. Das Maß wird übermächtig und verdrängt die wahre Substanz seines Schicksals. Goethe ist ein Feuer, das viel Holz braucht, aber in Weimar gibt es keinen Brennstoff, wie es keine Atmosphäre gibt – es ist ein geometrischer Ort, das Großherzogtum der Abstraktion, die Imitation, des Unechten; es ist das Reich des Als-ob.

In Andalusien liegt eine kleine Stadt am Gestade des Mittelländischen Meeres, die den entzückenden Namen Marbella führt. Dort lebten bis vor einem Vierteljahrhundert einige Familien von altem Adel, die ihren kläglichen äußeren Umständen zum Trotz darauf bestanden, sich wie große Herren früherer Zeiten zu gebärden, und mit verflossenem Pomp gespenstische Feste feierten. Gelegentlich eines dieser Feste widmeten ihre Nachbarorte ihnen folgende Strophe:

In einer sozusagenen Stadt
Machten sozusagene Ritter
Auf sozusagenen Rossen
Ein sozusagenes Turnier.

Jetzt können wir von Goethe nicht mehr sagen: »Wie seiend!«, außer in kurzen Eskapaden, wenn er sich für Augenblicke von seinem Schicksal fortreißen läßt. Sein Leben nimmt jenen sonderbaren Zug der Unbefriedigtheit von sich selbst an. Nichts, was er ist, ist er ganz und voll: er ist ein Minister, der eigentlich kein Minister ist, ein Theaterdirektor, der das Theater verabscheut; und da er einmal durch unabänderlichen göttlichen Ratschluß ein Dichter ist, zwingt er den Dichter, der er ist, das Bergwerk von Ilmenau zu besuchen und Soldaten auszuheben, wobei er ein Dienstpferd reitet, das er *Poesie* nennt. (Wie dankbar wollte ich Ihnen sein, wenn Sie mir beweisen könnten, daß dies *sozusagene* Pferd pure Erfindung eines Übelwollenden ist.)

Goethe ist ein furchtbares Beispiel dafür, daß ein Mensch nur *ein* echtes Leben haben kann: das, wozu er berufen ist. Wenn seine Freiheit ihn verführt, sein unwiderrufliches Ich zu verleugnen und ihm ein anderes willkürliches unterzuschieben – willkürlich, auch wenn es durch die würdigsten *Gründe* gestützt wäre –, schleppt er ein gespenstisches, unbefriedigtes Dasein, ein Dasein zwischen – Dichtung und Wahrheit. Goethe hatte sich an eine derartige Lebensform schließlich so sehr gewöhnt, daß er die Wirklichkeit nicht mehr brauchte; und wie sich dem König Midas alles in Gold verwandelte, was er berührte, verwandelt sich, verflüchtigt sich ihm alles zum Symbol. Daher die sonderbar unwirklichen Liebesverhältnisse seiner späteren Zeit. Schon seine Beziehungen zu Charlotte von Stein sind zweideutig; wir würden sie nicht verstehen, wenn sein Quasi-Erlebnis mit Marianne von Willemer uns nicht endgültig darüber aufklärte, zu welchem Maß von Irrealität dieser Mann gelangt war. Denn macht man wirklich Ernst damit, daß das Leben ein Gleichnis ist, so ist ein Ding so gut wie das andere; so ist es gleichviel, mit »Christelchen« zu Bett zu gehen oder sich in einem »ideal-pygmalionischen Sinne«* mit einer Skulptur des Palazzo Caraffa zu vermählen. Das Schicksal jedoch ist das genaue Gegenteil des *Gleich-Viel,* des Symbols.

Hier können wir die Entstehung einer Idee belauschen. Jede Idee, die wir uns bilden, ist eine Antwort – eine positive oder negative – auf die Situationen, vor die unser Schicksal uns stellt. Der Mensch, der ein anderes als sein eigenes Leben lebt, der sich gefälscht hat, muß sich vor sich selbst zu rechtfertigen suchen. (Ich kann jetzt nicht darlegen, warum die Rechtfertigung vor sich selbst eine wesentliche Komponente jedes Lebens, des echten wie des falschen, ist. Der Mensch kann nicht existieren, er kann auch nicht einen einzigen Schritt tun, wenn sein Leben nicht vor ihm selbst besteht.) Und darin liegt die Quelle für den Mythos des Symbols. Ich will hier nicht seine Wahrheit oder Falschheit in irgendeiner seiner vielen möglichen Bedeutungen untersuchen. Mich beschäftigen nur seine Entstehung und seine vitale Wahrheit.

»Ich habe mein Wirken und mein Werk immer für bloß symbolisch gehalten, und im Grunde war es mir ziemlich gleichgültig, ob ich Töpfe oder Schüssel machte.« Diese Worte, die so oft gedeutet worden sind, steigen flügelschlagend aus Goethes Alter auf und lassen sich mit sanfter Wendung ihres Fluges am Grabe Werthers nieder. Sie sind wertherisch, nur ohne die blutige Tragik. Was dort die Pistole vollbrachte, vollbringt hier die Gleichgültigkeit. Im einen wie im anderen Fall handelt es sich um einen Menschen, der sich seinem Schicksal entzieht. Wenn alles, was der Mensch macht, bloßes Symbol ist, welches ist dann die letzte Wirklichkeit, die sich in dem Symbol symbolisiert, worin besteht das wahrhaft von ihm zu Machende? Denn darüber herrscht kein Zweifel, das Leben ist etwas, das getan sein will. Wenn es weder Töpfe noch Schüsseln sind, wird es et-

* Vgl. *Italienische Reise,* Rom, April 1788.

was anderes sein, was in Wahrheit gemacht werden soll. Was ist das? Was ist für Goethe das wahrhafte Leben? Offenbar etwas, das sich zu jedem konkreten Leben verhält wie die Urpflanze zur Pflanze – die bloße Form des Lebens ohne seine bestimmten Inhalte. Mein Freund, eine vollständigere Verdrehung der Wahrheit ist schwer auszudenken. Denn Leben ist gerade der unerbittliche Zwang, sich zu bestimmen, sich in ein einmaliges konkretes Schicksal einzupassen, es hinzunehmen, das heißt, sich zu entschließen, es zu sein. Unsere Aufgabe ist, ob wir wollen oder nicht, die Verwirklichung unserer *Person*, unserer Berufung, unseres vitalen Programms, unserer *Entelechie*. Das bedeutet aber, daß das Leben seinem Wesen nach aus einem Imperativ besteht, welcher dem Goetheschen stracks zuwiderläuft. Goethe ermahnt uns, daß wir uns von der konkreten Oberfläche, auf die das Leben sein einmaliges Muster zeichnet, zurückziehen zum abstrakten Zentrum des Lebens, zum Urleben. Vom tatsächlichen Sein zu einem Sein der Möglichkeit nach. Denn das ist die Urpflanze, das Urleben: unbeschränkte Möglichkeit. Goethe scheut davor zurück, sich in ein Schicksal einzumauern, das als solches alle anderen Möglichkeiten zugunsten einer einzigen ausschließt. Er möchte sich nicht festlegen, in keinem Augenblick. Aber sein vitales Bewußtsein, das ursprünglicher und früher ist als das *Bewußtsein überhaupt*, sagt ihm, daß er hiermit eine Todsünde begeht; und so versucht er, sich vor sich selbst zu rechtfertigen. Auf welche Weise? Indem er sich selbst mit zwei Ideen besticht. Die eine ist die Idee des tätigen Lebens. »Du sollst sein«, mahnt ihn das Leben, das Berufung heißt, weil es ruft. Und er verteidigt sich: »Bin ich denn nicht, da ich doch unablässig tätig bin? Ich mache Töpfe, ich mache Schüsseln, ich ruhe keinen Augenblick.« – »Das ist nicht genug«, drängt das Leben. »Auf Töpfe und Schüsseln kommt es nicht an. Es genügt nicht, daß du tätig bist. Du sollst *dich* machen, dein allerpersönlichstes Schicksal. Du mußt dich entscheiden – unwiderruflich. Wahrhaftig leben heißt, unwiderruflich etwas Bestimmtes sein.« Da versucht Goethe, der große Verführer, das Leben mit dem schönen Lied seiner zweiten Idee zu bezaubern, mit dem Gedanken des Symbols. »Das eigentliche Leben ist das Urleben, welches jeder bestimmten Gestaltwerdung entsagt« – singt er seinem anklägerischen Herzen vor. Man begreift, daß sich Schiller nach seinem ersten ehrlichen Eindruck von Goethe, als ihn der Charme noch nicht bezaubert hatte, der von Goethes Gegenwart ausging, über den Weimarer Höfling entsetzte. Er ist das Gegenteil von Goethe, dem er an Begabung unendlich nachsteht; aber sein kantiges Profil spaltet wie der Bug eines Kriegsschiffes das schäumende Leben, und er wirft sich ohne Zaudern in sein Schicksal. Und Goethe? »Er bekennt sich zu nichts.« »Er ist an nichts zu fassen.«

Daher der Eifer, mit dem Goethe vor sich selbst den Gedanken einer Wirklichkeit *sub specie aeternitatis* verteidigt. Wie es eine Urpflanze und ein Urleben gibt, so gibt es eine Urpoesie ohne Zeit und Ort und bestimmtes Gewand. Das ganze Leben Goethes ist eine einzige Bemühung, sich von der Verhaftung an die raumzeitliche Scholle und von der konkreten Bestimmtheit des Schicksals zu befreien, die gerade das Wesen des Lebens ausmachen. Er strebt nach dem Nirgendwo und Nirgendwann.

Dadurch kommt es zu einer überaus sonderbaren menschlichen Deformation bei ihm. Er war es gewesen, der den ersten vollen Akkord einer Dichtung anschlug, welche von der gelebten Wirklichkeit des einzelnen Menschen, von seinem persönlichsten, seiner Welt und seinem äußeren Schicksal preisgegebenen Ich ausging. Aber so sehr schwimmt er gegen den Strom seiner eigenen Berufung, daß er schließlich nichts mehr von sich aus machen kann. Um schaffen zu können, muß er sich zuerst ein fremdes Ich umhängen: einen Griechen, einen Perser – Töpfe, Schüsseln. Denn das sind die feinsten, aber verräterischsten Fluchtversuche Goethes: seine Flucht auf den Olymp, seine Flucht in den Orient. Er kann nicht mehr aus seinem eigenen, unvertauschbaren Ich, aus seinem Deutschland heraus schaffen. Die Inspiration muß ihn schon unvorbereitet überfallen, damit sich ein neuer deutscher Gegenstand seiner bemächtigt und er *Hermann und Dorothea* schreibt. Und auch dann stellt er ihn noch in dem Streckapparat des Hexameters dar, welcher, indem er sein fremdes Gerüst zwischen die ursprüngliche Eingebung und das Werk schiebt, dieses zu einer Ferne, einer Feierlichkeit und Eintönigkeit zwingt, die ihm alle Unmittelbarkeit rauben, allerdings um ihm als Ersatz dafür die *species aeternitatis* zu verleihen.

Aber eine *species aeternitatis* gibt es in Wahrheit gar nicht. Und das ist kein Zufall. Was es in Wahrheit gibt, ist das Wirkliche, das Schicksalsmäßige. Und das Wirkliche ist niemals *species, Aspekt,* Schaustück und Gegenstand für einen Betrachter. Das ist gerade das Nicht-Wirkliche, unsere Idee, und nicht unser Sein. Europa muß von seinem *Idealismus* geheilt werden, wodurch allein es auch allen Materialismus, Positivismus, Utopismus überwinden kann. Ideen sind immer allzu leicht erreichbar für unsere Willkür und ihr allzu willfährig – sie sind immer widerruflich. Wir müssen ganz gewiß in immer wachsendem Maße *mit* Ideen leben; aber wir müssen aufhören, *aus* unseren Ideen zu leben, und lernen, aus unserem unerbittlichen, unwiderruflichen Schicksal zu leben. Unser Schicksal hat über unsere Ideen zu entscheiden und nicht *umgekehrt.* Der primitive Mensch lebt verloren in der Welt der Dinge; wir leben verloren in einer Welt der Ideen, dank derer sich uns das Dasein als eine Art Schaufenster gleichwertiger Möglichkeiten, eine Auslage des *ziemlich Gleichgültigen* präsentiert. (Unsere Ideen – das heißt die Kultur. Die gegenwärtige Krise ist weniger eine Krise der Kultur als der Stellung, die wir der Kultur gegeben haben. Wir haben sie vor und über das Leben gestellt, und sie sollte hinter und unter ihm sein – denn sie ist eine Antwort auf das Leben. Wir haben jetzt dafür zu sorgen, daß der Wagen nicht mehr vor die Ochsen gespannt wird.) Das Leben verlangt die Preisgabe des Zustands der Bereitschaft.

Bloße Bereitschaft kennzeichnet die Jugend gegenüber der Reife. Der Jüngling ist noch nichts Bestimmtes, Unwiderrufliches; er ist Bereitschaft zu allem. Das ist seine Anmut und seine Anmaßung.

Da er sich zu allem mächtig fühlt, meint er, es auch schon zu sein. Er braucht nicht aus sich selbst zu leben; er lebt der Möglichkeit nach alle fremden Leben: er ist zugleich Homer und Alexander, Newton, Kant, Napoleon und Don Juan. Er hat alle diese Leben *geerbt*. Der Jüngling ist immer *Patrizier, junger Herr*. Erst die wachsende Unsicherheit seines Daseins schaltet immer mehr Möglichkeiten aus; und so reift er. Aber stellen Sie sich einen Menschen vor, der in voller Jugend wie durch Zauberei in ungewöhnlich gesicherte Lebensumstände gestellt wird. Wie wird es ihm ergehen? Wahrscheinlich wird er niemals aufhören, jung zu sein; seine Neigung, in Bereitschaft zu verharren, wird gehätschelt, gefördert, befestigt werden. Und nach meiner Meinung ist das der Fall Goethes. Wie alle großen Dichter neigte er von Natur dazu, jung zu bleiben. Poesie ist fortgärende und auf solche Art ewig bewahrte Jugend. Daher noch in Goethes höherem Alter die plötzlich hervorbrechenden Liebesleidenschaften und mit ihnen verbunden alle Attribute des Frühlings – Seligkeit, Verzweiflung, Verse. Für ein Temperament wie das seine war es entscheidend, in welcher äußeren Verfassung ihn das Ende seiner ersten, der eigentlichen Jugend antraf. Bei den meisten Menschen ist dies der Augenblick, in dem sie sich zum erstenmal durch die Umwelt bedrängt fühlen. Es beginnen die ernsthaften wirtschaftlichen Schwierigkeiten, es beginnt der Kampf mit den Mitmenschen. Man entdeckt, wie rauh und unwirtlich, ja feindselig die Umstände der Welt sind. Dieser erste Ansturm überrennt entweder auf immer den heroischen Vorsatz, das zu sein, was wir im Verborgenen sind, und der Philister wird in uns geboren, oder unser *Ich* kommt durch den Zusammenprall mit dem *Gegen-uns*, welches das Universum ist, gerade zur Klarheit über sich selbst und entscheidet sich dafür, zu sein, sich durchzusetzen, dem äußeren Schicksal sein

Bild aufzuprägen. Wenn aber in dieser Stunde die Welt, anstatt uns den ersten Widerstand entgegenzusetzen, vor uns nachgibt, sich plötzlich um unsere Person her erweicht und unsere Wünsche ohne weiteres willig und wie durch Zauberei erfüllt, so wird unser Ich entspannt einschlafen; anstatt sich klar zu begrenzen, bleibt es verschwommen. Nichts lockert die tiefen Spannkräfte des Lebendigen so sehr wie allzu leichte Gelegenheiten. Etwas derart bedeutet in jener entscheidenden Epoche aber Weimar für Goethe. Weimar ermöglicht es ihm, sich in seiner Jugend zu verkapseln; und so bleibt er für immer in Bereitschaft. Das Problem seiner Stellung in der Welt ist mit einem Schlag für ihn gelöst, ohne daß irgend etwas Bestimmtes von ihm verlangt wird. Goethe gewöhnt sich daran, auf dem Leben zu schwimmen – er vergißt, daß er ein Schiffbrüchiger ist. Viele tätige Kräfte, die schicksalhaft in ihm liegen, entarten zu Liebhabereien. Ich kann in seinem späteren Leben nicht einen einzigen Augenblick schmerzlicher Bemühung entdecken; und Bemühung ist nur wahrhaft Bemühung, wenn sie zu schmerzen beginnt; alles andere ist – *Tätigkeit*, die mühelose Mühe der Pflanze, wenn sie blüht und Frucht trägt. Goethe wird vegetativ. Pflanzenhaft ist das organische Dasein, das nicht mit seiner Umwelt kämpft und daher nur in einem günstigen Milieu, von dem es genährt und gehegt wird, leben kann. Weimar war der Kokon, den der Seidenwurm absondert, um ihn zwischen sich und die Welt zu legen.

Sie werden jetzt sagen, mein Freund, daß ich an einer ungerechtfertigten Antipathie gegen Weimar leide. Vielleicht. Aber gestatten Sie mir folgende einfache Überlegung: Sie sind ein einsichtsvoller Deutscher. So bitte ich Sie, stellen Sie sich vor – *realisieren* Sie, wie die Engländer sagen –, was die Universität Jena in den Jahren 1790–1825 bedeutete. Haben Sie gehört, mein Freund? Jena! Jena! Ich, ein unbedeutender Keltiberer, von diesem Ort getrennt durch einen Abstand von Tausenden von Kilometern und eine noch viel größere Verschiedenheit der geistigen Art, habe auf meiner dürren mediterranen Hochebene, 800 Meter über dem Meer – der mittleren Höhe Afrikas – diesen Namen nie hören können ohne einen Schauer der Ehrfurcht. Das Jena jener Zeit bedeutet einen unerhörten Reichtum an den edelsten geistigen Anregungen. Ist es nicht ein furchtbares Zeichen für die Undurchdringlichkeit Weimars, daß Jena, von dem es zwanzig Kilometer entfernt ist, auch nicht im geringsten darauf abfärben konnte? Ich habe mir Fichte nie in einem Gespräch mit Frau von Stein vorstellen können, weil ich mir nicht vorstellen kann, daß ein Büffel je mit einem Schatten sollte sprechen können. Und Goethes Natur war so herrlich. Wie lebhaft, wie überströmend antwortete er auf jedes Stück echter Welt, das man ihm zuwarf! Es genügte so wenig Holz, um ihn in Flammen zu setzen. Irgend etwas: eine Reise an den Rhein, eine Kur in Marienbad, eine fesselnde Frau, die gleich einer wandernden Wolke über Weimar fortzog – und Flammen! Flammen!

Weimar trennte ihn auf bequemere Art von der Welt, aber es trennte ihn zugleich von sich selbst. Goethe suchte sein Schicksal so sehr, es war ihm so wenig klar, weil er, indem er es suchte, von vornherein entschlossen war, es zu fliehen. Manchmal stieß er, wenn er um eine Ecke bog, plötzlich auf das Ich, das er war; dann rief er mit entwaffnender Treuherzigkeit aus: »Eigentlich bin ich zum Schriftsteller geboren!«

Vor allem, was einer unwiderruflichen Entscheidung gleichkam, empfand Goethe schließlich ein Gefühl, das aus Angst und Haß gemischt war, Wie er vor der Liebe eben in dem Augenblick flieht, da sie zum Abgrund wird, in den man stürzt, das heißt zum Schicksal, so flieht er vor der Französischen Revolution und vor der Erhebung Deutschlands. Warum? Napoleon sagte es ihm: »Die Politik ist das Schicksal.«

Und so weiter. Und so weiter. Der Gegenstand ist unerschöpflich. Ich habe ihn hier nur von einer Seite, an einem seiner Hörner gepackt – und ihn übertrieben. Aber denken, sprechen heißt immer übertreiben. Im

Denken, im Sprechen setzen wir uns vor, die Dinge zu klären, und das zwingt uns dazu, sie auf die Spitze zu treiben, sie aus dem Zusammenhang zu lösen und zu schematisieren. Jeder Begriff ist schon Übertreibung.

Jetzt wäre zu zeigen, warum Goethe, der seinem Ich untreu war, uns gerade Treue gegen das unserige gelehrt hat. Aber dies Geschäft bleibt der Goethe-Darstellung vorbehalten, die Sie uns geben werden. Ich wüßte kein anziehenderes Thema. Denn eigentlich taugen weder seine biologischen Ideen über das Leben noch seine persönliche Lebensführung als Wegleitung und Hinweisung des Menschen zu seinem eigenen Ich und Schicksal. Und dennoch – wer könnte daran zweifeln – steht Goethe an unserem Horizont als der große Rufer, der die entscheidende Mahnung an uns richtet: Befreie dich von dem *anderen* zu dir *selbst!*

Wenn wir die Gestalt Goethes klären wollen, damit sie diese Bedeutung auf eine grundlegendere Weise für uns erhält und uns so dienen kann, müssen wir nach meiner Meinung die Form unseres Umgangs mit ihm vollkommen umkehren.

Es gibt nur eine Methode, die Klassiker zu retten: wenn wir sie ohne Umstände zu unserer eigenen Rettung gebrauchen, das heißt, wenn wir von ihrer Eigenschaft als Klassiker absehen, sie zu uns heranziehen und vergegenwärtigen, indem wir neues Leben in sie einströmen lassen mit dem Blut aus unseren Adern, das aus unseren Leidenschaften besteht – und aus unseren Problemen. Statt hundertjährig zu werden bei Hundertjahrfeiern, sollten wir die Klassiker auferstehen lassen und sie wieder in das Leben einbeziehen.

Am 4. Juni 1866 legte ein Lieblingsschüler Mommsens der Universität Berlin für seine Doktordisputation folgende These vor: *Historiam puto scribendam esse et cum ira et cum studio.*

Es ist der naivste Irrtum, den man begehen kann, wenn man *ira et studium* für unverträglich mit der *Objektivität* hält. Wie wenn die Objektivität etwas anderes wäre als eine der zahllosen Schöpfungen, die wir dem *ira et studium* des Menschen verdanken! Es gab eine Zeit, da man glaubte, die Orchideen wüchsen wurzellos in der Luft. Es gab eine Zeit, da man glaubte, die Kultur brauche keine Wurzeln ... Es ist noch nicht lange her und ist doch schon so lange her ...

Ortegas lebendige Vernunft

Im POMBO, dem berühmtesten Künstler-Café im Madrid der zwanziger Jahre, fand 1920 ein Bankett zu Ehren José Ortega y Gassets (1883–1955) statt, auf dem dessen Freund und Initiator der spanischen literarischen Avantgarde Ramón Gómez de la Serna (1888–1963) die Laudatio hielt. Über eine wesentliche Seite des intellektuellen Profils Ortega y Gassets hieß es darin:

»Ich würde sagen, daß Ortega die Wiederkehr des Sokrates auf der Erde vorstellt. Auf ganz direkte Weise will er die Leute auf der Straße zu einer beachtenswerten Ethik bilden, wobei er sich alles vom Gespräch erhofft. Wie Sokrates nach irgend etwas fragt, um den Faden des Gesprächs mit dem Unbekannten zu knüpfen, so scheint auch Ortega sich zuweilen nach der Uhrzeit zu erkundigen, nur um mit dem unbekannten Passanten ins Gespräch zu kommen und ihm dann die ganze Theorie der Zeit zu offerieren.«

José Ortega y Gasset erweist sich im Panorama der europäischen bürgerlichen Philosophie des 20. Jahrhunderts als ein gleichermaßen singuläres wie säkulares Ereignis. Dies nicht nur wegen seines reichhaltigen, für einen akademischen Philosophen aber auch schon fast anstößig disparaten Werkes (er schrieb über das Golfspiel und über Kant, über Mallarmé und die Jagd, über Frauen und Politik), sondern auch wegen der Einzigartigkeit seiner erhellenden Skizzen und Versuche, seiner glänzenden Analysen, die er in überraschenden Assoziationen und Einfällen kundtat, und wegen der Frische, Kühnheit und des Herausfordernden seiner Diktion. Die geistigen Quellen, aus denen Ortega lebt, sein weltanschaulicher Antrieb, kommen aus der klassischen Denkform: Weltbürgerlichkeit und Universalismus sind die zentralen Werte seiner geistigen Existenz. Dementsprechend gehören namentlich Immanuel Kant und Gottfried Wilhelm Leibniz, über den er sein philosophisches Spätwerk (*La idea de principio en Leibniz y la evolución de la teoría deductiva*, 1958) schrieb, für Ortega zu den unverzichtbaren philosophischen Leitbildern für die Gegenwart. Ortega war, wie er in seinem ersten Buch, *Meditationen über Don Quijote* (1914), schrieb, der Überzeugung, daß »der Mensch auf der Erde eine Mission der Klarheit« zu erfüllen habe; daß der philosophische Gedanke sich mit der lebendigen Erfahrung der Menschen verbinden müsse. Hinter dieser früh ausgebildeten Überzeugung steht ein aufklärerisches Ideal, worin sich Ortegas spanische Erfahrungen mit denen seiner philosophischen Lehrjahre in Deutschland zu einer geistigen Haltung verknüpfen.

In seiner philosophischen Bildung hat ihn zuerst und nachhaltig Kant zur gedanklichen Präzision, zur Idee der Unabgeschlossenheit der Welt und vor allem demzufolge zum Verstehen des Erkennens als Konstruktion und Experiment im Denken gebracht. »Um mich zu verstehen«, so hat er einmal gesagt, »sollte man nicht vergessen, daß da einer spricht, der Deutschland vier Fünftel seines geistigen Besitzes verdankt.« Aber gleichwohl das Erlebnis der deutschen Philosophie – durch intensive Studien in Leipzig bei Wilhelm Wundt, in Berlin bei Georg Simmel und in Marburg bei Hermann Cohen – zu seinen prägendsten Eindrücken gehört, wird er doch nicht – glücklicherweise – zu einem deutschen Philosophen. Davor bewahrt ihn neben seiner mediterranen Mentalität nicht zuletzt die Verinnerlichung des Appells des verehrten Kant: »Habe Mut, dich deines eigenen Verstandes ohne Leitung eines anderen zu bedienen!«

So konnte er sich dann auch ungefährdet einem Denker nähern, dem auch das Deutsche zum Schicksal, hier allerdings zum Verhängnis wurde, weil er sich nicht davon befreien konnte: Friedrich Nietzsche. Ohne ihn wären einige wesentliche Ideen bei Ortega nicht denkbar, u.a. verstärken sich dadurch der evolutive Grundzug seines Denkens und sein Sinn für die Synchronität und Intensität von Lebensformen. Ortega teilt zwar mit Nietzsche vor allem eine mentale Ironie, ohne jedoch in dessen Verkündigungspathetik zu verfallen, und so philosophiert er nicht – wie dieser – mit dem Hammer seiner furchtbaren Ahnungen, sondern eher mit dem Degen in frappierenden Paraden.

Ortegas Konversation mit der deutschen Kultur erweist sich so gerade für diese selbst als überaus bedeutsam, denn er unternimmt in seinen Reflexionen immer den Versuch der Läuterung von deren Selbstverständnis, und zwar derart, daß er die weitverbreitete Esoterik in der deutschen (aber nicht nur deutschen) geistesgeschichtlichen Selbstdarstellung ins Exoterische, Plastische, Einprägsame zu transformieren bemüht ist. Er vermag so die Statik, Schwere und (deutsche) *Tiefe* zu überwinden und ihre von manchen noch als positiv vermutete *Systematik* aufzubrechen.

An Ortegas Essayistik bewundern wir die vielfältige, pointenreiche Annäherung an geschichtliche Ereignisse und Gestalten. Er ist hellwach für das Dynamische im Fortschreiten, für die Phänomenologie einer sich beständig wandelnden Wirklichkeit, ohne nostalgisch – oder bloß klagend – dem damit auch unwiederbringlich Verschwindenden nachzustreben.

So ist Ortegas *quijotismo* natürlich nichts rückwärts Gewandtes, gar Konservatives, denn ihn lähmt die Last der Vergangenheit und der Traditionen nicht, sondern er ist geistig frei für das immer wieder anzutretende Experiment Gegenwart – als kulturelle, wissenschaftliche und nicht zuletzt politische Aufgabe für den Menschen.

Diese Option für Diesseitigkeit und Machbarkeit der Realität, für universelle Überwindung traditionalistischer Lebens- und Denkformen ließ Ortega zunächst für Spanien mit seiner heillosen Provinzialisierung (»Tibetisierung«, wie Ortega sagt) zur beispielhaften intellektuellen Kraft und Orientierungshilfe werden.

In den *Meditationen über Don Quijote* entfaltet er sein

Programm der Rettung der spanischen Kultur, die er sich als Spaniens *Rettung durch den Begriff* und seine kulturelle Europäisierung vorstellt. Entsprechend dem Grundgedanken seiner Philosophie, nach der der Mensch in tätiger Beziehung zu seiner geschichtlichen und natürlichen Welt, zu seinen *Umständen* aufgefaßt wird: »Ich bin ich und mein Umstand, und wenn ich ihn nicht rette, verliere ich mich.« Die Rettung spanischer Umstände ist das eigentliche Thema des Buches, das in seinem ersten Teil Spaniens Stellung in Europa beleuchtet und in seinem zweiten den von Cervantes' Roman ausgehenden Versuch einer Theorie des Romans darstellt. Dieser Versuch ist insbesondere auch dadurch bedeutsam, daß er (anders als Lukács) die Tradition des modernen Romans mit ihren paradigmatischen *Gipfelpunkten* des *Don Quijote* und der *Madame Bovary* durch das Kriterium der Beschreibung verbunden sieht und daß er (anders als Croce) die Existenz der literarischen Gattungen verteidigt.

Mit Cervantes als Bezugspunkt hat Ortega das seit der Aufklärung in Spanien diskutierte Thema einer nationalen Selbstkritik aufgegriffen und in eine neue Richtung gelenkt. Einen Gipfelpunkt erreichte diese nationale Selbstkritik, die im genauen Sinn eine Reflexion über die »langwährende Total-Agonie des spanischen Feudalismus« (Walter Markov) gewesen ist, nach 1898, als Spanien mit Kuba und den Philippinen seine letzten Kolonien an den nordamerikanischen Imperialismus verlor. Hierbei dominierte – etwa bei Joaquín Costa, Angel Ganivet, Miguel de Unamuno oder Azorín – das Klagen über den Verlust des *siglo de oro*, als dem eigentlichen Wesen der Hispanität. »Erst Ortega y Gasset hat gezeigt, daß die spanische Gegenwart keine Erscheinung der Dekadenz, d. h. eines Abfalls vom Wesen, darstelle, sondern als Ausfluß einer Anomalie *ab origine*, eines Konstitutionsfehlers, zu begreifen sei« (Werner Krauss). Und: die spanische Verspätung gegenüber den bürgerlichen Nationen Westeuropas erscheint Ortega als die Chance für den Aufbau einer universalen Kultur, die die Gefahren *barbarischen Spezialistentums* zu vermeiden und zu kompensieren vermöchte. Ortega hat diesen Gedanken ernst genommen und sich z. B. dafür eingesetzt, an der Madrider Universität eine *Fakultät für Kultur* einzurichten, die für Spanien den Grundgedanken der *universitas litterarum* als ein unverzichtbares Erbe zu retten suchte.

Mit einer geschärften Aufmerksamkeit reflektierte Ortega die Krisensymptome in den politischen Formen der zeitgenössischen bürgerlichen Gesellschaft. Er bemerkte hier sehr wohl die – im Faschismus dann real gewordene – Gefahr der Selbstzerstörung seiner bürgerlichen Welt. Eine der Ursachen dafür sah er in der Ohnmacht traditioneller Herrschaftsmechanismen angesichts des Auftretens sozialer Massen in den modernen Gesellschaften; exemplarisch zeige sich an der Entwicklung der Vereinigten Staaten (als dem Land mit der ausgeprägtesten Massenkultur) die Barbarei, die dieser Form politischen Lebens innezuwohnen scheint.

Ortega wollte versuchen, diesen Prozeß der Überwucherung bzw. Egalisierung von ehemals unterschiedlichsten sinnvollen Strukturen und Hierarchien durch einen neuen, leistungsfähigen Führungstypus aufzuhalten, wobei die Idee einer kulturellen Elite entsteht. Diese Idee ist im Gedankengut des sogenannten Krausismus verwurzelt. Der Krausismus, der auf die Rezeption des thüringischen Spätkantianers Karl Christian Friedrich Krause (1781–1832) zurückgeht, hatte einen aufklärerischen und antiklerikalen Impetus, d. h., mit ihm waren die Hochschätzung der modernen Wissenschaft und die Ablehnung konfessioneller Privilegien verbunden.

Ortegas Eliten sind keine der Geburt, der Tradition oder bestimmter sozialer Schichten, sie sind allein gebunden und lebendig durch die kulturelle Innovationsfähigkeit, die von ihnen ausgeht. Ortega setzte die große Tradition dieses krausistischen Liberalismus in Spanien fort. In der von Krausisten gegründeten *Institución Libre de Enseñanza* (Freien Unterrichtsschule) und in der *Residencia de Estudiantes*, die beide 1939 sofort von den Falangisten verboten wurden, bildete sich eine solche geistige Elite heran, die das moderne Gesicht der spanischen Wissenschaft und Kultur geprägt hat. Aus dieser Tradition kommt auch Ortega y Gasset. Mit seinem Begriff der Elite des Geistes wurde Ortegas Denken für eine neue Selbstbesinnung der aufklärerisch liberalen spanischen Intelligenz entscheidend.

Ortega war der Typ des auf öffentliche Wirkung bedachten Philosophen. Als Sohn des Besitzers einer großen Madrider Tageszeitung war Ortega mit dem Journalismus aufgewachsen. Er pflegte von sich zu sagen, daß er auf einer Rotationspresse zur Welt gekommen sei. Er war ein brillanter Redner und begabter Hochschullehrer, dessen bevorzugtes Forum die Presse war. Der Journalismus galt ihm nicht als eine niedere Form geistiger Arbeit, sondern geradezu als eine Bürgerpflicht. Ortega verstand sich als ein Philosoph sokratischen Zuschnitts, als ein *Philosoph auf dem Marktplatz*, für den das Gespräch unverzichtbare Lebens- und Arbeitsform ist. In seinem geistigen Haushalt hatte der tägliche Dialog mit Freunden und Kollegen einen festen Platz. Die *tertulia*, jene spanische Form geistvoller Geselligkeit und populäre Variante einer Salonkultur, war der feste Ort der Begegnung und des geistigen Austauschs. Das Vorbild des gesprochenen Wortes ist darum auch ein auffallendes Merkmal des Ortegaschen Stils und seiner Kunst des Essays.

Nach seiner Rückkehr aus Deutschland (1908) war er seit 1910 Professor für Metaphysik an der Madrider Zentraluniversität. Zwischen 1910 und 1912 hielt er Vorträge an der *Escuela Nueva*, einer von der PSOE, der spanischen sozialistischen Arbeiterpartei, gegründeten Volkshochschule. Schließlich schuf er sich mit der von ihm 1923 gegründeten *Revista de Occidente* eine Kulturzeitschrift von höchstem Niveau, ein einflußreiches Forum seiner Ideen, das über ein Jahrzehnt das Denken in Spanien mitbestimmte. Die Zeitschrift erschien bis 1936 und wurde dann nach seinem Tode ab 1963 von seiner Tochter und von seinen Schülern neu herausgegeben. In der *Revista de Occidente* wurde der Zeitgeist in allen Bereichen des Wissens und der Kultur reflektiert. Hier besaß der *orteguismo*, wie man den nach dem Vorbild Ortegas ausgebildeten Denkstil nennt, seine erste institutionelle Basis. In diesem Sinne bezeichnet der Begriff des *orteguismo* nicht nur die philosophische Schule Ortega y Gassets in Spanien und in Lateinamerika, wo ihn die vor dem Faschismus emigrierten spanischen Intellektuellen nach 1939 maßgeblich formierten, sondern vor allem die ganz eigene, faszinierende Art dieser Essayistik, die »sich auch im Abstrakten niemals von der lebendigen Anschauung des Natürlichen und Gegebenen entfernt. Nur so erklärt sich der beispiellose Erfolg seines Stils und seiner gesprochenen Rede« (Werner Krauss).

Der Vorrang der Metapher in den Texten Ortegas wurde ihnen des öfteren vorgeworfen, vor allem vom rationalistischen – d. h. positivistisch orientierten – Idealismus, der für Ortega allerdings im Grunde eine *Aphilosophie* war. Aber gerade das Metaphorische bewahrt die philosophische Botschaft Ortegas vor den Obsessionen einer letzten, höchsten *Eindeutigkeit*, die aber, wie wir an den Endspielen der analytischen Philosophie (etwa Wittgensteins) sehen können, ihrerseits dann dem Bann einer erneuerten Hermetik in Sprache und Methode selber nicht mehr zu entrinnen vermag.

Gegen diese Idole der Deutlichkeit setzt Ortega auf die Deutlichkeit der erzählenden Vernunft. Und deshalb betont er die Anschaulichkeit, das Diskursive – nicht das Oberflächliche! – der philosophierenden Vernunft. In der Beweglichkeit, die mit einer solchen *mittleren Dimension* philosophischer Kommunikation verbunden bleibt, bewahrt Ortega die methodische und substantielle Erinnerung an die Wandelbarkeit, das Überraschende, das Neue in jeder Wirklichkeit, der dann auch die Historizität aller Wahrheit entspricht. In diesem Sinne sind Essays, wie es Ortega einmal ausdrückte, »wie Wissenschaft ohne den ausdrücklichen Beweis«.

Ortega nimmt Abschied vom dogmatisch Prinzipiellen, ohne ins Vage und Unverbindliche eines Relativismus zu verfallen; er erinnert uns damit an die grandiose Tradition des Nominalismus in der europäischen Geistesgeschichte, dem wir eine glückliche Symbiose von logischer Klarheit, unabdingbarer Faktizität und couragierter Kritik verdanken.

Ortega weiß natürlich um die außergewöhnliche Anstrengung des Begriffs und der Phantasie, die mit der Durchführung dieses philosophischen Programms verbunden bleibt. Denn gerade an der Vielfalt, Buntheit und am Dynamismus des einzelnen hat sich dann das Methodische dieses Philosophierens zu bewähren, will es doch mehr sein als bloßes dilettantisches Meinen und Vermuten, um dem obersten Kriterium zu genügen, das Ortega jedem Philosophen voranstellt: »Klarheit ist die Höflichkeit der Philosophen.«

Es gehört zu den bemerkenswertesten Leistungen des Philosophen Ortega, daß alle seine Eingriffe in die geistige Situation der Zeit gerichtet sind auf die Perspektive der Vernunft; sein Festhalten an der Vernunft als dem Sinn aller *conditio humana* weist Ortegas Philosophieverständnis eine Dignität und einen denkerischen Rang zu, die von seinen philosophischen Zeitgenossen kaum jemand erreicht.

Ortega läßt keine Relativierungen, gar Erschütterungen der Vernunft zu, wie sie gerade in der sich am Ende des 19. und zu Beginn des 20. Jahrhunderts entwickelnden Lebensphilosophie modern werden. Ortega wendet sich gegen diese sich ausbreitenden Tendenzen zur Irrationalisierung des Geschichtlichen und des Lebendigen.

Die Problematisierung der Vernunft durch die Philosophie als Selbstkritik der Philosophie angesichts gesellschaftlicher und intellektueller Krisenerscheinungen in unserem Jahrhundert führt Ortega nun gerade nicht dazu, den Vernunftkreis als zu eng und übersteigenswert zu begreifen, sondern in einer kraftvollen Wendung gegen diese Brandung des modernistischen, denkschwachen Irrationalismus erweitert Ortega gerade die

Kompetenz der Vernunft. Sein Konzept einer *lebendigen Vernunft*, einer *razón vital*, richtet sich strikt auf ein methodenbewußtes Begreifen von bisher seitens aller bürgerlichen akademischen Schulphilosophie als nicht erfaßbar ausgegrenzten Bezirken des Seins.

Für Ortega gibt es keinen logischen Dissens zwischen der Vernunft und irgendeinem ihr *eo ipso* als fremd und unbegreifbar Gegenüberstehendem (wie etwa dem Lebendigen), sondern er betont geradezu die Konvertibilität von Vernunft und Leben in diesem Begriff der *lebendigen Vernunft*.

Gewiß hatte der *Philosoph auf der Straße* die Zeichen der Zeit mißdeutet, als er 1930 den *Aufstand der Massen* nur als Bedrohung intellektueller Eliten auszulegen wußte. In dieser Hinsicht bleibt das berühmte Buch, mit dem Ortega außerhalb Spaniens lange Zeit nahezu ausschließlich identifiziert wurde, ein Dokument der Verirrung. Es ist aber in der Kritik der Massenkultur als einer Form von Barbarei auch ein Dokument des aristokratischen Humanismus, obwohl diese Kritik (und darauf hat jüngst Umberto Eco zu Recht hingewiesen) die Phänomene der Kulturindustrie nur von außen erfaßt. Der Essay *Musicalia*, der hier zum erstenmal in deutscher Sprache vorgelegt wird, gibt einen Einblick in jene geistesaristokratische Haltung des Kulturkritikers Ortega.

In der facettenreichen Wirkungsgeschichte seines Denkens bleibt Ortega mit seiner Kritik sowohl an positivistischen Trends zur Einengung des Vernunftbegriffs auf die bloß instrumentalistische, technizistische Vernunft als auch an jeglichem lebensphilosophischen Vernunftnihilismus im philosophischen Gespräch der Gegenwart. Sein letztes, unvollendet gebliebenes Werk hatte den für die spätbürgerliche Philosophie gleichermaßen unzeitgemäßen wie provokanten Titel *Morgenröte der historischen Vernunft*.

6. Mai 1986 Karlheinz Barck/Steffen Dietzsch

Inhalt

Fortsetzung von Seite 4
»Ästhetik in der Straßenbahn«, »Anregungen zu einer Topographie des spanischen Stolzes«, »Mallarmé«, »Hegel und Amerika«, »Um einen Goethe von innen bittend« aus: José Ortega y Gasset, Gesammelte Werke, © Deutsche Verlags-Anstalt GmbH, Stuttgart 1978; Originalausgaben: *Estética en el tranvía* (1916), *Para una topografía de la soberbia española* (1923), *Mallarmé* (1923), *Hegel y América* (1930), *Pidiendo un Goethe desde dentro* (1932). »Musicalia« © der deutschen Übersetzung Verlag Volk und Welt, Berlin 1987; Originalausgabe: *Musicalia* (1921). Alle Originalausgaben sind erschienen in: José Ortega y Gasset, Obras completas, © Revista de Occidente, Madrid 1946
Printed in the German Democratic Republic

Einbandentwurf: Lothar Reher
Lichtsatz, INTERDRUCK Graphischer Großbetrieb Leipzig – III/18/97
Druck und Einband: LVZ-Druckerei »Hermann Duncker«, III/18/138
LSV 7352
Bestell-Nr. 648 722 1

›Volk und Welt Spektrum‹ 224
Essays

Der spanische Philosoph und Kulturkritiker José Ortega y Gasset (1883–1955) hat sich weit über die Bereiche der akademischen Schulphilosophie hinaus für Fragestellungen seiner Zeit interessiert und Antwort zu geben versucht. Er entwickelte seine oft einseitig rezipierte Auffassung vom Wirken einer geistigen Elite in der Auseinandersetzung mit den fortschrittshemmenden Traditionen der spanischen Geschichte. Die humanistische Grundüberzeugung seines aufklärerisch-liberalen Standpunktes und seine konsequente Forderung nach Erneuerung der spanischen Kultur im Sinne einer Öffnung nach Europa haben ihn zu einem der bedeutendsten bürgerlichen Intellektuellen Spaniens im 20. Jahrhundert werden lassen. Nicht zuletzt als Kritiker sowohl der positivistischen Einengung des Vernunftbegriffs als auch des lebensphilosophischen Vernunftnihilismus nimmt Ortega y Gasset mit seiner Idee einer »lebendigen Vernunft« einen wichtigen Platz in den zeitgenössischen philosophischen Diskussionen ein. Aus der Vielfalt seiner thematisch weit gefächerten und stilistisch brillanten Essays wird hier zum erstenmal in der DDR eine Auswahl vorgestellt.
Zu seinen wichtigsten Werken gehören: *Meditaciones del Don Quijote*, 1914 (dt. 1959 *Meditationen über Don Quijote*); *Espãna invertebrada*, 1922; *La deshumanización del arte*, 1925 (dt. 1955 *Die Vertreibung des Menschen aus der Kunst*); *La rebelión de las masas*, 1929 (dt. 1930 *Der Aufstand der Massen*); *La idea de principio en Leibniz y la evolución de la teoria deductiva*, 1958 (dt. 1966 *Der Prinzipienbegriff bei Leibniz und die Entwicklung der Deduktionstheorie*).